呉訥撰・若山拯訓読『祥刑要覧』の訳注

―旧中国の裁判の教訓と逸話―

佐立　治人　訳注

関西大学出版部

【本書は関西大学研究成果出版補助金規程による刊行】

推薦の辞

中国の古典的な法思想については、法律学の専門家であってもほとんどまとまった知識を持っていないのが、わが国の法学界の現状です。歴史的に日本の法思想・法制度に大きな影響を与えてきた中国法思想についての知識が共有されていないということが、日本の知的世界における重大な問題であることは言うまでもありません。

このたび佐立先生が注解と訓読・和訳を付された『祥刑要覧』は、さまざまな出典から法律や裁判に関する叙述を集めたコンパクトな書籍であり、原典を通して中国の法思想に触れるための格好の資料です。この訳注では、佐立先生の手によって、出典や関連資料についての極めて詳細な注釈が付されているほか、関連する人物についても要を得た説明が加えられており、読者がその関心に沿って研究を進めるための情報を豊富に含むものに仕上がっています。そして、何よりも、訳文が非常にこなれていて分かりやすく、理解の難しいところには適切な解説と解釈が加えられており、漢文に熟達していなくとも容易に理解できるところに特徴があります。

この資料の出版は、中国法制史や日本法制史をはじめとする基礎法学の専門家にとって有益であるのは当然として、それに加えて、中国の法思想について関心を持つ法学者や歴史家、社会学者など、幅広い学術専門家に原典に触れる機会を提供することになるでしょう。伝統的な中国法制度に関しては、法律学の専門家でさえそれが独断的で恣意的であるという偏見を抱きがちですが、この資料を一読するなら、公正な裁判や罪刑の均衡、適正な手続について中国の伝統思想が慎重に考察をめぐらしてきたことがよく分かります。さらに言えば、この資料には、哲学的・抽象的な刑罰論から、生々しい犯罪捜査に関する小説に至るまで、法律に関する多様な文章が含まれており、読み物としても十分に楽しめます。したがって、法学部の学生や一般の読者が、中国法思想について学習する際に用いる原典教材や副読本としても有用なのではないかと推察します。

長く中国法制史の研究に精進されてこられた佐立先生が、その博識を十分に発揮して仕上げられたこの資料は、多様な面で法律学の世界を豊かにする点において非常に学術的に価値が高く、本学の出版部によって公刊されるにふさわしい作品として、ここに推薦いたします。

関西大学法学部教授　法学博士　西　平等

推薦の辞

『祥刑要覧』は明の呉訥が編集した中国の書物であるが、それが江戸時代に日本に伝わって、訓点を附けて出版された。訓点を附けたのは、美濃岩村藩の儒者、若山拯である。若山は、四国徳島の城下町の鰻飯屋に生まれ、佐藤一斎に儒学を学び、研鑽を積み、一斎の一番弟子の一人となり、最後は幕府に仕えて昌平黌の教官となった人である。また、佐久間象山と交友関係にあり、門下から勝海舟、板垣退助、谷干城ら幕末、明治に活躍した逸材を輩出した。このような一流の学者でありながら、今日まで研究業績はほとんど伝えられておらず、この『祥刑要覧』の訓点こそは、刊行された、唯一の若山拯の研究業績と言ってよいのである。よって、この佐立先生の『祥刑要覧』の訳注は、明代以前の中国人の裁判や法律に対する考え方を知るのに役立つだけでなく、若山拯という日本史から忘れられた学者を再び顕彰するという意義をもつ、と評価することができる。

この佐立先生の訳注を関西大学出版部から出版するに値するものとして強く推薦する。

関西大学環境都市工学部教授　工学博士　中川清晴

はじめに

『祥刑要覧』は、中国の古典や先人の著作物から抜き出された、法律や裁判に関するコメントやエピソードが並んでいる書物で、明の呉訥（一三七二～一四五七）が編集したものである。呉訥は、字は敏徳、常熟（現在の江蘇省常熟市）の人。思菴と号した。『明史』巻一五八に伝がある。『祥刑要覧』は、正統七年（一四四二）に書かれた自序を持つので、その頃に成ったらしい。書名の「祥刑」は、『尚書』呂刑に出てくる言葉。「祥刑」の「祥」は「吉祥」であって、刑は刑無きを期するものであるから、実際は不祥のものである刑を、刑の目的から見て「吉祥」と形容するのである。

呉訥が『祥刑要覧』を編集した、と言っても、『祥刑要覧』に掲載されている文章は、既製の編纂物からの孫引きに過ぎない。しかも、それらの文章が記されている原典はすべて現存しているので、『祥刑要覧』に史料的価値は全くない。けれども、それらの文章自体は、法律や裁判に対する古い時代の中国人の観念を示すものであるには違いないし、中には、現代の日本人の心に訴えるだけの力を失っていない文章もあると確信している。『祥刑要覧』は、江戸時代の日本で何度か刊行された。これは、当時の日本人がその内容に価値を認めていたからであろう。

本訳注の底本は、天保五年（一八三四）に、美濃岩村藩が、藩士の子弟に配布して学習させる目的で板刻した本である。この本には岩村藩の儒員によって訓点が附けられており、翻訳に当たって大いに参考にした。

なお、『祥刑要覧』の講読にお付き合い下さった、関西大学法学部の東洋法制史講義及び演習の受講生の皆様に感謝申し上げる。

訳注者

凡例

一、本訳注の底本は、京都大学法学部図書室所蔵、美濃岩村藩、天保五年（一八三四）刊『祥刑要覧』（函架番号三二一九—九Go）である。

二、原文は常用漢字に変えた。

三、『祥刑要覧』の文章と出典の文章との校勘は、『祥刑要覧』の文章を理解するために必要な限りでしか行っていないので、出典の文章の全貌を知りたい方は、原典に当たっていただきたい。

四、訓読は、若山拯の訓点に従ったが、変えた所も多い。

五、訓読文は現代仮名遣いを用いた。

六、訳注に用いた史料、校勘に用いた原典は、特に断らない限り、『影印四庫全書』所収本である。二十四史及び『続資治通鑑長編』は中華書局の点校本を用いた。

七、『祥刑要覧』の元和中刊本は国立国会図書館所蔵本の複写を、寛永元年刊本は名古屋市蓬左文庫所蔵本の複写を、寛永四年刊本は尊経閣文庫所蔵本の複写を用いた。『重刊祥刑要覧』は、東洋文庫所蔵、清の道光十五年刊本の複写を用いた。

初出一覧

本訳注の初出は以下の通りである。

序文篇　「呉訥撰・若山拯訓読『祥刑要覧』の訳注」（一）『関西大学法学論集』第五十九巻第一号掲載、二〇〇九年。同上（二）同上第六十六巻第二号掲載、二〇一六年。同上（三）同上第六十七巻第二号掲載、二〇一七年。

本文篇　同上（四）同上第六十七巻第三号掲載、二〇一七年。同上（五）同上第六十七巻第四号掲載、二〇一七年。同上（六）同上第六十八巻第一号掲載、二〇一八年。同上（七）同上第六十九巻第四号掲載、二〇一九年。同上（八）同上第七十巻第四号掲載、二〇二〇年。同上（九）同上第七十巻第六号掲載、二〇二一年。同上（十）同上第七十一巻第三号掲載、二〇二一年。同上（十一）同上第七十一巻第六号掲載、二〇二二年。同上（十二）同上第七十二巻第二号掲載、二〇二二年。同上（十三・完）同上第七十二巻第三号掲載、二〇二二年。

附録篇　「呉訥撰『祥刑要覧』所載『棠陰比事』について」同上第七十二巻第五号掲載、二〇二三年。「『祥刑要覧』の撰者呉訥の履歴と逸話」同上第七十二巻第六号掲載、二〇二三年。「呉訥撰・若山拯訓読『祥刑要覧』の訳注補遺」同上第七十三巻第二号掲載、二〇二三年。「『棠陰比事原編』『棠陰比事続編』『棠陰比事補編』と呼ばれる

裁判逸話集について」『法史学研究会会報』第十二号掲載、二〇〇八年。

目次

本文篇

附録篇

序文篇

第一節　岩村藩儒の序文

冒頭に、「刻祥刑要覧序（祥刑要覧を刻するの序）」と題する序文が置かれている。この序文は、天保五年（一八三四）の「冬仲月下澣（十一月下旬）」に、「巌邑（岩村）藩」の「真文（漢文のこと）教授」若山拯が記したものである。

若山拯（わかやま・たすく？　じょう？、一八〇二～一八六七）については、文部省蔵版『日本教育史資料1』（一九〇三年再版、冨山房。四七九頁）、『同7』（一九〇四年再版。五九六頁）、高瀬代次郎『佐藤一斎と其門人』（一九二二年、南陽堂本店。第九章の二）、寺石正路『南学史』（一九三四年、冨山房。第七十七章）、藤浪和子『東京掃苔録』（一九八二年覆刻、東京大学出版会。二十八頁）等に記事がある。

それらの記事に拠れば、若山拯は、字は壮吉、勿堂と号した。阿波国徳島城下の鰻飯屋に生まれた。十八九歳の時に江戸に至り、佐藤一斎に入門した。天保年度になって、一斎の推薦により、一斎の郷国である美濃岩村藩の藩主松平乗喬に招かれ、江戸詰儒員に任じられた。文久三年（一八六三）、幕府に仕えて昌平校の教官となった。慶応三年（一八六七）に六十六歳で歿した。門下から、勝海舟・板垣退助・土方久元らが出た。

序文の「若山拯」の名の横に、上下二つの印影が刻まれているが、上の印影の文字は「弱山抍」であり、下の印影の文字は「字壮吉」である。「抍」は「拯」の本字である。「拯」という名と「壮吉」という字とは、『周易』の明夷及び渙の「用拯馬壮、吉。」という象辞から採ったものであろう。

【和訳】

およそ物事には皆、学習が伴います。大工仕事を学ぶ人は、必ず縄墨の使い方からはじめます。医術を学ぶ人は、必ず医学書を用います。大工でありながら縄墨の使い方を知らない、これをニセ大工と言います。医者でありながら医学書を見たことがない、これをヤブ医者と言います。彼らが人を殺さなかったり、部屋を毀さなかったりすることは、ほとんどまれです。シナの古の聖王の政治は、裁判を重視しました。なんとなれば、死刑を執行された人は二度と生きかえることができず、手足を切り落とされた人は二度と手足をつなげることができず、一旦、死んだり手足が切り落とされたりしてしまうと、その状態を変えることはできないからです。ですから、必ず学識が古今に通じ、民の実情を洞察できる人であってはじめて、裁判を司る職務をなんとか全うできるのです。今の、役人をしている人は、率ね学問がなく、徒らに旧例を調べ、私意に任せて裁判を行っています。いわゆる「琴柱をにかわではりつける」「株を守る」であって、罪を冥冥の中に得ている役人が必ず多いに違いありません。

シナの明朝の呉訥という人が、『祥刑要覧』という本を編みました。この本は、初めに「経典大訓」という章を置いて、裁判の根本を打ち立て、次いで「先哲論議」（本文では「議」を「義」に作る）という章を置いて、裁判の詳しい説明を展開し、最後に「善悪法戒」（本文では「善者為法」と「悪者為戒」との二章に分かれている）という章を設けて、裁判官の鑑戒を示しています。ちっぽけな一小冊子ではありますが、古の聖人が裁判に対していかに慎重であったかのあらましを見ることができます。この『祥刑要覧』もまた、大工にとっての縄墨、医師にとっての医学書に当たるのです。もしこの書物を読んで、裁判官の心得を学び取るならば、なんとか大過なく職務を遂行することができるでしょう。

『祥刑要覧』は、我が寛永年間（一六二四〜一六四四）に民間で出版されましたが、火災で板木が焼けてしまいました。今、その寛永刻本を見ると、あやまりが少なくありません。先頃、我が岩村藩の諸役人は、相談して、寛永刻本を元にして『祥刑要覧』を改刻することにしました。閲覧しやすくし、かつ、藩全体の子弟に頒かち、彼らの学習に役立てようと意図したのです。そして、私、若山拯に、寛永刻本を校訂するよう依頼しました。そこで、私は、寛永刻本の訛誤を訂正し、その句読を改めました。読むことができない箇所は、訓点を附けませんでした。『春秋左氏伝』の襄公二十一年条に、「学びて後に政に入る。未だ、政を以て学ぶ者を聞かざるなり。」とあります。我が藩の役人達の配慮は、ここにあるのでしょう。それはさておき、読書で大切なのは、今読んでいる書物の趣意を理解することに他なりません。もし字句にこだわって、趣意を読みそこなうようでは、せっかく読書しても、誤った方向に導かれてしまうことが多いに違いありません。これは決して、『祥刑要覧』改刻の目的ではありません。

天保五年十一月下旬に岩村藩真文教授の若山拯が記しました。

【原文】

刻祥刑要覧序

凡事皆有学。学匠者、必由縄墨。学医者、必由方経。匠而不識縄墨、謂之濫工。医而不識方経、謂之俗医。其不殺人而毀室也幾希矣。先王之政、刑獄為重。何者、死者不可復生。断者不可復属。一成而不可変也。故必学通於古今、洞見民情、然後、司獄之職、可庶幾也。今之為有司者、率無学術。徒按旧例、任私意而行之。所謂膠柱守株、其得罪於冥冥者必多矣。明呉訥撰祥刑要覧。其書、初載以経典大訓、以立其源。次之以先哲論議、以広其委。末又係以善悪法戒、以示所勧懲。厘厘一小冊、聖人欽恤之大端、見矣。此亦匠人之縄墨、医師之方経也已。苟於此有得焉、則亦庶乎無大過矣。此書、寛永間、有坊板、燬於災。今見其刻本、紕繆匪少。頃者、吾藩諸有司、相与謀改刻之、欲以便覧閲、且以頒闔藩子弟、資其講習。属拯校之。因訂其訛誤、正其句読。不可読者闕之。伝曰、学而後入政。未聞以政学者也。有司之慮、其在於此乎。雖然、所貴於読書、在得其意而已。苟泥言而遺意、其誤人亦多矣。此豈改刻之本志也哉。

天保五年冬仲月下澣

巌邑藩真文教授若山拯識

弱山拯　字壮吉

【訓読】

祥刑要覧を刻するの序

凡そ事皆な学有り。匠を学ぶ者は必ず縄墨に由る。医を学ぶ者は必ず方経に由る。匠にして縄墨を識らざる、之れを濫工と謂う。医にして方経を識らざる、之れを俗医と謂う。其の、人を殺して室を毀せざるや、ほとんど希れなり。先王の政、刑獄を重しと為す。何となれば、死する者は復た生かす可からず。断たるる者は復た属す可からず。一成して変ず可からざるなり。故に必ず学、古今に通じ、民情を洞見し、然る後に司獄の職、庶幾す可きなり。今の、有司たる者、率ね学術無し。徒らに旧例を按じ、私意に任せて之れを行う。いわゆる膠柱・守株、其の、罪を冥冥に得る者、必ず多し。明の呉訥、祥刑要覧を撰す。其の書、初め載するに経典大訓を以てし、以て其の源を立て、之れに次ぐに先哲論議を以てし、以て其の委を広め、末は又た係くるに善悪法戒を以てし、以て勧懲するところを示す。厪厪たる一小冊、聖人欽恤の大端、見わる。此れも亦た匠人の縄墨、医師の方経なるのみ。苟くも此に於いて得る有れば、則ち亦た大過無きに庶し。此の書、寛永の間、坊板有るも、災に燬す。今、其の刻本を見るに、紕繆、少きに匪ず。このごろ、吾が藩の諸有司、相い与に謀り、之れを改刻し、以て覧閲に便にし、且つ以て闔藩の子弟に頒かち、其の講習に資せんと欲す。拯に属し、之れを校せしむ。因りて其の訛誤を訂し、其の句読を正し、読む可からざる者は之れを闕く。伝に曰わく、学びて後に政に入る。未だ政を以て学ぶ者を聞かざるなり。と。有司の慮、其れ此に在るか。然りと雖も、読書に於いて貴ぶところは、其の意を得るに在るのみ。苟くも言に泥みて意を遺す。其の、人を誤るも亦た多し。此れ豈に改刻の本志ならんや。

天保五年冬仲月下澣、巌邑藩真文教授若山拯、識す。


『祥刑要覧』は、寛永年間に民間で出版されました」(「此の書は寛永の間に坊板あり」)とある。寛永年間及びそれよりも前に日本で刊行された『祥刑要覧』は、川瀬一馬『増補古活字版の研究』(一九六七年)に拠れば、元和中刊本と寛永元年刊本とがある。また、太田正弘『寛永版目録』(二〇〇三年)に拠れば、寛永四年刊本もある。元和中刊本については、『国立国会図書館所蔵古活字版図録』(一九八九年)にデータが記載されており、巻頭巻末の写真も掲げられている。枠の内辺の縦が二一センチ、横が一六センチ、界線はない。十行十八字。無刊記。

寛永元年刊本については、川瀬前掲著書にデータが記載されている。枠の内辺の縦が二二センチ、横が一六センチ、界線はない。十行十八字。巻末に「寛永元年甲子(一六二四)三月吉日、玉屋町田中長左衛門刊之」という刊記がある。『京都書肆変遷史』(一九九四年、京都府書店商業組合)に拠れば、この「玉屋町」は、京都の二条通烏丸西入ル北側の玉屋町であり、「田中長左衛門」は、寛永年間から延宝年間(一六七三〜一六八一)にかけて活動した出版業者で、『韻府群玉』『張子全書』等の出版物がある。元和中刊本と寛永元年刊本とを比べてみると、序文本文ともに両者は同文であり、誤字も共通しているものが多いが、元和中刊本には数箇所脱字がある。元和中刊本は、箱に「祥刑要覧」「全」と題され、寛永元年刊本は、表紙に「祥刑要覧」「全」と記されている。

寛永四年刊本は、表紙に「祥刑要覧」「全」と題され、巻末に「寛永四年丁卯（一六二七）九月吉日、松岡作左衛門刊之」という刊記がある。「松岡作左衛門」は、川瀬『増補古活字版の研究』に拠れば、『箽篕内伝金烏玉兎集』の寛永四年・五年・六年刊本及び『箽篕抄』の寛永六年刊本の刊記に、それぞれ「洛陽冨小路通於一町目、松岡作左衛門開板」とあり、京都の出版業者であったことが知られる。尊経閣文庫所蔵本の複写（縮尺つき）で計ると、枠の内辺の縦が二二センチ、横が一六センチ、界線はなく、十行十八字で、寛永元年刊本と同じである。序文及び本文の文字の形を、寛永元年刊本と四年刊本とで比べてみると、全く同じではないがよく似ているから、寛永四年刊本は、元年刊本をかぶせ彫りしたものであることがわかる。寛永四年刊本では、いくつかの文字が修正され、訓点が加えられている。

岩村藩刊本は、京都大学法学部図書室所蔵本の複写（縮尺つき）で計ると、枠の内辺の縦が二〇センチ、横が一三・五センチ。界線があり、若山拯の序文を載せた丁は九行十八字、それ以外の丁は十行二十字。表紙に「祥刑要覧」「全」と題されている。若山序文に「その句読を正し」とあるから、岩村藩刊本の元になった「寛永間」の「坊板」は、訓点が加えられている寛永四年松岡作左衛門刊本であったに相違ない。岩村藩刊本と寛永四年刊本とを比べてみると、岩村藩刊本は多くの箇所で、寛永四年刊本の文字と訓点とを修正している。

「先頃、我が岩村藩の諸役人は云々」（「頃者、吾藩の諸有司、相与に謀り、之れを改刻し、以て覧閲に便にし、且つ以て闔藩の子弟に頒かち、其の講習に資せんと欲し、拯に属し之れを校せしむ。」）とある。若山序文が書かれた天保五年は、藩主松平乗美（在位一八二六～一八四二）の下で、家老丹羽瀬格庵（一七八九～一八三九）が岩村藩政の改革を行っていた時期に当たる。『岩村町史』（岐阜県岩村町役場、一九六一年）に拠れば、丹羽瀬格庵は、文政九年（一八二六）に家老に任じられ、藩財政の困窮を救うため、藩政改革を企てた。農民に養蚕を奨励し、城下町で織物業を興した。文政十三年（一八三〇）三月、『慶安御触書』（この文書については、山本英二『慶安御触書成立試論』（日本エディタースクール出版部、一九九九年）を参照）を、同年五月、『六諭衍義大意』（この書物については、『東恩納寛惇全集』第八巻（第一書房、一九八〇年）所収の諸論文を参照）を印刷して領民に配布した。『祥刑要覧』の改刻の責任者も丹羽瀬格庵であったと考えてよいであろう。『慶安御触書』及び『六諭衍義大意』が領民を教導するために刊行されたものであるのに対し、『祥刑要覧』は藩士の行政能力を向上させる目的で刊行されたものであると位置づけることができる。

『甲子夜話続篇』巻四十七（中村幸彦・中野三敏校訂『甲子夜話続篇4』平凡社東洋文庫、一九八〇年。一二五頁）に拠れば、大学頭林述斎が岩村藩主松平乗美に、『慶安御触書』を領民に頒布するようアドバイスしたということであるが、『祥刑要覧』刊行についても林述斎のアドバイスがあったかどうかはわからない。林述斎（一七六八～一八四一）は、岩村藩主松平乗薀（在位一七四六～一七八一）の三男で、寛政五年（一七九三）、大学頭林信敬の養子となった。岩村藩主がまだ若いので、自分の実家である関係上、ひそかにその政事を助けていたという（同上『甲子夜話続篇4』一二五頁）。ちなみに、若山序文が書かれたのと同じ天保五年に、昌平坂学問所は、元の張養浩（一二七〇～一三二九）が著した『三事忠告』を刊行している。『三事忠告』は、「牧民忠告」「風憲忠告」「廟堂忠告」の三部から成り、それぞれ地方官、監察官、宰相の心得が説かれている。

附一　木下順庵の書翰

若山序文の次は編者呉訥の序文であるが、呉訥序文の訳注に入る前に、尊経閣文庫所蔵の寛永四年版『祥刑要覧』の見返しに貼り付けられた、木下順庵（一六二一～一六九八）の書翰について触れておきたい。

木下順庵は、万治三年（一六六〇）、加賀藩主前田綱紀（一六四三～一七二四）によって加賀藩の儒者として招かれた。綱紀は、寛文元年（一六六一）に書物奉行と書物調奉行とを置き、全国各地に書物調奉行を派遣して有用な書籍を捜し求めさせ、蒐集された書籍が購入ないし筆写するに値するかどうかを書物奉行に吟味させた。順庵は、綱紀のこの書籍収集事業に協力し、書籍の考証・推薦を行った（若林喜三郎『前田綱紀』（吉川弘文館、一九八六年）一四二頁から七頁、木下一雄『木下順庵評伝』（国書刊行会、一九八二年）一五四頁から七頁、竹内弘行・上野日出刀『木下順庵・雨森芳洲』（明徳出版社、一九九一年）六十頁から五頁）。

木下順庵のこの書翰は、加賀藩の書物奉行に差し出されたものであろう。自筆か写しかは確認していない。末尾に「四月十七日」の日付があるが、何年のこの日かはわからない。書翰は二つの条項から成っている。まず、第一の条項を次に掲げる。片仮名を平仮名に変え、濁点・句読点を附けた。漢文の引用は書き下し文に改めた。

一、祥刑要覧を考申候へば、献徴録に銭溥が撰する呉訥碑文を載申候。其文に云。正統の初、上、方に経筵に御す。即ち小学を集解し、条を摶（まるめ）て挙要と為て以進む。既に帰て復た補註性理群書・陳北溪性理字訓を成。朱文公詩文抄・呉文正文枠・文章辨体・祥刑要覧・思菴前後続集云々。如此載申候へば、祥刑要覧は慥成書に御座候。

「献徴録に銭溥が撰する呉訥碑文を載申候」とあるが、『献徴録』は、全一百二十巻、明の焦竑編、明代の名士の事蹟を採録した書物である（『四庫全書総目』巻六十二）。銭溥（一四〇八～一四八八）は、明の正統四年（一四三九）の進士。官は南京吏部尚書に至った（『献徴録』巻二十七）。「呉訥碑文」とは、『献徴録』巻六十四に収められている、銭溥撰「南京都察院左副都御史謚文恪呉公訥神道碑」のことである。

「呉訥碑文」から、「正統の初、上、方（まさ）に経筵に御す云々」という文を引いている。「経筵」とは、天子が経書の講義を聴く場所のことである。「小学を集解し云々」とあるが、『明史』巻一五八、呉訥伝に、「英宗、初めて経筵に御す。輯むるところの小学集解を録して之れを上る。」と記されている。英宗が「初めて経筵に御」したのは、正統元年（一四三六）三月乙亥のことであった（『明英宗実録』巻十五）。黄虞稷『千頃堂書目』巻三に、呉訥の著作として「小学集解十巻」の書名が掲げられている。呉訥の『小学集解』は、『小学書集解』の名で、明成化七年（一四七一）刊本が、内閣文庫に収蔵されている。

「既に帰て」とあるのは、正統四年三月に致仕して、故郷の常熟に帰ってから、という意味である。列挙されている呉訥の著作のうち、『補註性理群書』『陳北溪性理字訓』は、『千頃堂書目』巻十一に見える「性理群書補注十四巻」「補性理字訓」に当たる。『性理群書補註』は内閣文庫に写本が収蔵されている。『朱文公詩文抄』『呉文正文粋』は、同書巻三十二に掲げられている「晦庵文抄七巻」「晦庵詩抄十巻」「呉草廬輯粋七巻」に当たる。『文章弁体』は、同書巻三十一に、「呉訥、文章弁体五十巻。又、外集五巻」とある。明天順八年（一四六四）刻本の影印が『四庫全書存目叢書』に収載されている。『思庵前後続集』は、『千頃堂書目』巻十八に掲げられている「思庵集十一巻」「思庵続集十巻」「思庵詩集八巻」に当たる。

木下書翰の第二の条項は次の通りである。片仮名を平仮名に変え、濁点・句読点を附け、漢文の引用を書き下し文に改めたこと、第一の条項に同じ。

一、此書の序に、棠陰比事を附して捴て題して祥刑要覧と曰、と載申候へば、棠陰比事を加て全部と可申候。但、棠陰比事は別に行れ申候へば、此書斗にても苦かるまじく奉存候。此書に巻上と記申候へば、棠陰比事は下巻たるべく奉存候。以上。

「此書の序に、棠陰比事を附して捴て題して祥刑要覧と曰、と載申候」とあるが、次節に掲げる編者呉訥の自序に、「録するところの訓戒の後に（棠陰比事を）附して、捴べ題して祥刑要覧と曰う。」と記されている。木下順庵はこの序文を読んで、『祥刑要覧』は「棠陰比事を加て全部」と考えたのである。『棠陰比事』は、南宋の桂万栄が、百四十四の裁判実話を、先行する裁判実話集である和凝・和嵘父子編『疑獄集』及び鄭克編『折獄亀鑑』から抽き出して編集した書物である。

「此書に巻上と記申候へば、棠陰比事は下巻たるべく奉存候。」とあるが、この木下順庵の書翰が貼られた、尊経閣文庫所蔵の寛永四年刊『祥刑要覧』の巻頭に、「祥刑要覧巻上」の文字が刻まれている。ただし、巻末には、「祥刑要覧巻終」とあるだけで、「巻上終」とは刻まれていない。蓬左文庫所蔵の寛永元年刊本も、巻頭に「祥刑要覧巻上」、巻末に「祥刑要覧巻終」とあること、寛永四年刊本と同じである。書翰のこの文に拠れば、木下順庵は、本来の『祥刑要覧』は上下二巻から成り、上巻には「経典大訓」「先哲論議」「善者為法」「悪者為戒」の四章が配され、下巻には『棠陰比事』が収められていたと考えたのである。実際、国立国会図書館所蔵の元和中刊本を見ると、巻頭に「祥刑要覧巻上」、巻末に「祥刑要覧巻上終。下巻者即棠陰比事也。」と印刷されている。

ところが、『四庫全書総目』巻一〇一、子部法家類存目「祥刑要覧二巻」の項には、「明の呉訥の撰。訥に棠陰比事あり。すでに著録す（四庫全書の子部法家類に宋桂万栄撰・明呉訥刪補『棠陰比事』一巻・附録一巻が収録されている）。（中略）上巻は経典大訓十六条、次で先哲議論《ママ》十五条と為す。下巻は「善可為法」十三人、「悪為可戒」十人。」と記されており、四庫全書の編纂官が見た『祥刑要覧』（『総目』に「浙江巡撫採進本」とある）は、上下二巻から成っていたにもかかわらず、その中に『棠陰比事』は含まれていなかったのである。しかも、呉訥が删補した『棠陰比事』が『祥刑要覧』とは別に存在し、現に四庫全書に収録されているのである。

しかし、銭溥が撰した呉訥の神道碑や、呉訥の門人である徐有貞が撰した呉訥の神道碑（『呉都文粋続集』巻四十四所収）に列挙されている呉訥の編著書の中には、『祥刑要覧』の名は出てくるが、『棠陰比事』の名は見られない。

一方、明の馬文升（一四二六～一五一〇）の『馬端粛奏議』巻六、陳言申明職掌清理刑獄事に、「祥刑要覧載す。待制馬宗元の父麟、人を殴り、繋せられて守辜す。しかるに傷者死す。将に法にあてんとす。宗元、殴るところの時を推すに、限外に在ること四刻。因りて郡に訴え、父の死をゆるさるるを得たり、とあり。」と記されている。この馬宗元の話は、四庫全書が収める呉訥が删補した『棠陰比事』に、「宗元守辜」と題して載せられており、その『棠陰比事』の文は、馬文升が『祥刑要覧』から引いた文とほぼ同じである。『欽定明臣奏議』巻七に収載されている馬文升の「清理刑獄疏」は、『馬端粛奏議』の「陳言申明職掌清理刑獄事」と同じものであるが、『明臣奏議』の注記に拠れば、弘治四年（一四九一）に皇帝に奉られた。

弘治四年は、『祥刑要覧』の呉訥自序が書かれた正統七年（一四四二）から四十九年しか経っていない。そのような早い年に上奏された文章の中で、『祥刑要覧』の名の下に『棠陰比事』の文が引用されていることと、神道碑に列挙されている呉訥の編著書の中に『祥刑要覧』は出てくるが『棠陰比事』の名はないことから考えて、木下順庵が言う通り、本来の『祥刑要覧』は、呉訥が删補した『棠陰比事』をその中に含んでいたのであろう。

第二節　呉訥の序文

若山拯の「刻祥刑要覧序」の次は、編者の呉訥が、明朝第六代皇帝英宗の正統七年（一四四二）八月に書いた「祥刑要覧序」である。

【和訳】

むかし、舜帝や周王朝の聖君は、刑法を制定し、道徳の教えを周知徹底させるための助けとしました。聖君が裁判を慎重に行おうとする意思は、詳しく経書に記されています。前漢・後漢以降の、天下が治まることを願う君主が、政治の基本を植えつける方法もまた、裁判を慎重に行うことこそが最優先であったのです。そして、我が明朝は、仁義を理念として国家を建設しました。刑罰を明らかにし法律を定めるに当たっては、もっぱら、裁判を慎重に行うことを旨としています。万世の臣民はなんと幸せなことでしょう。

私は以前、みことのりを受け、監察御史（原文。六察）に任じられました。そのため律文を手に取って、日夜、研究しました。さらに、経伝（「経」は儒教の経書、「伝」はその注釈。）の教訓の言葉、及び古今の裁判の鑑戒を記した文章を抜き書きして座右に置いて、官務に服し国家に報いる志を励ましたのです。その後、昇進を被り、南京都察院（原文。留台）をつかさどりました。敬んで職務に勉めること十年に及んだ末、老齢で退官して故郷に帰ることができました。皇帝陛下の御恩は天のように広大であり、一生を懸けても報いることはできません。

このごろ、桂万栄の『棠陰比事』を閲読して、その書物が智恵や思慮を増益することができる内容を有していることを喜びました。そこで、訂正（原文。緒正）を加えた上で、抜き書きしておいた経伝の訓言及び古今の裁判の鑑戒の後に『棠陰比事』を附し、全体を「祥刑要覧」と題しました。

ある人が質問しました。「桂万栄は、『棠陰比事』を刊行した時、売名行為であると思われるのを気にしていました。あなたが『祥刑要覧』を刊行するのは、売名行為だと思われる恐れはありませんか。」と。私は答えました。「桂万栄は、南宋の寧宗（在位一一九四〜一二二四）の時に、餘干県（現在の江西省余干県の西北）の尉（捕盗を主る官）に任じられました。これは彼が初めて就いた官です。任期が満了して、次のポストが空くのを待っている間に『棠陰比事』を刊行しました。ですから、昇進を求めているのではないかと疑われる恐れがあったのです。今、私は、七十歳の年齢（原文。耋老之年）で、門を閉ざし、命が尽きるのを待っております。いったい何を望むでしょうか。ましてや現在、聖明なる皇帝陛下が上にいらっしゃいます。もろもろの裁判を慎重に行われ（原文。哀矜庶獄）、我が明王朝に対して天命が永遠に下され続けることを祈っておられます。現今の明王朝の隆んなことは、全盛期の周王朝に並びます。この『祥刑要覧』が成ったことが、万が一、刑罰を司る官が自分の担当する裁判を慎重に行う（原文。式敬由獄。『尚書』立政の周公の言葉。）ことの助けとなり得るならば、私は、このまま死んでも栄誉と幸福とに恵まれたことになります。」と。質問した人は、わかりましたと言って退きました。以上のことを記して序とします。

正統壬戌の年（七年）の秋八月朔日、嘉議大夫（正三品）都察院左副都御史致仕、海虞（南直隷蘇州府常熟県の雅称。常熟県は現在の江蘇省常熟市。）の呉訥が謹んで序文を書きました。

【原文】

祥刑要覧序

昔在、虞周聖君、制刑弼教。其欽恤之意、具見于経。両漢而降、願治之主、所以培植基本者、亦未有不以致謹刑獄為先也。洪惟、天朝以仁義立国、明刑定律、一以欽恤為本。万世臣民、何其幸歟。訥、曩膺詔命、備員六察。因取律文、夙夜研討。復録経伝訓言、暨古今法戒、寘於左右、用厲服官報国之志。継蒙陞典留台。黽勉祗職、始終十載、獲遂帰老。皇恩如天、没歯無報。間閲桂氏棠陰比事、嘉其有可益（東洋文庫所蔵『重刊祥刑要覧』は「益」の後に「人」がある。）智慮。因為緒正、附所録訓戒之後、揔題曰祥刑要覧。或問之曰、桂氏嘗嫌近名。茲無似乎。訥曰、万栄在宋寧宗時、筮仕餘干県尉。秩満待次、而刊其書。故有干進之嫌。今愚（「愚」はもと「遇」に作る。同上『重刊祥刑要覧』に従って改めた。）以耋老之年、杜門待盡。復何覬哉。況今聖明在上、哀（「哀」はもと「克」に作る。同上『重刊祥刑要覧』に従って改めた。）矜庶獄、祈天永命、比隆成周。是編之成、万分有一、得為司祥刑者、式敬由獄之助、訥、雖死、与有栄幸焉。問者唯而退。因書為序。正統壬戌秋八月朔、嘉議大夫・都察院左副都御史致仕、海虞呉訥謹序。

【訓読】

祥刑要覧序

むかし、虞周の聖君、刑を制し教を弼く。其の欽恤の意、具さに経に見わる。両漢より降り、治を願うの主、基本を培植する所以の者も、亦た未だ謹みを刑獄に致すを以て先と為さざる有らざるなり。ここにおもうに、天朝は仁義を以て国を立つ。刑を明らかにし律を定め、一に欽恤を以て本と為す。万世の臣民、いかに其れ幸いなるか。訥、さきに詔命にあたり、六察に員に備わる。因りて律文を取り、夙夜研討し、復た経伝の訓言および古今の法戒を録し、左右におき、もって官に服し国に報ずるの志を厲《はげま》す。継いで陞を蒙り留台をつかさどる。黽勉として職を祗むこと始終十載。帰老するを遂ぐるを獲たり。皇恩、天の如し。歯を没するも報いる無し。このごろ桂氏の棠陰比事を閲し、其の、智慮を益す可き有るを嘉す。因りて緒正を為し、録する所の訓戒の後に附し、揔べ題して祥刑要覧と曰う。或ひと之れに問いて曰わく、桂氏、嘗て、名に近づくを嫌う。これ似る無きか。と。訥曰わく、万栄は宋の寧宗の時に在りて、餘干県尉に筮仕す。秩満ち次を待ちて其の書を刊す。故に干進の嫌い有り。今、愚、耋老の年を以て、門を杜ぎ盡くるを待つ。復た何をのぞまんや。況んや今、聖明、上にましますj。庶獄を哀矜し、天の永命を祈り、隆を成周に比す。是の編の成る、万分に一有りて、祥刑を司る者、もって由獄をつつしむの助けと為るを得ば、訥、死すと雖も、栄幸あるにあずかるなり。問う者、唯して退く。因りて書して序と為す。正統壬戌秋八月朔、嘉議大夫・都察院左副都御史致仕、海虞の呉訥、謹んで序す。

「訥、さきに詔命をうけ、六察に備員す。」とある。「六察」は監察御史のことである。『明史』呉訥伝に、「洪熙元年（一四二五）、侍講学士沈度（一三五七〜一四三四）、訥の経明行修なるを薦む。監察御史を授けらる。」と記されている。

「復た経伝の訓言および古今の法戒を録す。」とあるが、「経伝訓言」は、『祥刑要覧』の「経典大訓」「先哲論議」の章にまとめられたものであり、「古今法戒」は、『祥刑要覧』の「善者為法」「悪者為戒」の章にまとめられたものである。

「継いで陸を蒙り留台を典どる。黽勉として職を祗むこと始終十載。帰老するを遂ぐるを獲たり。」と書かれている。「留台」は南京都察院を指す。『明史』呉訥伝に、「（宣徳）五年（一四三〇）七月、南京（都察院）右僉都御史に進む。尋いで（南京都察院）左副都御史に進む。（中略）（正統）四年（一四三九）三月、老を以て致仕す。」と記されている。

「桂氏、嘗て、名に近づくを嫌う。」とあるのは、『棠陰比事』の、嘉定四年（一二一一）に書かれた桂万栄の自序の「名に近づくを嫌わず、これを木にきざんで、以て其の伝を広めんと擬す。（原文。弗嫌於近名、擬鋟諸木、以広其伝。）」という文を踏まえた言葉である。また、「万栄、宋の寧宗の時に在りて、餘干県尉に筮仕す。秩、満ち、次を待ちて、其の書を刊す。」とあるのは、同じく桂万栄の自序の「開禧丁卯（三年。一二〇七）の春、僕、饒の餘干（江南東路饒州餘干県）の尉を以て、郡（饒州を指す）におもむく。（原文。開禧丁卯春、僕、以饒之餘干尉、趨郡。）」「既にして東帰す（故郷の両浙東路慶元府慈溪県（現在の浙江省寧波市の北西）に帰る）。参選して、建康（江南東路建康府。現在の江蘇省南京市）の犴曹（司理参軍のこと）を待次す。（原文。既而東帰。参選、待次建康犴曹。）」という文に基づく言葉である。『棠陰比事』の嘉定四年の桂万栄自序は、その全文を次項に掲げる。

呉訥の序文が書かれた年月日が「正統壬戌（一四四二）秋八月朔」と記されているが、『祥刑要覧』が初めて刊行されたのは、景泰二年（一四五一）になってからであったことは、後で説明する通りである。

附二　『棠陰比事』の嘉定四年の桂万栄自序

『棠陰比事』には、編者桂万栄の自序が二つ附いている。一つは嘉定四年（一二一一）のものであり、もう一つは端平元年（一二三四）のものである。岩村藩が刊行した『祥刑要覧』を含めて、江戸時代の日本で刊行された『祥刑要覧』には、端平元年の桂万栄序が掲載されているが、嘉定四年のものは掲載されていない。ところが、明の蔡清（一四五三〜一五〇八）が著した『易経蒙引』の巻八下の中孚の項に、「祥刑要覧の桂氏後序曰わく」として引用されている文章は、『棠陰比事』の嘉定四年の桂万栄自序の文章である。
明の陳察（弘治十五年（一五〇二）の進士）が呉訥の『祥刑要覧』を増補した『重刊祥刑要覧』（東洋文庫所蔵）にも、嘉定四年の桂万栄序が掲載されているが、『重刊祥刑要覧』には正徳十五年（一五二〇）に書かれた編者陳察の自序が附されており、『重刊祥刑要覧』が刊行されたのは、正徳十五年以降であり、正徳三年（一五〇八）に蔡清が歿した（『明史』巻二八二、儒林伝）後であることが知られるから、蔡清が見た『祥刑要覧』は、呉訥が編集した、もとの『祥刑要覧』であったに違いない。すると、呉訥が編集した『祥刑要覧』には、本来、『棠陰比事』の嘉定四年の桂万栄自序が掲載されていたのである。そこで、嘉定四年の桂万栄序の全文を次に掲げる。テキストには『四明叢書』所収『棠陰比事』のものを用いた。

【和訳】

開禧三年丁卯（一二〇七）の春、私は、江南東路饒州の餘干県（現在の江西省余干県の西北）の尉（捕盗を主る官）の立場で、饒州（治所は現在の江西省波陽県）の役所に赴きました。州院（録事参軍が執務する官舎。原文「糾曹」）の書架は書物で一杯でした。録事参軍（州の事務を総轄し、鞫獄も掌る官）の孫起予さんは武林（臨安府の雅称）の人です。一日中、親しく過ごしているうちに、話題が裁判の事に及びました。孫さんは次のように語りました。

「そもそも裁判を司る官は、実に人民の命を司る官であって、天心の向背、国家の命脈の長短はこれに繋っています。他の職掌に比べて、とりわけ慎重であるべきです。近頃、本州鄱陽県（現在の江西省波陽県）の尉司の胥吏が殺されました。夕暮れ時であったので、誰が犯人かわかりませんでした。命令を承けて犯人捜索に当たった役人は、間もなく俞達という者を捕えて告発しました。証拠も証人も皆そろい、本人もまた罪を認めました。かつ、殺害計画に加わったとして、三人の弓手（県尉の下で働く捕盗人夫）が逮捕されました。各人の供述書を突き合わせてみると、一つも異なる辞句がありません。そのことがかえって私に疑いを抱かせました。私は州知事のもとへ参上し、この事件の判決を延期して下さるようお願いしました。そして、改めて、犯人の情報を知らせてくれた者に賞金を与えるという掲示札を立て、広く聞き込み捜査を行って、真犯人を追求させました。日ならずして、案の定、龔立という名の真犯人が見つかりました。こうして裁判を正しく行うことができたのですが、もし真犯人が見つからなければ、理不尽にも四人の罪のない人を死刑に追いやってしまうところでした。無実の罪で死刑になった人は千年の後まで恨み続けるでしょう。いったい誰がその責任を取るのでしょうか。」

私は孫起予さんの話を聞いて、驚いて襟を正しました。そして感嘆して、「孔子は易を繰り返し読んで、竹簡を結ぶひもが三度も切れました。孔子は易の中孚の卦に「獄を議し死を緩くす。（裁判を慎重に行って、死刑に当たらない人が死刑にならないようにする。）」という象伝を特に加えました。そして古の裁判官もまた、「一たび成れば変ず可からざる」者（『礼記』王制の文言。刑を意味する。）に心を尽くしました。孫さんはこのような、裁判は慎重に行わなければならないという精神をお持ちです。」と申しました。

その後、私は、餘干県尉の任期を終えて、東方の故郷、慈溪県（現在の浙江省寧波市の北西）に帰りました。吏部に赴いて昇任資格の審査を受け（原文。参選）、江南東路建康府（現在の江蘇省南京市）の司理参軍（鞫獄を掌る官）のポストが空くのを待っておりました（原文。待次建康犴曹）。しばしば孫起予さんの話を思い出し、何か心配事でもあるのかとまわりから見られる有り様でした（原文。若有隱憂。『詩経』邶風、柏舟に「耿耿不寐、如有隱憂。」とある。）。そこで、ひまな折に、和魯公父子の『疑獄集』に収録されている裁判実話を取り入れ、開封

（現在の河南省開封市）の鄭公の『折獄亀鑑』に収録されている裁判実話を加えて、事実を対比し題辞を対句にし（原文。比事属辞。『礼記』経解に「属辞比事、春秋教也。」とある。）、対句にした題辞を連ねて七十二韻を作り、『棠陰比事』と名づけました。

およそ私と志を同じくする人が、それぞれの能力に応じて、上は歴代皇帝陛下が裁判を慎重に行おうとなさった（原文。欽恤）御意を体し、下は和魯公父子や鄭公が裁判実話集を編集出版した本心を究め、裁判に対して神経を研ぎ澄まし、思慮を尽くして、本書が収めている話を架空の話とは思わないならば、甘棠（やまなし）の木陰（原文。棠陰。周の武王の時に、召伯が南土を巡行した際、民に負担をかけないために、甘棠の木の下で裁判を行った故事に基づく言葉。裁判所を意味する。）で、明らかな道徳の教え（原文。明教。『毛詩』国風、召南、甘棠に「召伯之教、明於南国。」とある。）を示すことができるようになり、いばらの林（原文。棘林。『礼記』王制に「司寇、正刑明辟、以聴獄訟。（中略）大司寇、聴之棘木之下。」とある。裁判所を意味する。）で、寃死者が幽霊になって夜に哭くことが無くなるでしょう（原文。棘林無夜哭。『文選』巻三十六、王融「永明九年策秀才文」に「肺石少不寃之人、棘林多夜哭之鬼。」とある。）。そのように裁判が正しく行われるようになりますと、人々は安心して礼の規範に従って生活できるようになります。何と幸せなことでしょう（原文。曷勝多礼之幸。揚雄『法言』吾子に「猳犴使人多礼乎。」とある。）。そこで、売名行為と見られるのを厭わず、本書を出版して、世に広めたいと思ったのです。

重光（『爾雅』釈天に「太歳（中略）在辛曰重光。」とある。十干の辛を指す。）協洽（『爾雅』釈天に「太歳（中略）在未曰協洽。」とある。十二支の未を指す。）の歳（辛未。開禧三年丁卯（一二〇七）の直後の辛未の年は、嘉定四年（一二一一）である。）、閏月（嘉定四年の閏月は閏二月。）望日（十五日）、四明（桂万栄の故郷である慈渓県が属する両浙東路慶元府の雅称。慶元府と紹興府との境に四明山がある。）の桂万栄が序を記しました。

【原文】

棠陰比事序

開禧丁卯春、僕以饒之餘干尉趨郡。書満糾曹。孫公起予、武林人也。留款竟日、話次因及梟事。謂、凡典獄之官、実生民司命。天心向背、国祚修短、係焉。比他職掌、尤当謹重。近者、番昜尉胥、為人所殺。昏暮莫知主名。承捕之吏、続執俞達以告。証左皆具。亦既承伏矣。且（もと具に作る。四部叢刊本に従って改めた。）謀連三弓手。結款無一異詞。某独不能無疑。躬造台府、請緩其事。重立賞榜、広布耳目、俾緝正囚。未幾、果得龔立者、以正典刑。不然、横致四無辜於死地。銜冤千古、咎将誰執。万栄聞之、瞿然斂衽。因歎、吾夫子、三絶韋編、特著其議獄緩死之象於中孚。而古之君子、亦尽心於一成不可変者。公其有焉。既而東帰、参選待次建康犴曹。屢省斯事、若有隠憂。遂於暇日、取和魯公父子疑獄集、参以開封鄭公折獄亀鑑、比事属辞、聯成七十二韻、号曰棠陰比事。凡与我同志者、類能、上体累代欽恤之意、下究諸公編劘之心、研精極慮、不謂空言、則棠陰著明教、棘林無夜哭。曷勝多礼之幸。是用、弗嫌於近名、擬鋟諸木、以広其伝。歳在重光協洽、閏月望日、四明桂万栄序。

【訓読】

棠陰比事序

開禧丁卯の春、僕、饒の餘干の尉を以て郡に趨く。書、糾曹に満つ。孫公起予は武林の人なり。款を留むること竟日、話次、梟事に因及す。謂う。凡そ典獄の官は、実に生民の司命なり。天心の向背、国祚の修短、これに係る。他の職掌に比して、尤も当に謹重たるべし。近ごろ、番昜の尉胥、人の殺すところと為る。昏暮にして主名を知る莫し。承捕の吏、ついで俞達を執らえて以て告ぐ。証左、皆具わる。亦た既に承伏す。且つ謀りごと三弓手に連なる。結款、一の異詞無し。某、独り疑い無き能わず。躬ら台府にいたり、其の事を緩めんことを請う。重ねて賞榜を立て、広く耳目を布き、正囚をとらえしむ。未だ幾くならずして、果たして襲立なる者を得、以て典刑を正したり。然らずんば、まげて四無辜を死地に致さん。宛を千古に銜み、咎、はた誰か執らん。と。万栄これを聞き、瞿然として衽を斂む。因りて歎ず。吾が夫子、三たび韋編を絶ち、特に其の議獄緩死の象を中孚に著わす。而して古の君子も亦た、心を一成して変ず可からざる者に尽くす。公、其れこれ有り。と。既にして東帰し、参選して建康の犴曹を待次す。しばしば斯の事を省み、隠憂有るがごとし。遂に暇日に於いて、和魯公父子の疑獄集を取り、参するに開封の鄭公の折獄亀鑑を以てし、事をならべ辞をあわせ、七十二韻を聯成し、号して棠陰比事と曰う。凡そ我と志を同じくする者、能に類《したが》い、上は累代欽恤の意を体し、下は諸公編劘の心を究め、精を研き慮を極め、空言とおもわざれば、則ち棠陰に明教を著わし、棘林に夜哭無からん。曷んぞ多礼の幸に勝えんや。是を用て、近名を嫌わず、これを木にきざみ、以て其の伝を広めんと擬す。歳は重光協洽に在り。閏月望日。四明の桂万栄、序す。

桂万栄の略歴は、天順五年（一四六一）に成った『大明一統志』の巻四十六、寧波府、人物の項に、「桂万栄。慈渓の人。慶元初の進士。州郡を歴典し、至るところ声有り。直秘閣に終わる。棠陰比事を著わし、世に行わる。」と記されている。『宝慶四明志』巻十に拠れば、桂万栄は慶元二年（一一九六）の進士である。

「孫公起予は武林の人なり。」とあるが、『咸淳臨安志』巻六十一の「国朝進士表」に拠れば、孫起予は淳熙十一年（一一八四）の進士である。清の雍正十三年（一七三五）に成った『浙江通志』（四庫全書所収）の巻一二六、選挙、宋進士、淳熙十一年甲辰衛涇榜の項には、孫起予は「富陽人」と記されている。「富陽」は臨安府富陽県（現在の浙江省富陽県）である。臨安府の雅称が「武林」であり、「武林」は西湖の西側の諸山の総称である。なお、『宝慶四明志』巻十、叙人、進士、嘉定七年（一二一四）袁甫榜の項に、父の孫枝と同時に進士に合格した孫起予の名が見えるが、棠陰比事序に登場する孫起予とは別人である。

「既にして東帰、参選し、建康犴曹を待次す。」と記されているが、これは、餘干県尉の任期が満ちて、国都臨安府に赴いて、吏部に出頭して成績審査を受け、建康府の司理参軍に昇任させる辞令を授けられて、故郷の慈溪県に帰り、そのポストが空くのを待っていた、という意味である。「待次」の語については、竺沙雅章「宋代官僚の寄居について」（『東洋史研究』第四十一巻第一号掲載、一九八二年）に説明がある。

「遂に暇日に於いて、和魯公父子の疑獄集を取り、参するに開封の鄭公の折獄亀鑑を以てし、事を比《なら》べ辞を属《あ》わせ、七十二韻を聯成し、号して棠陰比事と曰う。」と述べられている。「和魯公父子の疑獄集」とは、五代後晋の宰相和凝（八九八〜九五五）及びその第四子の㠓（九五一〜九九五）が編集した裁判実話集『疑獄集』三巻のことである。和凝は後漢の高祖（在位九四七〜九四八）の時に魯国公に封じられたので（『新五代史』巻五十六、和凝伝）、ここで「和魯公」と称されているのである。和凝父子の『疑獄集』は、上巻に和凝が集めた二十九話が収められ、下二巻に和㠓が集めた三十八話が収められていた（『玉海』巻六十七、詔令、刑制、紹興折獄亀鑑）。四庫全書に収録されている『疑獄集』十巻は、明の張景（嘉靖二年（一五二三）の進士）が編集した『補疑獄集』六巻を除く、はじめの四巻が、和凝父子が編集した『疑獄集』であることになっている。しかし、そのうちの第四巻に輯められている話は、すべて後人が妄増したものであり（楊奉琨『疑獄集・折獄亀鑑校釈』（復旦大学出版社、一九八八年）「前言」）、はじめの三巻も、和凝父子が編集した『疑獄集』のもとの姿をそのまま伝えているわけではない（拙稿「和氏父子撰『疑獄集』の整理」（『関西大学法学論集』第五十一巻第六号掲載、二〇〇二年）第三節）。

「開封の鄭公の折獄亀鑑」とは、北宋の宣和六年（一一二四）の進士である鄭克が、南宋の紹興三年（一一三三）

に高宗が降した恤刑詔を読んで刺激を受け、和凝父子の『疑獄集』を増補して編んだ（余嘉錫『四庫提要辨証』（科学出版社、一九五八年）巻十一、子部二、折獄亀鑑八巻）『折獄亀鑑』のことである。『折獄亀鑑』は、永楽大典から録出されたものが四庫全書に収められ、ほぼ完存している。各話の主人公である裁判官の姓名を標題とした二百八十話が「釈冤」「辨誣」等の二十門の下に配列され、各話の後に編者鄭克がコメントを附している。鄭克のコメントに別の裁判実話が掲げられているものがあり、一方、二百八十話の中には重出があるので、『折獄亀鑑』に掲載されている裁判実話の合計は三百八十二話となる。

「事を比《なら》べ辞を属《あ》わせ、七十二韻を聯成す。」とあるのは、次のように各話を配列し、各話に標題をつけた、という意味である。『疑獄集』及び『折獄亀鑑』の中から、二話ずつ組み合わせながら、百四十四話を選び出し、各話に四字の標題をつけ、組み合わせた二話の標題が対になるようにする。例えば、『棠陰比事』の第一話の標題「向相訪賊」と第二話の標題「銭推求奴」は、「向」と「銭」が各話の主人公の姓であり、「相」と「推」が各話の主人公の官職である「丞相」と「推官」の略であり、「訪賊（賊を訪ぬ）」と「求奴（奴を求む）」が、動詞と目的語を使って、各話の内容を表している。そして、対にした二つの標題を一聯と数え、並んだ奇数聯と偶数聯が脚韻を踏むようにする。例えば、第一聯「向相訪賊、銭推求奴。」と第二聯「曹攄明婦、裴均釈夫。」では、「奴」と「夫」が同韻である。

第三節　『棠陰比事』の「後序」

呉訥の序文の次に、『棠陰比事』の桂万栄の「後序」が掲げられている。四部叢刊本『棠陰比事』の「後序」、及び四明叢書本『棠陰比事』の「識」と照合し、訂正した上で和訳、訓読した。

【和訳】

端平元年（一二三四）七月乙卯（十八日）、私、桂万栄は、尚右郎（吏部郎官の一つ。尚書右選（武官の人事）を主管する。）の立場で、皇帝陛下（理宗）の御恩を蒙り、陛下に御対面して意見を申し上げる機会を与えられました。はじめに、心の正しさを守って、政治の源を謹むべきことを申し上げました。次に、諸官吏の貪欲を懲らして、国家の根本を固めるべきことを申し上げました。天子の威厳が顔前にあり（原文。天威咫尺。『左伝』僖公九年夏条に「天威、顔に違わざること咫尺。」とある。「咫」は八寸。）、しきりに御褒めの言葉をかけて下さいました。やがて御言葉が次のように発せられました（原文。玉音巽発。「巽」は風。天子のみことのりを風にたとえる。）。「朕は以前、卿が編集した『棠陰比事』を見て、卿が訟えを聴いて判決を下すに当たって、十分に審理する（原文。審克。『尚書』呂刑に出てくる語。）ことができることを知りました。」私、万栄はただちに恭しく申し上げました。「臣は先年、建康府の右司理参軍のポストを与えられ、そのポストが空くのを日々久しく待っておりました。その暇を利用して『棠陰比事』を編集して、人々が見聞を広げる助けにしようとしました。あに料らんや、天子様がその視野をお広げになり（原文。天侈其逢）、誤って御覧にあずかりましたとは（原文。誤関乙覧。「乙覧」は「乙夜覧」で、天子の就寝前の読書。）。それでは臣が御殿を降りて拝謝いたしますのをお許し下さい。」

宮門を出ますと、その『棠陰比事』をぜひ欲しい、と言う人が待ちかまえていました。『棠陰比事』は、遠く星江（南康軍の雅称。南康軍は現在の江西省星子県。）で出版したので、取り寄せることができませんでした。そこで、『棠陰比事』を再版して流布させることにしました。上は生命を愛する聖主の徳を広く知らせ、下は罪人をあわれむ裁判官の心を助けることができることを願っております。

十月既望（十六日）、朝散大夫（従五品下）で、新たに直宝章閣（宝章閣は寧宗の御製を収蔵する書庫。）・知常徳府（常徳府は荊湖北路に属する。現在の湖南省常徳市。）に任じられました桂万栄が謹んで記しました。

【原文】

後序（四明叢書本『棠陰比事』は「識」と題する。）

端平改元七月乙卯、万栄、以尚右（「右」はもと「書」に作る。四明叢書本・四部叢刊本『棠陰比事』に従って改めた。）郎、蒙恩陛対。首奏守一心之正、以謹治原。次奏懲群吏之貪、以固邦本。天威咫尺、洊賜褒嘉。既而玉音巽発、謂、朕嘗見卿所編棠陰比事、知卿聴訟決能審克。万栄即恭奏、臣昨調建康司理右掾、待次日久。因編此、以資聞見。豈料、天侈（「侈」はもと「儀」に作る。四明叢書本・四部叢刊本に従って改めた。）其逢、誤（「誤」はもと「朕」に作る。四明・四部両本に従って改めた。）関乙（「乙」はもと「一」に作る。四明・四部両本に従って改めた。）覧。容臣下殿（「殿」はもと「朕」に作る。四明・四部両本に従って改めた。）躬謝。曁出禁門、便有力求此本者。鋟梓星江、遠莫之致。是用重刊流布。庶可上広聖主好生之徳、下裨涖官哀矜之意。十月既望、朝散大夫・新除直宝章閣・知常徳府、桂万栄、謹識。

【訓読】

後序

端平改元七月乙卯、万栄、尚右郎を以て、恩を蒙り陛対す。首《はじめ》に、一心の正を守り、以て治原を謹むを奏し、次に、群吏の貪を懲らし、以て邦本を固むるを奏す。天威咫尺、洊《しき》りに褒嘉を賜う。既にして玉音巽発す。謂う、朕、嘗て卿、編むところの棠陰比事を見て、卿、訟を聴き決するに能く審克するを知る、と。万栄即ち恭奏す。

臣、昨ごろ建康司理右掾に調せられ、次を待つこと日、久し。因りて此れを編み、以て聞見を資《たす》く。豈に料らんや、天、其の逢を侈《ひろ》げ、誤って乙覧に関《あずか》るとは。臣、殿を下りて躬謝するを容《ゆる》されよ。と。禁門を出づるに曁《およ》び、便ち力《つと》めて此の本を求むる者有り。星江に鋟梓し、遠く之れを致す莫し。是を用て重刊、流布す。上は聖主、生を好むの徳を広め、下は官に涖《のぞ》み哀矜するの意を裨《たす》く可きことを庶《こいねが》う。十月既望、朝散大夫・新除直宝章閣・知常徳府、桂万栄、謹んで識《しる》す。

「恩を蒙り陛対す。」とある。「陛対」の「対」は、御殿に上って皇帝の面前で意見を申奏することである。「対」については、平田茂樹「宋代政治構造試論―対と議を手掛りにして―」(『東洋史研究』第五十二巻第四号掲載、一九九四年)に説明されている。

「星江に鋟梓す。」とある。「星江」は江南東路南康軍(軍は州と同格の行政単位。)を指す。光緒二十五年刊『慈谿県志』(中国方志叢書所収)巻二十五、列伝、桂万栄の項に掲げられている『嘉靖寧波府志』に拠れば、桂万栄は、嘉定九年(一二一六)より後に、南康軍の知事に任じられた。その在任中に南康軍で『棠陰比事』を出版したのであろう。四明叢書本『棠陰比事』に掲げられている、嘉定六年(一二一三)の知建康府劉隷の「棠陰比事序」に、「亟《すみ》やかに命じて鋟木し、用て其の伝を広めしむ。」とあり、『景定建康志』巻三十三、文籍志、書版に「棠陰比事五十六版」とあるから、『棠陰比事』が嘉定六年頃に建康府で出版されたことは確かである。南康軍での出版は、二度目の出版であったのであろう。

第四節　呉訥の按語

『棠陰比事』の「後序」の後に呉訥の按語が二つ附されている。一つめは桂万栄についてのものであり、二つめは桂万栄及びその子孫についてのものである。一つめの按語は次の通りである。

【和訳】

考えますに、桂氏の前序に「重光協洽」と記されています（附二を参照。）。これは辛未の歳です。すなわち宋の寧宗の嘉定四年（一二一一）です。後序に「端平改元」と記されているのは、理宗の甲午の歳（一二三四）です。二つの序文が書かれた年は二十四年離れています。つまり、桂万栄は、初めて県尉に任官してから三十年を経て、常徳府の知事に任じられたのです。残念なことに、史書に伝記が無く、彼の経歴の始めから終わりまでを調べることができません。とりあえず、以上のことを記して、桂万栄についての情報を知らせてくれる人を待ちます。

【原文】

按、桂氏前序、題曰重光協洽。是辛未之歳、乃宋寧宗嘉定四年也。後序題曰端平改元、則理宗甲午歳也。両序相去二十有四載。蓋、万栄、自釈褐筮仕県尉、歴三十年、乃知是郡。惜乎、史冊無伝、莫能考其履歴之終始也。姑書以俟知者。

【訓読】

按ずるに、桂氏の前序に題《しる》して重光協洽と曰う。是れ辛未の歳、乃ち宋の寧宗の嘉定四年なり。後序に題して端平改元と曰うは、則ち理宗の甲午の歳なり。両序相い去ること二十有四載。蓋し万栄、褐を釈き、県尉に筮仕するより、敭歴三十年、乃ち是の郡に知たり。惜しいかな、史冊に伝無く、能く其の履歴の終始を考うる莫きなり。姑《しばら》く書して、以て知る者を俟つ。

二つめの按語は次の通りである。

【和訳】

私、呉訥は、往年、『宋史』に桂万栄の伝が無いので、彼の履歴の始めから終わりまでを調べることができませんでした。近ごろ、翰林院学士の王景彰の文集を読んで、次のようなことがわかりました。桂万栄は常徳府の知事で終わりました。子があり、宋朝に仕えて宣議郎（従八品）となりました。宣議は、知富陽県（富陽県は現在の浙江省富陽県。）の康老を生み、知県は、贈運使の俊卿を生み、運使は、贈参政の与紹を生み、参政は、皇明の晋王府（原文。晋邸。晋王は明の太祖の第三子、朱棡。）の長史（王の過失を正すことを掌る。）、徳称、字は彦良を生みました。長史は二子を生みました。慎と全です。慎は仕官して中書舎人（詔勅を書写することを掌る。）に至って終わりました。

近年、桂万栄の子孫である桂怡が、万栄以来、再び、私の嫡孫の淳と同時に、進士に及第し、淳と同じ日に監察御史（原文。六察）に任命されました。公正な裁判を行う助けとするために『棠陰比事』を編集出版した、という善行を積んだことが子孫にもたらす恵みは、量り知れないのです。私は、八十歳の老いぼれ（原文。耄荒。耄は八十歳。）の残り時間に、謹んで以上のことをこの『祥刑要覧』の巻末に記しました。裁判をつかさどる人がこれを見れば、励まされたり、反省させられたりするのではないでしょうか。景泰辛未の年（二年。一四五一）の夏、海虞（蘇州府常熟県の古称。）の大耄翁が記しました。

【原文】

訥、曩歳、以宋史缺万栄伝、莫能考其履歴終始。近読王学士景彰集、乃知万栄終于知常徳郡。有子、仕宋、為宣議郎。宣議生知富陽県康老。知県生贈運使俊卿。運使生贈参政与紹。参政生皇明晋邸長史徳称、字彦良。長史生二子。慎、全。慎仕至中書舎人以終。近歳、万栄裔孫怡、復与予嫡孫（もと「孫」なし。東洋文庫所蔵『重刊祥刑要覧』に従って補った。）淳同登進士第、同日拝官六察。積慶之沢、未易量也。予也耄荒之餘、謹備書此巻末。庶幾、典祥刑者観之、其亦有所勧也夫、其亦有所儆也夫。景泰辛未夏、海虞大耄翁（「大耄翁」を『重刊祥刑要覧』は「大耋思菴呉訥」に作る。）識。

【訓読】

訥、曩歳、宋史、万栄の伝を缺くを以て、能く其の履歴の終始を考うる莫し。近ごろ、王学士景彰の集を読み、乃ち、万栄、知常徳郡に終わるを知る。子有り、宋に仕え宣議郎と為る。宣議、知富陽県の康老を生む。知県、贈運使の俊卿を生む。運使、贈参政の与紹を生む。参政、皇明晋邸の長史、徳称、字は彦良を生む。長史、二子を生む。慎、全。慎は仕えて中書舎人に至り以て終う。近歳、万栄の裔孫の怡、復た、予の嫡孫の淳と同じく進士第に登り、同日に六察に拝官せらる。積慶の沢、未だ量り易からざるなり。予や、耄荒の餘、謹んで備《つぶ》さに此の巻末に書す。庶幾す、祥刑を典《つかさど》る者これを観ば、其れ亦た勧むるところ有るか、其れ亦た儆《いまし》むるところ有るか。景泰辛未夏、海虞の大耄翁識《しる》す。

「近ごろ王学士景彰の集を読む。」とある。王景彰は、名は景、景彰は字である。浙江省処州府松陽県の人。元の至元二年（一三三六）に生まれ、明の永楽六年（一四〇八）に歿した。明の太祖の洪武年間に山西布政使司右参政に任じられたが、誣告され、雲南に流された。建文年間に翰林侍講を授けられ、成祖が即位すると翰林院学士に抜擢された。成祖が、建文帝を葬る礼を問うと、景彰は、天子の礼を用いるべきです、と答え、成祖はその意見に従った。『明史』巻一五二に伝がある。『明名臣琬琰録』巻十三、翰林院学士王公景彰墓碑銘に、「其の文章は当世の重んずるところと為る。翰林に在りては玉堂稿を為《つく》る。黔中（雲南を指す。）に在りては南詔稿有り。家に蔵す。」と記されている。王景彰の文集は、どの叢書にも収められておらず、未見である。現存するのかどうかもわからない。

桂万栄の子孫の名が、「知富陽県康老」「贈運使俊卿」「贈参政与紹」「皇明晋邸長史徳称、字彦良」「慎」「全」と挙げられている。明の烏斯道の文集である『春草斎集』の巻二、清節先生伝に、「先生、諱は徳称、字は彦良、字を以て行わる。清節と号す。姓は桂氏。（中略）宋の直宝章閣学士、諱万栄の後なり。通直郎（正八品。四庫全書本は「郎」を「節」に誤る。）臨安府富陽県知県康先《ママ》、俊卿を生む。俊卿、与紹を生む。与紹、子無し。先生を以て嗣と為す。先生は本、富陽の葉氏、賀州知州、諱同の子。中書右丞文簡公、諱季の孫なり。」「（洪武）十一年（一三七八）二月、上、先生に謂いて曰わく、汝の二子、聡敏好学なるを聞く。宜しく朕に見《まみ》えしむべし。と。翌日、遂に引見す。上、喜ぶこと甚し。顧問を蒙る。特に長子の慎を除して中書舎人と為し、次子の全は侍養するを許す。」「（洪武）十三年（一三八〇）、（中略）吏部、先生、例として三代に推恩するを得るを以て、其の祖の俊卿を封じて嘉議大夫・両浙塩運使と為し、（中略）父の与紹に中奉大夫・浙江布政司右参政を贈らんとす。（中略）上、其の奏を允《ゆる》す。」と記されている。

桂彦良（一三二二～一三八七）は、洪武六年（一三七三）に太子正字、同十一年（一三七八）に晋王府右傅、同十三年（一三八〇）に晋王府左長史に任じられた。『明史』巻一三七に伝がある。『名山蔵』巻五十九、臣林記、桂彦良の項に拠れば、太祖が貪墨の吏に死を賜わろうとした時、彦良は、律の規定通りに刑を科するよう強く諫めたが、聴かれなかった。そこで彦良がもう一度進み出て、「法律は、皇帝陛下も天下と共に守るべきです。」と申し上げたところ、太祖は頷いた、という。

「近歳、万栄の裔孫の怡、復た予の嫡孫の淳と同じく進士第に登る。」とある。清乾隆元年重修『浙江通志』（中国省志彙編所収、華文書局）巻一三一、選挙、正統十三年（一四四八）戊辰科彭時榜の項に、「慈谿の人」である「桂怡」の名が見える。また、『姑蘇志』（景印四庫全書所収）巻六、科第表下、進士、正統十三年戊辰彭時榜、常熟の段に、「呉淳。厚伯。訥子《ママ》。監察御史。」とある。呉淳については、『呉都文粋続集』（四庫全書所収）巻四十四、明故通議大夫都察院左副都御史思菴呉公神道碑（徐有貞撰）に、「（呉訥の）孫男四。長、淳。経を公（呉訥を指す。）より受け、進士に第し、御史と為る。克《よ》く其の風裁に肖《に》る。不幸にして早死す。郷邦これを惜しむ。」と記されている。

「謹んで備さに此の巻末に書す。」とある。呉訥のこの按語は、岩村藩刊本では本文の前に置かれているが、呉訥の在世中に刊行されたもとの『祥刑要覧』では、本文の後ろに置かれていたのであろう。

「景泰辛未夏、海虞の大耄翁識す。」とある。正統七年（一四四二）壬戌に呉訥が「祥刑要覧序」を書いたにもかかわらず、景泰二年（一四五一）辛未に至るまで『祥刑要覧』が刊行されなかったことは、次に掲げる『重刊祥刑要覧』の鄒亮の序文から知られる。

附三　『重刊祥刑要覧』の鄒亮の序文

呉訥の按語の次は『祥刑要覧』の本文であるが、本文に入る前に、東洋文庫所蔵の『重刊祥刑要覧』に附載されている鄒亮の序文を紹介したい。鄒亮の序文は、内容と書かれた年とから見て、呉訥が編集したもとの『祥刑要覧』に附載されていたと考えられるからである。『重刊祥刑要覧』は、明の陳察（弘治十五年（一五〇二）の進士）が呉訥の『祥刑要覧』に自分が集めた裁判話を加えて出版したものである。正徳十五年（一五二〇）の陳察の序がある。鄒亮は、字は克明、南直隷蘇州府長洲県（現在の江蘇省蘇州市）の人。長洲県は、呉訥の本籍地である蘇州府常熟県から約四十キロ南に位置する蘇州府城の附郭県である。劉溥等九人とともに「景泰十才子」と称された（『明史』巻二八六、文苑伝、劉溥の項）。正統年間（一四三六～一四四九）の初めに吏部司務に任じられ、ついで南京浙江道監察御史に昇った（『呉中人物志』巻四）。

【和訳】

国家の法律と聖賢の経伝とは表裏一体です。経伝、即ち儒教の経書及びその注釈に明るくない人は、厳明で慎重な（原文。明慎。『周易』旅に「君子以明慎用刑。」とある。）裁判を行うことができません。法律に暗い人は、刑罰の軽重が適切な判決を下すことができません。両者はどちらも正しい裁判を行うことができません。これが海虞の呉公の『祥刑要覧』が作られた理由です。

呉公は、儒学に優れているという理由で推薦されて官途に就きました。監察御史を拝命しますと、日頃、儒教の経典や歴史書から裁判に関係がある文章を拾い集め、座右に書き置いていました。そしてさらに、朝晩、法律の中から、経典や歴史書の教えと合致する条文を抜き出して、訓戒としていました。南京都察院左副都御史に昇任した後、退官して閑居しながらも、心の中では世を憂える気持ちを忘れていません。つねづね人に「天地は万物に対して、春に生まれさせ、夏に成長させ、秋冬になると厳しく殺し枯らす心を持ちます。これは当然の理です。刑罰を司る官吏は、この理を知らず、ある人は真偽を究明しないで酷刑を科し、ある人は陰徳を積むことに務めて悪人を釈放し、ある人は巧みに理屈をこねて能力をひけらかし、ある人は陰で賄賂を受け取って法律をないがしろにします。刑罰は天が下す刑罰であることが全くわかっていません。天の理に背くことができるでしょうか。法律は皇帝が定めた法律であることが全くわかっていません。どうして皇帝の法律を枉げることができるでしょうか。」と語っています。

呉公は、このような有り様に心を痛めて、『棠陰比事』の中に記載されている、有能な官吏が隠れた悪事を見抜いた話を若干条選び取って編集し、その巻頭に自ら序文を書き、自宅にしまっておきました。監察御史の銭昕は、呉公の外孫です。これを閲読して得るところがあったので、その父の公達甫（「甫」は尊称。）に、これを書き写して出版し、世の中に広めてくれるようお願いしました。志を同じくする人とこれを共有するためです。

ああ、聖人は、天に代わって人民を治めます。ですから刑法を制定して、人民に道徳を教える政治を助ける手段とします。聖人が刑罰を用いる理由は、やむを得ないからなのです。そもそも、凶事である刑罰を「祥刑」即ちめでたい刑罰と称するのは、刑罰の威力で人民が節度を保つようになる（原文。民協于中。『尚書』大禹謨に「刑期于無刑。民協于中。」とある。）ので、喜びが生まれるからです。これこそが「刑は刑無きを期す。」の意味です。この書物が広まりますと、国から給料をもらって人民を治める者は誰でも、これを閲覧してその要点を読み取るならば、裁判を行う際に、罪人を哀れみながら事実を認定し、慎重に正しく法律を適用する（原文。明慎用刑。『周易』旅の文言。）ことが必ずできます。残酷で汚れた行為をしたり、その場しのぎの命令を下したりすることを恥じます。胥吏が官僚の行動に便乗して悪事を行う弊害をも除き去ることができます。本書が持っている、正しい裁判を行うのに役立つ内容が、どうして浅いと言えるでしょうか。

呉公は、名は訥、字は敏徳。行いにすぐれ、まつりごとに長じ、とりわけ性理の学に通じています。著した書物はすべて名分を守る教えに関わるものです。この書物だけがそうであるのではありません。呉公は、その孫である監察御史の淳に命じて、私に本書の後ろに序文を書くよう依頼させました。私はお断わりせず、謹んで本書についてのあらましを以上のように序文に書きました。時は景泰二年（一四五一）、辛未の歳、六月の第一日、監察御史で呉公と同府の後学である鄒亮が序文を書きました。

【原文】

国家憲章与聖経賢伝、相為表裏。懜於経伝者、不能尽明慎之道。昧於憲章者、不能適軽重之宜。二者胥失之。此海虞呉公祥刑要覧之所以作也。公以儒術起家。初拝監察御史、嘗攟摭経典史伝、書寘座右。既又夙夜紬繹法律之相脗合者、用為箴規。及陞左副都御史、致仕間居、而憂世之意、不忘于中。毎謂人曰、天地之於万物、春生夏長、秋冬則有粛殺之心。其理当然也。司刑之吏、不察乎此、或不究情偽而酷刑、或務為陰隲而縦悪、或巧矜智辯以騁能、或陰納苞苴而罔法。殊不知、刑乃天刑也。天之理、其可悖歟。法乃王法也。又豈可枉法乎哉。公既加軫念、爰擇棠陰比事中所載、能吏灼見隠微者、凡若干事、彙粋成編、自序其首、蔵于家。監察御史銭昕、公之外孫也。閲之有得。遂請其父公達甫、録梓行于世。期与同志共之。於乎、聖人代天理物。故制刑以為弼教輔治之具。其所以用之者、蓋有不獲已焉。夫以凶事而謂之祥。蓋民協于中、則有慶。斯乃刑期無刑之意也。是編之行、凡食禄治民者、覧之而得其要、則於断讞之際、必能哀矜折獄、明慎用刑、耻為苛墨之行、姑息之政。至於胥吏貪縁為奸之弊、亦可祛焉。其有裨於治道、豈浅浅邪。公名訥、字敏徳。優於行、長於政事、尤精性理之学。所著書、皆有関名教、非独是編而已。公命其孫監察御史淳、属筆序其後。不敢辞、謹序其大略如此。時景泰二年、歳在辛未、六月朔日。監察御史、後学郡人、鄒亮序。

【訓読】

国家の憲章と聖経賢伝とは相い表裏を為す。経伝に懵《くら》き者は明慎の道を尽くす能わず。憲章に昧《くら》き者は軽重の宜しきに適う能わず。二者は胥《みな》、之れを失す。此れ海虞の呉公の祥刑要覧の作らるる所以なり。

公は儒術を以て起家す。初め監察御史に拝せられ、嘗《つね》に経典史伝を攟摭し、書して座右に寘《お》く。既に又た夙夜、法律の相い脗合する者を紬繹し、用《もっ》て箴規と為す。左副都御史に陞るに及び、致仕間居するも、憂世の意、中に忘れず。毎《つね》に人に謂いて曰く、天地の万物に於けるは、春に生ぜしめ、夏に長ぜしめ、秋冬なれば則ち粛殺の心有り。其の理、当に然るべきなり。司刑の吏、此れを察せず、或いは情偽を究めずして刑を酷にし、或いは務めて陰隲を為して悪を縦《はな》つ。或いは巧みに智辯を矜《ほこ》りて以て能を騁《は》せ、或いは陰かに苞苴を納れて法を罔《な》みす。殊に知らず、刑は乃ち天刑なるを。天の理、其れ悖《もと》る可けんや。法は乃ち王法なり。又た豈に法を枉ぐる可けんや。と。

公、既に軫念を加え、爰《ここ》に棠陰比事の中に載するところの、能吏、隠微を灼見する者、凡そ若干事を擇び、粋を彙《あつ》め編を成し、自ら其の首《はじめ》に序し、家に蔵す。監察御史の銭昕は公の外孫なり。之れを閲して得る有り。遂に其の父の公達甫に請いて、録梓して世に行わしむ。同志と之れを共にせんことを期す。

ああ、聖人、天に代わりて物を理《おさ》む。故に刑を制して以て教えを弼《たす》け、治を輔《たす》くるの具と為す。其の之れを用いる所以の者は、蓋し已むを獲ざる有るなり。夫れ凶事を以て之れを祥と謂う。蓋し民、中に協《かな》えば則ち慶《よろこ》び有り。

斯れ乃ち刑は刑無きを期するの意なり。是の編の行わるるや、凡そ禄を食み民を治《は》むる者、之れを覧て其の要を得れば、則ち断讞の際に於いて、必ず能く哀矜して獄を折《さだ》め、明慎に刑を用う。苛墨の行い、姑息の政を為すを恥ず。胥吏、夤縁して奸を為すの弊に至りても亦た袪《はら》う可きなり。其の、治道に裨する有ること豈に浅浅たらんや。公は名は訥、字は敏徳。行いに優れ、政事に長じ、尤も性理の学に精《くわ》し。著すところの書は皆、名教に関わる有り。独り是の編のみには非ず。公、其の孫の監察御史の淳に命じ、筆を属せしめ、其の後に序せしむ。敢えて辞せず、謹んで其の大略を序すること此くの如し。時は景泰二年、歳は辛未に在り、六月朔日、監察御史、後学郡人、鄒亮序す。

この鄒亮の序文に拠れば、呉訥は『祥刑要覧』を完成させて、正統七年（一四四二）八月に序文を書いたが（本篇第二節参照。）、出版せずに自宅にしまっておいたところ、呉訥の外孫の銭昕がその父親、即ち呉訥の女婿の銭公達に頼んで出版してもらったのである。鄒亮の序文が書かれたのが景泰二年（一四五一）六月であるから、『祥刑要覧』が実際に出版されたのはそれ以降であることになる。

「監察御史の銭昕は公の外孫なり。」とある。銭昕は、『（弘治）常熟県志』（『四庫全書存目叢書』所収）巻四に拠れば、字は景寅、正統十年（一四四五）の進士。監察御史に任じられ、知荊州府に昇り、布政司参政、布政使を歴任した。『皇明世説新語』巻四、賞誉に、「常熟の銭昕と魚侃とは、それぞれ清廉な布政使、知府として有名であった。銭昕には父親の財産があった。王吏部（吏部尚書の王翺）は、「富みて銭を愛《お》しまざるは銭昕、貧しくして銭を愛しまざるは魚侃。」と二人を称えた。（原文。常熟銭昕為方伯、魚侃為郡守。倶以廉聞。銭有父産。王吏部嘗称曰、富不愛銭、銭昕。貧不愛銭、魚侃。）」と記されているように、銭昕の父親は金持ちであった。『祥刑要覧』は、編者呉訥の女婿の財力のおかげで出版することができたのである。

「其の父の公達甫」とあり、銭昕の父、即ち呉訥の女婿の名が「公達」となっているが、徐有貞撰「思菴呉公神道碑」（景印四庫全書本『呉都文粋続集』巻四十四所収）では、「（呉訥の）女子三。長は銭公建に帰《とつ》ぎ、次は厳顕に帰ぎ、又た次は俞昱に帰ぐ。」と記されており、銭昕の父の名が「公建」となっている。

本文篇

まえおき

岩村藩刊『祥刑要覧』の本文は、「祥刑要覧巻上」の総題の下で、「経典大訓」「先哲論義《ママ》」「善者為法」「悪者為戒」と題された四つの部分から成っている。元和中刊本、寛永元年刊本、寛永四年刊本も同様である。ただし、後の三者では「先哲論義」の「義」が「議」となっている。岩村藩刊本の若山序文にも「先哲論議」とある。東洋文庫所蔵『重刊祥刑要覧』でも「議」となっているから、「先哲論議」という題名が正しい。本訳注では「経典大訓」を第一章、「先哲論議」を第二章、「善者為法」を第三章、「悪者為戒」を第四章とする。「経典大訓」は、儒教の経書及びその注釈の中から、刑罰や裁判に関わる文章を抜書きしたものである。「先哲論議」は、刑罰や裁判についての先人の意見の抜書きである。「善者為法」「悪者為戒」は、両者合わせて「善悪法戒」と呼ばれており（本文末尾）、善い裁判官が善い報いを受け、悪い裁判官が悪い報いを受けた話の抜書きである。

ちなみに『重刊祥刑要覧』では、全四巻のうち巻一に「経典大訓」「先哲論議」が、巻二に「善者可法」「悪者可戒」（目録の表記に拠る。）が収められ、巻三に、呉訥が刪正した『棠陰比事』の裁判逸話が八十話収められている。巻四は、陳察（序文篇附三を参照。）が附加した部分で、「続編」と題されている（附録篇第四章を参照。）。

訳注に当たって、内容の切れ目に従って、各章の本文をいくつかの節に分けた。各節の見出しは訳注者がつけた。

第一章　経典大訓

第一節　『書経』舜典の刑罰体系

岩村藩刊本の第一丁表の本文のはじまりから第二丁裏第三行までを第一節とする。この部分を含めて第十丁表第七行までの部分は、明記されてはいないが、『書経大全』巻一からの抜書きであることは、比べて見れば一目瞭然である。そして、この第十丁表第七行までの部分は、日本の江戸時代の各刊本には存在するが、明の陳察が増補した『重刊祥刑要覧』には存在しない。おそらくは、呉訥が編集したもとの『祥刑要覧』にはその部分が存在したが、冗長であるとして陳察によって省かれたのであろう。日本の各刊本は呉訥の『祥刑要覧』のもとの姿を伝えている、と考える。

『書経大全』は、明の成祖が永楽十二年（一四一四）に翰林院学士の胡広（一三七〇～一四一八）らに命じて編纂させ、翌年に成った『五経四書大全』の一つである。『五経四書大全』は、礼部から天下に刊行され、科挙の受験勉強用のテキストに指定された（『四庫全書総目』巻五、経部、易類、周易大全の項、『明史』巻七十、選挙志）。

【和訳】

『尚書』の舜典に次のように記されている。「舜は、法定刑である五刑の内容を公示し、五刑を科するのを免除すべきときは流刑を用い、鞭刑を官吏に対する刑とし、扑刑を学生に対する刑とし、五刑を贖うべきときは銅を納めさせ、過失や天災が原因で罪を犯した人は赦して釈放し、権勢を笠に着て罪を犯した人や反省することなく何度も罪を犯した人は、死刑を含む実刑に処した。「慎重にしよう。慎重にしよう。刑を科することは慎重にしよう。」と裁判官を戒めた。」

【原文】

祥刑要覧巻上

都台致政海虞呉訥

経典大訓

尚書舜典曰、象以典刑、流宥（原注。音又。）五刑、鞭作官刑、扑（原注。普卜反。）作教刑、金作贖（原注。神蜀反。）刑、眚（原注。所景反。）災肆赦、怙（原注。音戸。）終賊刑。欽哉欽哉、惟刑之恤哉。（以上、第一丁表第一行から第六行。）

【訓読】

尚書の舜典に曰く、象《あらわ》すに典刑を以てし、流もて五刑を宥《ゆる》（原注。音は又。）し、鞭もて官刑を作《な》し、扑（原注。普卜の反《かえし》。）もて教刑を作《な》し、金もて贖（原注。神蜀の反《かえし》。）刑を作《な》し、眚（原注。所景の反《かえし》。）災なれば肆赦し、怙（原注。音は戸。）終すれば賊刑す。欽《つつし》まんかな、欽まんかな、惟《こ》れ刑を之れ恤《うれ》えんかな。と。

以上は『書経』の「舜典」の文章であるが、『書経大全』巻一からの抜書きであることは、音注が一致することからわかる。以下、第一丁表第七行から第十丁表第七行までは、一字分、段下げされている。

【和訳】

「象（あらわす）」とは、天が現象を起こして（原文。垂象。『周易』繋辞上に「天垂象、見吉凶、聖人象之。」とある。）人々に示すようなことである。そして「典」とは常（きまり、さだめ）の意味である。定められた刑を人々に示すのである。『尚書』呂刑に記されている入れ墨・鼻削ぎ・足切り・宮刑・死刑である。これらは五つの正刑である。かの「元悪大憝《タイ》」（人々から大いに憎まれる大悪人。『書経』康誥に出てくる言葉。）や、人を殺したり、人を傷害したり、壁をうがち塀を乗り越えて盗みを働いたり、姦通したり（原文。穿窬淫放。『三国志』巻二十二、魏書、陳羣伝に「淫放穿窬之姦」の語が出てくる。）、ゆるすことができない罪すべてに対する刑である。

「流もて五刑を宥《ゆる》す。」とは、「流」は罪人を送り出して遠くへ去らせることである。「舜典」の下文に出てくる「流」「放」「竄」「殛」の類がこれである（「欽哉欽哉、惟刑之恤哉。」の文に続いて、「舜典」に「共工を幽洲に流し、驩兜を崇山に放ち、三苗を三危に竄し、鯀を羽山に殛す。」と記されている。）。「宥」は寛の意味である。流刑は、罪がやや軽く、五刑に当たるけれども酌量すべき事情があるとき、法律の適用に疑いがあるとき、そして皇帝の親戚であったり、身分が貴かったり、国家に勲労があったりするという理由で五刑を科することができない者に用いられる刑である。つまり流刑を用いて五刑を免除するのである。

「鞭もて官刑を作《な》す。」とは、木の棒の先に革を垂らしたものが鞭である。官府に勤める吏人に用いる刑である。

「扑もて教刑を作《な》す。」とは、夏（えのき）の棒と楚（にんじんぼく）の棒との二物が扑である（原文。夏楚二物。

『礼記』学記に「夏楚二物、収其威也。」とある。）。学校で生徒に用いる刑である。鞭と扑との両者は罪が軽い者に対する刑である。「金もて贖刑を作す。」とは、「金」は黄金である（原文。金、黄金。『書経』舜典の「金作贖刑。」の文に附された孔氏伝に「金、黄金。」とあり、孔穎達疏はこの「黄金」を銅の意味であるとする。）。「贖」は自分が犯した罪を贖うことである。つまり、罪が極めて軽く、鞭扑の刑に当たるけれども、罪を犯した事情に酌量すべき点があり、あるいは法律の適用に議論すべき点があるときに贖刑を用いるのである。「象以典刑」から「金作贖刑」までの五句はそれぞれ、重い刑から軽い刑の順に説明している。これらの刑は法に定められた刑である。

「肆」は縦（はなつ、ゆるす）の意味である。「眚災なれば肆赦す。」とは、「眚」は過誤の意味、「災」は不幸の意味である。もし過失や災害が原因で罪を犯して刑に当たる人がいれば、流刑を科して五刑を免除したり、黄金を納めて鞭扑の刑を贖わせたりするまでもなく、ただちにその人を赦すのである。「賊」は殺の意味である。「怙終すれば賊刑す。」とは、「怙」は、恃みとするものがある、という意味である。「終」は、何度も罪を犯す、という意味である。もし権勢を笠に着て罪を犯し、あるいは反省せずに何度も罪を犯して刑に当たる人がいれば、五刑を免除すべき条件や刑を贖わせるべき条件に適っていても、五刑の免除を許さず、刑を贖うことを許さずに、その人に必ず実刑を科するのである。この「眚災肆赦」「怙終賊刑」の二句は、一方は重い刑を軽くすることを述べ、他方は軽い刑を重くすることを述べている。つまり、ある法律を適用するかしないかを判断する基準、いわゆる「法外の意」（『晋書』巻六十六、陶侃伝に「謝安つねに「陶公は法を用いると雖も、恒に法外の意を得るなり。」と言う。」とある。）を示しているのである。

聖人が制定した刑法の内容の大略を、この「象以典刑」から「怙終賊刑」までの七句は言い尽くしているのである。軽い刑を科したり、重い刑を科したり、赦したり赦さなかったり、日なたではのんびりして日陰では暗い気持ちになる（原文。陽舒陰惨。『文選』巻五十五、広絶交論（劉孝標作）に「陽舒陰惨、生民大情。」とある。）ように、判決の内容はいろいろであるけれども、「欽《つつし》まんかな、欽まんかな、惟《こ》れ刑を之れ恤《うれ》えんかな。」という意識は、裁判の過程の中に始めから流れているのである。つまり、軽い罪か重い罪かわずかな違いであっても、対応する刑にそれぞれ正しく当てられるのは、天が有罪者を罰する（原文。天討。『書経』皐陶謨に「天討有罪。」とある。）、という不易の定理であって、しかも、慎重であろうとする「欽恤」の意識が裁判の過程の中に流れているのであるから、生命を大切にする聖人の真心を見ることができるのである。

この『尚書』舜典の文章に拠れば、五刑に対しては、流刑を用いて免除することはあるが、黄金を納めて贖わせることはない。『周礼』の「秋官」の章にも、金や銅を納めて五刑を贖わせる制度を記した文は存在しない（『周礼』に記されている制度は周公旦が作ったことになっている。）。ところが『尚書』の「呂刑」の章の中に、五刑を科するのに疑いがあるときは、銅を納めてその刑を贖わせる、という穆王（周の第五代の王）が定めた制度が記されている（「墨辟疑赦、其罰百鍰。」「劓辟疑赦、其罰惟倍。」「剕辟疑赦、其罰倍差。」「宮辟疑赦、其罰六百鍰。」「大辟疑赦、其罰千鍰。」とある。）。五刑を贖わせる制度は、穆王が初めて定めたのである。正しい法ではないのである。なぜなら、本当は五刑を科するべきであったのに贖わせれば、軽すぎる処分であるし、五刑を科するのに疑いがあり、本当は無罪とすべきであったのに五刑を贖わせれば、重すぎる処分であるからである。そもそも、金持ちは幸運にも五刑を免れ、貧乏人は銅を調達することができずに五刑を受けるのは、公平であるとは言えないのである。

【原文】

象、如天之垂象、以示人。而典者常也。示人以常刑。所謂墨劓（原注。音乂。）剕（原注。音吠（「吠」はもと

「吠」に作る。）。）宮大辟（原注。音闢。）、五刑之正也。所以待夫（原注。音扶。）元悪大憝（原注。徒対反。）、殺人傷人、穿窬（原注。音于。）淫放、凡罪之不可宥者也。

流宥五刑者、流、遣之使遠去。如下文流放竄（原注。取乱反。）殛（原注。音撃。）之類、是也。宥、寛也。所以待夫罪之稍軽、雖入於五刑、而情可矜（原注。音京。）、法可疑、与夫親貴勲労而不可加以刑者。則以此而寛之也。鞭作官刑者、木末垂革、官府之刑也。扑作教刑者、夏（原注。音賈。）楚二物、学校之刑也。皆以待夫罪之軽者。金作贖刑者、金、黄金、贖、贖其罪也。蓋罪之極軽、雖入於鞭扑之刑、而情法猶有可議者也。此五句者、従重入軽、各有条理。法之正也。

眚災肆赦者、眚、謂過誤、災、謂不幸。若人有如此而入於刑、則又不待流宥金贖、而直赦之也。賊、殺也。怙終賊刑者、怙、謂有恃、終、謂再犯。若人有如此而入於刑、則雖当宥当贖、亦不許其宥、不聴其贖、而必刑之也。此二句者、或由重而即軽、或由軽而即重。蓋用法之権衡、所謂法外意也。

聖人立法制刑之本末、此七言者、大略尽之矣。雖其軽重取舎（原注。音捨。）陽舒陰惨之不同、然欽哉欽哉、惟刑之恤之意、則未始不行乎其間也。蓋其軽重毫釐之間、各有攸当（原注。去声。）者、乃天討不易之定理、而欽恤之意、行乎其間、則可以見聖人好（原注。去声。）生之本心也。

拠此経文、則五刑有流宥而無金贖。周礼秋官亦無其文。至呂刑、乃有五等之罰疑。穆王始制之。非法之正也。蓋当刑而贖、則失之軽。疑赦而贖、則失之重。且使富者幸免、貧者受刑、又非所以為平也。（以上、第一丁表第七行から第二丁裏第三行。）

【訓読】

象とは、天の、象を垂れて以て人に示すが如し。而して典とは常なり。人に示すに常刑を以てす。いわゆる墨・

劓《ギ》（原注。音は乂《ガイ》。）・剕《ヒ》（原注。音は吠《ハイ》。）・宮・大辟（原注。音は闢《ヘキ》。）、五刑の正なり。夫《か》（原注。音は扶。）の元悪大憝《タイ》（原注。徒対の反《かえし》。）、人を殺し、人を傷《そこな》い、穿窬《センユ》（原注。音は于。）淫放、凡そ罪の宥《ゆる》す可からざる者を待つ所以なり。

流もて五刑を宥《ゆる》す、とは、流とは之れを遣《や》り、遠く去らしむ。下文の流・放・竄《ザン》（原注。取乱の反《かえし》。）・殛《キョク》（原注。音は撃。）の類の如き是れなり。宥は寛なり。夫《か》の罪の稍《やや》軽く、五刑に入ると雖も、而《しか》れども情、矜《あわ》（原注。音は京。）れむ可く、法、疑う可きと、夫《か》の親・貴・勲・労にして、加うるに刑を以てす可からざる者とを待つ所以なり。則ち此れを以て之れを寛《ゆる》くするなり。

鞭もて官刑を作《な》す、とは、木の末に革を垂る、官府の刑なり。扑もて教刑を作す、とは、夏（原注。音は賈。）楚二物、学校の刑なり。皆以て夫《か》の罪の軽き者を待つ。金もて贖刑を作す、とは、金は黄金、贖は其の罪を贖うなり。蓋し罪の極めて軽く、鞭扑の刑に入ると雖も、而《しか》れども情法猶お議す可き有る者なり。此の五句は、重き従《よ》り軽きに入る、各々条理有り。法の正なり。

肆は縦なり。眚災なれば肆赦す、とは、眚は過誤を謂う。災は不幸を謂う。若し人、此くの如くにして刑に入る有れば、則ち又た流宥金贖を待たずして、直ちに之れを赦《ゆる》すなり。賊は殺なり。怙終すれば賊刑す、とは、怙は恃む有るを謂う。終は再び犯すを謂う。若し人、此くの如くにして刑に入る有れば、則ち当に宥《ゆる》すべく当に贖すべしと雖も、亦た其の宥を許さず、其の贖を聴《ゆる》さずして、必ず之れを刑するなり。此の二句は、或いは重きに由りて軽きに即《つ》き、或いは軽きに由りて重きに即く。蓋し法を用いるの権衡、いわゆる法外の意なり。

聖人、法を立て刑を制するの本末、此の七言は大略之れを尽くすなり。其の軽重取舍（原注。音は捨。）、陽舒陰惨の同じからずと雖も、然《しか》れども欽まん哉、欽まん哉、惟《た》だ刑を之れ恤うるの意は、則ち未だ始めより其の間に行われざるにあらざるなり。蓋し其の軽重毫釐の間、各々当（原注。去声。）たるところ有るは、乃ち天討不易の定理にして、而《しか》も欽恤の意、其の間に行わるれば、則ち以て聖人、生を好（原注。去声。）むの本心を見る可きなり。

此の経文に拠れば、則ち五刑は流宥有りて金贖無し。周礼の秋官も亦た其の文無し。呂刑に至り、乃ち五等の罰疑有り。穆王始めて之れを制す。法の正に非ざるなり。蓋し当に刑すべくして贖わしむれば、則ち之れを軽きに失す。赦を疑いて贖わしむれば、則ち之れを重きに失す。且つ富む者をして幸いに免れしめ、貧しき者をして刑を受けしむ。又た平と為す所以に非ざるなり。

この部分、即ち岩村藩刊本の第一丁表第七行から第二丁裏第三行までは、『書経大全』巻一からの抜書きであるが、『書経大全』のその部分の文章は、南宋の蔡沈《チョウ》（一一六七～一二三〇）が著した『書経集伝』の巻一の文章の引き写しである。そして、『書経集伝』のその部分の文章は、朱子の文集である『晦庵集』の巻三十七に収められている「答鄭景望」の文章、及び同書巻六十五に収められている『尚書』舜典の注釈の文章から成っている。

第二節　朱子の解釈

岩村藩刊本の第二丁裏第四行から第四丁裏第九行までを第二節とする。第一節とした抜書きに連続する、『書経大全』巻一からの抜書きである。

【和訳】

朱子は次のように述べている。『尚書』舜典に「象《あらわ》すに典刑を以てし、流もて五刑を宥《ゆる》し、鞭もて官刑を作《な》し、扑もて教刑を作し、金もて贖刑を作し、眚災なれば肆赦し、怙終すれば賊刑す。欽《つつし》まんかな、欽まんかな、惟《た》だ刑を之れ恤《うれ》えんかな。」と記されているが、この文章は、裁判では刑を一方的に軽くすべきであると言っているのではない。また、舜典の「汝、士と作《な》れ。五刑、服する有り。五服は三就せよ。五流、宅有り。五宅は三居せよ。惟《た》だ明《メイ》なれ、克《よ》く允《まこと》なれ。」（本章第六節を参照。）という、舜が皐陶に命じた言葉から考えると、裁判官（原文。士官。）が掌るのは五刑と流刑との二刑だけであった。舜典に「惟だ明なれ、克く允なれ。」とあるのは、刑を科するにせよ科さないにせよ、裁判官はひたすら事実に対して法律を正しく適用しなければならない、という意味であって、それ以外の意味はないのである。

また、舜が作った制度では罪をゆるすだけで刑が存在しない、ということはない。今の学者は必ず、堯舜の時代には罪はゆるされて刑は存在しなかった、と主張するけれども、もしそうであったとすれば、それは人を殺した者が死刑にならず、人を傷害した者が刑を科されなかったということである（原文。是殺人者不死、而傷人者不刑也。『荀子』正論篇の文。）。それは堯や舜という聖人の心が、大悪人（原文。元悪大憝。本章第一節に既出。）が刑を受けることに平気でいられず、かえって、損害を被り苦痛を抱いている善良な民の恨みが晴らされないことに平気でいられる、ということである。それは、舜典の「怙終すれば賊刑す。」、大禹謨の「故を刑するは小無し。」（わざと犯した罪は、どんなに小さな罪であっても刑を科する。本章第六節を参照。）という文が、どちらも虚言であって、後世の人を誤らせるものである、ということである。そんなはずがないことは明らかである。そもそも刑というものは、古の聖王がそれに頼って政治を行ったとまでは言えないけれども、刑を用いて教化を促進し、民が罪を犯すのを防いだのである。ということは、いわゆる「肌膚を傷《やぶ》り以て悪を懲らす。」（『漢書』巻五十六、董仲舒伝に掲げられている、武帝が董仲舒に質問した文章の中に「殷人執五刑以督姦、傷肌膚以懲悪。」とある。）とは、これもまた「既に心思を竭《つ》くして、之れに継ぐに人に忍びざるの政を以てする」（民が不幸にならないように心を尽くして色々工夫をこらした上で、民の不幸に平気でいられない政治、即ち民の不幸をなくそうとする政治を行う。『孟子』離婁上に「既竭心思焉、継之以不忍人之政、而仁覆天下矣。」とある。）ことの一例なのである。

現在、徒流の刑（宋朝では徒刑及び流刑は杖刑に読み替えて執行されていた。後述。）は盗みや姦通の罪を犯すのを抑止するには足りない。一方、刑が重すぎる場合があって、それは例えば、死刑に当たる程の罪ではないのに死刑にされてしまう、強盗して盗んだ金額が一定量に達したような場合である。もし陳羣（二三六年歿）の意見を採用して、もっぱら宮刑及び足切りの刑を姦通罪及び盗罪に当てることにすれば（『三国志』巻二十二、魏書、陳羣伝に「もし古刑を用いて、淫者をして蠶室に下さしめ、盗者をして其の足を刖せしむれば、則ち永く淫放穿窬の姦無からん。」という陳羣の意見が掲げられている。）、罪人の支体をそこなうけれども、実にその身命を保全することができる。その上、罪人が乱暴を働いた根本を絶ち切って、後でまた悪事を行わせないようにすることができる。古の聖王の心意にもかなうし、現在の時宜にもかなうのである。ましてや君子（政治に責任を持つ人）が志を持って為し遂げようとするならば、刑を受けた人を養う手段やその人に道徳を教える方法は、必ずそれぞれの君子の能力に応じて工夫することができる。従来のならわしにとらわれて、その場しのぎをして、刑を受けた人を養わないこと、その人に道徳を教えないことをひたすら当然のこととして、自分の目の前で悪人が人の物を奪ったり、人を殺したりするのをじっと見ているだけではいけないのはもちろんである。

【原文】

朱子曰、象以典刑、流宥五刑、鞭作官刑、扑作教刑、金作贖刑、眚災肆赦、怙終賊刑。欽哉欽哉、惟刑之恤哉。夫豈一於軽而已哉。又以舜命臯陶之辞考之、士官所掌、惟象流二法而已。其曰惟明克允、則或刑或宥。亦惟其当而無以加矣。

又豈一於宥而無刑哉。今必曰、堯舜之世、有宥而無刑。則是殺人者不死、而傷人者不刑也。是聖人之心、不忍於元悪大憝、而反忍於啣寃抱痛之良民也。是所謂怙終賊刑、刑故無小者、皆為空言、以誤後世也。其必不然也亦明矣。夫刑雖非先王所恃以為治、然以刑弼教、禁民為非。則所謂傷肌膚以懲悪者、亦既竭心思、而継之以不忍人之政之一端也。

今徒流之法、既不足以止穿窬淫放之姦、而其過於重者、則又有不当死而死、如強暴贓満（「贓満」はもと「賊窃」に作る。『書経大全』巻一及び『晦庵集』巻三十七に従って改めた。）之類者。苟采陳群之議、一以宮剕之刑（「刑」は『書経大全』巻一及び『晦庵集』巻三十七では「辟」となっている。）当之、則雖残其支体、而実全其軀命。且絶其為乱之本、而使後無以肆焉。豈不仰合先王之意、而下適当時之宜哉。況君子得志而有為、則養之之具、教之之術、亦必随力之所至而汲汲焉。固不応因循苟且、直以不養不教為当然、而熟視其争奪相殺於前也。（以上、第二丁裏第四行から第三丁裏第三行。）

【訓読】

朱子曰く、象《あらわ》すに典刑を以てし、流もて五刑を宥《ゆる》し、鞭もて官刑を作《な》し、扑もて教刑を作し、金もて贖刑を作し、眚災なれば肆赦し、怙終すれば賊刑す。欽《つつし》まんかな、欽まんかな、惟《た》だ刑を之れ恤《うれ》えんかな。とあり。夫れ豈に軽きに一なるのみならんや。又た舜、臯陶に命ずるの辞を以て之れを考うるに、士官の掌るところは惟だ象流二法のみ。其の惟《こ》れ明らかに克《よ》く允《まこと》なれと曰うは、則ち或いは刑し、或いは宥す。亦た惟だ其れ当たるのみにして、以て加うる無きなり。

又た豈に宥すに一にして刑無からんや。今、必ず、堯舜の世は宥有りて刑無し、と曰う。則ち是れ人を殺す者は死せずして、人を傷つくる者は刑せられざるなり。是れ聖人の心、元悪大憝に忍びずして、反って寃を啣《ふく》み痛みを抱くの良民に忍ぶなり。是れいわゆる怙終すれば賊刑す、故を刑すること小無し、という者、皆、空言たりて、以て後世を誤らしむるなり。其の必ず然らざるや亦た明らかなり。夫れ刑は、先王の恃みて以て治を為すところに非ずと雖も、然れども刑を以て教えを弼《たす》け、民の、非を為すを禁ず。則ちいわゆる肌膚を傷《やぶ》りて以て悪を懲らす、とは、亦た既に心思を竭くして、之れに継ぐに人に忍びざるの政を以てするの一端なり。

今、徒流の法、既に以て穿窬淫放の姦を止むるに足らずして、其の、重きに過ぐる者は、則ち又た当に死すべからずして死する強暴贓滿の類の如き者有り。苟くも陳群の議を采りて、一に宮剕の刑を以て之れに当つれば、則ち其の支体を残《そこな》うと雖も、実に其の軀命を全うす。且つ其の、乱を為すの本を絶ちて、後に以て肆《ほしいまま》にする無からしむるなり。豈に仰ぎ先王の意に合して、下《しも》、当時の宜《よろ》しきに適せざらんや。況んや君子、志を得て為す有れば、則ち之れを養うの具、之れを教うるの術、亦た必ず力の至るところに随いて汲汲するなり。固《もと》より応に因循苟且して、直《ただ》ちに、養わず教えざるを以て当然と為して、其の、前に争奪し相い殺すを熟視すべからざるなり。と。

この部分、即ち岩村藩刊本の第二丁裏第四行から第三丁裏第三行までは、『書経大全』巻一からの抜書きであるが、『書経大全』のその部分の文章は、『晦庵集』巻三十七所収「答鄭景望（鄭景望に答う）」の文章の引き写しである。鄭景望は、名は伯熊、景望は字。南宋紹興十五年（一一四五）の進士。『尚書』を講義した『鄭敷文書説』

を著した（『四庫全書総目』巻十二）。『鄭敷文書説』は『叢書集成初編』に収められている。

「今、徒流の法、既に以て穿窬淫放の姦を止むるに足らず。」とある。宋朝の刑罰体系は、唐律の笞・杖・徒・流・死の五刑をそのまま引き継いだものであった。しかし、宋朝では、その五刑をそのまま執行することはせず、「折杖法」に従って、徒刑は脊杖刑に、流刑は脊杖刑プラス配役刑に読み替えて執行されていた。「折杖法」に従って刑を執行すれば、徒罪を犯した者は労役を免れ、流罪を犯した者は遠方に流されるのを免れることになり、刑が軽くなりすぎる恐れがあるが、入れ墨して軍隊に配属する「刺配」等の処分を併科する規定を加えることによって、罪と刑罰とが釣り合うように努めていた。宋朝の刑罰については拙稿「宋朝の立法・刑罰・裁判」（『関西大学法学論集』第六十四巻第一号掲載、二〇一四年）で説明した。

「苟くも陳群の議を采り、一に宮剕の刑を以て之れに当つれば」とある。前漢の文帝の十三年（前一六七）に、宮刑を除く肉刑（身体を損傷する刑）が廃止されて以来、漢より後の中国の歴代王朝では、宋朝で入れ墨の刑が復活するまで、宮刑を含む肉刑は、法定刑としては、ごく短期間行われたことがあるのを除き、行われなかった（沈家本『歴代刑法考（一）』（中華書局）刑法分考五・六）。そのため、肉刑を復活させて罪と刑とを釣り合わせようとする意見が跡を絶たなかったのである。朱子も肉刑復活論者の一人であった。

【和訳】

「象《あらわ》すに典刑を以てす。」というこの一句は、「金作贖刑」までの五句の綱領であり、諸刑の総括である。現在の刑が皆、笞・杖・徒・流・絞・斬の刑に結びついているようなものである。ある人が犯した罪が墨刑に当たるのであれば墨刑を科し、犯した罪が劓刑に当たるのであれば劓刑を科する。剕刑、宮刑、死刑も皆そうである。「流もて五刑を宥《ゆる》す。」とは、ある人が犯した罪がこの五刑に当たるけれども、情状が軽く寛恕することができるとき、あるいは過誤が原因で罪を犯したときは、罪人の四支身体をもとのままに保って、刀や鋸で切ることをせず、ただ流刑を科して五刑を免除し、罪人を遠方に追放し、良民と生活を共にさせない、というだけにする。舜典に「五流、宅有り。五宅は三居す。（五刑の代わりに科する流刑には住む場所がある。その住む場所は三種類ある。本章第六節参照。）」とあるような類が流刑である。

「鞭もて官刑を作《な》す。」とは、これは官府で行われる刑である。現在、吏人（官僚の下で働く事務員）を鞭打つようなものである。つまり、これは独立した一種類の刑であって、専ら官府の胥吏（吏人に同じ。）に対して用いられる刑である。『周礼』に、胥吏に鞭五百、鞭三百の刑を科する、とあるようなものである（『周礼』秋官、條狼氏に「大夫に誓いて曰わく、敢えて関せずんば鞭五百、と。師に誓いて曰わく、三百、と。」とあるのを踏まえているのであろうが、その鞭五百・三百は胥吏に対する刑ではない。）。「扑もて教刑を作す。」とは、この一種類の刑は学官で行われる刑である。現在、学校で用いられている夏（えのき）楚（にんじんぼく）の棒のようなものである。弓射を習い、芸（礼・楽・射・御・書・数の六芸）を習い、春と秋に礼楽を教え、冬と夏に詩書を教える（原文。春秋教以礼楽、冬夏教以詩書。『礼記』王制の文。）ような、およそ人に教える時に、教師の指示に従わない者がいれば、この刑を用いてその者を打つのである。的を射させて善人か悪人かを明らかにし、悪人であれば打ちたたいて反省させる（原文。侯明撻記。『書経』益稷に「侯以明之、撻以記之。」とある。）ような類が扑刑である。

「金もて贖刑を作す。」とは、鞭扑二刑それぞれに当たる罪を犯したけれども寛恕することができるときは、黄金を納めてその罪を贖うことを許す、という意味である。

以上のように解釈すれば、舜典のこの五句の意味は粲然として明白である。「象《あらわ》すに典刑を以てする」の「典刑」

即ち五刑に当たるけれども情状が軽い者は、流刑を科して五刑を免除することがある。鞭扑の刑に当たるけれども情状が軽い者は、黄金を納めて刑を贖わせることがある。流を用いてゆるすのは五刑を免除するためであり、刑を贖わせるのは鞭扑を免除するためである。聖人が斟酌して減らしたり増やしたり、低くしたり高くしたり、軽くしたり重くしたりするときは、天理と人心との自然に合わないことがなく、ほんのわずかの誤差もない。いわゆる「既に心思を竭《つ》くして、之れに継ぐに人に忍びざるの政を以てする」（『孟子』離婁上。前出。聖人は人の不幸に平気ではいられないので、犯罪被害者や情状酌量すべき犯罪者に配慮して量刑する。）という行いである。どうして聖人はただ民を教化することばかりを考えていて、刑は二の次である、と言うことができようか。聖人は確かに教化を急務とするけれども、もし罪を犯す者がいれば、必ずこれらの刑を用いて懲らしめるのである。どうして刑を捨て置いて用いないでいることができようか。

　贖刑は古法ではないのではないか、という問いに対しては、その通りである、と答える。五刑を贖う贖刑は周の穆王から始まった（『書経』呂刑。前出。）。それ以前の古のいわゆる贖刑とは、鞭扑の刑を贖うだけであった。そもそも人を殺し、人を傷害しておきながら、黄金を納めて罪を贖うことができるようにするならば、財産がある者は皆、人を殺し人を傷害することができる。そうなれば、落度がないのに被害を受けた人は何と大きな不幸であろうか。その上、人を殺した者がのうのうと被害者と同じ郷里に住んでいれば、親のかたきを討ちたいと願っている親孝行な子孫は、どうしてこのような状況に安んじることができようか。ゆえに、犯罪者を四方の辺境に追放し、遠方に流し、加害者と被害者とを両方とも保護するのである。

【原文】

象以典刑。此一句乃五句之綱領、諸刑之総括、猶今之刑、皆結於笞杖徒流絞斬也。凡人所犯合墨、則加以墨刑、所犯合劓、則加以劓刑。剕宮大辟皆然。流宥五刑者、其人所犯、合此五刑、而情軽可恕、或因過誤、則全其支體、不加刀鋸、但流以宥之、屏之遠方、不与同（『朱子語類』巻七十八では「同」が「民」になっている。）歯。如五流有宅、五宅三居之類、是也。

鞭作官刑者、此官府之刑、猶今之鞭撻吏人。蓋自有一項刑、専（「刑専」を『書経大全』巻一は「専刑」に作る。『朱子語類』巻七十八に従ってもとのままにした。）以治官府之胥吏（「吏」はもと「史」に作る。『朱子語類』巻七十八に従って改めた。次の「胥吏」の「吏」も同じ。）。如周礼治胥吏鞭五百鞭三百之類。扑作教刑。此一項学官之刑。猶今之学舎夏楚。如習射習芸、春秋教以礼楽、冬夏教以詩書。凡教人之事、有不率者、則用此刑扑之。如侯明撻記之類、是也。金作贖刑、謂鞭扑二刑之可恕者、則許用金以贖其罪。

如此解釈、則五句之義、豈不粲然明白。象以典刑之軽者、有流以宥之。鞭扑之刑之軽者、有金以贖之。流宥所以寛五刑。贖刑所以寛鞭扑。聖人斟酌損益、低昂軽重、莫不合天理人心之自然、而無毫釐杪（「杪」はもと「抄」に作る。『書経大全』巻一及び『朱子語類』巻七十八に従って改めた。）忽之差。所謂既竭心思焉、継之以不忍人之政者。如何説聖人専意、只在教化、刑非所急。聖人固以教化為急。若有犯者、須以此刑治之。豈得置而不用。

問、贖刑非古法。曰、然。贖刑起周穆王。古之所謂贖刑者、贖鞭扑耳。夫既以殺人傷人矣。又使之得以金贖、則有財者、皆可以殺人傷人。而無辜被害者、何其大不幸也。且殺人者、安然居乎郷里。彼孝子順孫之欲報其親者、豈肯安於此乎。所以屏之四裔、流之遠方、彼此両全之也。（以上、第三丁裏第三行から第四丁裏第九行。）

【訓読】

象《あらわ》すに典刑を以てす。此の一句は乃ち五句の綱領、諸刑の総括なり。猶お今の刑、皆、笞杖徒流絞斬に結するがごときなり。凡そ人の犯すところ合《まさ》に墨すべければ、則ち加うるに墨刑を以てし、犯すところ合に劓すべければ、則ち加うるに劓刑を以てす。剕宮大辟も皆然り。流もて五刑を宥《ゆる》す、とは、其の人の犯すところ此の五刑に合すれども、情軽く恕す可く、或いは過誤に因れば、則ち其の支体を全うし、刀鋸を加えず、但だ流して以て之れを宥し、之れを遠方に屏け、与《とも》に歯を同じくせず。五流は宅有り、五宅は三居す、の類の如き是れなり。

鞭もて官刑を作す、とは、此れ官府の刑、猶お今の、吏人を鞭撻するがごとし。蓋し自《おのず》から一項の刑有り、専ら以て官府の胥吏を治む。周礼の、胥吏を鞭五百鞭三百に治むるの類の如し。扑もて教刑を作す。此の一項は学官の刑、猶お今の学舎の夏楚のごとし。射を習い芸を習い、春秋には教うるに礼楽を以てし、冬夏には教うるに詩書を以てするが如き、凡そ人を教うるの事、率わざる者有れば、則ち此の刑を用い之れを扑す。侯明撻記の類の如き是れなり。金もて贖刑を作す、とは、鞭扑二刑の恕す可き者は、則ち金を用い以て其罪を贖うことを許すを謂う。

此くの如く解釈すれば、則ち五句の義、豈に粲然として明白ならざらんや。象《あらわ》すに典刑を以てするの軽き者は、流して以て之れを宥《ゆる》すこと有り。鞭扑の刑の軽き者は、金以て之れを贖うこと有り。流もて宥すは五刑を寛《ゆる》す所以なり。贖刑は鞭扑を寛す所以なり。聖人、斟酌して損益し、低昂し軽重するは、天理人心の自然に合わざる莫くして、毫釐杪忽の差《たが》い無し。いわゆる既に心思を竭くして之れに継ぐに人に忍びざるの政を以てする者なり。如何《いか》に聖人、意を専らにすること只だ教化に在り、刑は急とするところに非ずと説かんや。聖人は固《もと》より教化を以て急と為す。若し犯す者有らば、須らく此の刑を以て之れを治むべし。豈に置きて用いざるを得んや。

問う、贖刑は古法に非ざるか、と。曰わく、然り、と。贖刑は周の穆王に起こる。古のいわゆる贖刑とは、鞭扑を贖うのみ。夫れ既に以て人を殺し人を傷つく。又た之れをして金を以て贖うことを得しむれば、則ち財有る者は皆、以て人を殺し人を傷つく可し。而《しか》れば辜《つみ》無くして害を被る者、何《いか》に其れ大不幸なりや。且つ人を殺す者、安然として郷里に居る。彼《か》の孝子順孫の、其の親に報いんと欲する者、豈に肯て此れに安んぜんや。之れを四裔に屏《しりぞ》け、之れを遠方に流し、彼れ此れ両《ふたつ》ながら之れを全うする所以なり。

この部分、即ち岩村藩刊本の第三丁裏第三行から第四丁裏第九行までは、『書経大全』巻一からの抜書きであるが、『書経大全』のその部分の文章は、『朱子語類』巻七十八、尚書、舜典の文章を写したものである。『朱子語類』は中日合璧本（中文出版社）を見た。

第三節　朱子の刑罰論

岩村藩刊本の第四丁裏第十行から第九丁表第五行までを第三節とする。この部分は、第一節・第二節とした抜書きに連続する、『書経大全』巻一からの抜書きである。そして、『書経大全』のその部分の文章は、朱子の「舜典象刑説」（『晦庵集』巻六十七所収）全文の丸写しである。

【和訳】

聖人の心がまだ外物を感じないうちは、心の本体は広大で虚明であり、ほんのわずかのかたよりも全く無い。いわゆる「天下の大本」（『礼記』中庸に「喜怒哀楽之未発、謂之中。（中略）中也者、天下之大本也。」とある。）という存在である。聖人の心が外物を感じるに至ると、喜怒哀楽の作用がそれぞれ感覚に応じて生まれる。節度に合わない作用は一つも無い。いわゆる「天下の達道」（『礼記』中庸に「喜怒哀楽之（中略）発而皆中節、謂之和。（中略）和也者、天下之達道也。」とある。）という状態である。つまり、心の本体について言えば、鏡にまだ何も映っていないようなもので、虚明なだけである。衡《はかり》にまだ何も載っていないようなもので、水平なだけである。心の作用について言えば、聖人の心はこの上なく虚明であるから、美しいものも醜いものもその実像から逃れることができない。聖人の心はこの上なく水平であるから、軽いものも重いものもその実状からはずれることができない。これが、聖人の心がかたよりなく、節度に合っていて、天地の位置が定まり、万物が生育する理由である（原文。此所以致其中和、而天地位、万物育。『礼記』中庸に「致中和、天地位焉、万物育焉。」とある。）。いくら天下が大きいと言っても、吾が心（聖人の心）の造化（すべてがおさまるべき所におさまること）の働きの中にあって、その外には出ないのである。以上のことから論じるならば、聖人が天下の人々に対して、賞を与えたり刑で脅したりするための手段には、皆それぞれ存在理由があることがわかる。だから、『尚書』舜典が「敷奏するに言を以てし、明試するに功を以てし、車服は庸を以てす。（意見を述べる言葉を進上させ、その意見を実行すれば効果があるかどうかを試し、効果があれば賞として車服を与える。）」と論じている文や、かの「刑を制し辟を明らかにす。」（『礼記』王制に「司寇、正刑明辟、以聴獄訟。」とある。）という文の意味を皆、説明することができるのである。

とは言うものの、喜んで賞を与える行いは陽である。聖人が望むところである。怒って刑を科する行いは陰である。聖人が嫌がるところである。そのため、聖人の心がこの上なく虚明で、この上なく水平であり、かたよりが無いと言っても、この賞刑二者それぞれを行う態度には、少しの違いも無いというわけにはいかない。ゆえに、『尚書』大禹謨に「罪の疑わしきは惟《こ》れ軽くし、功の疑わしきは惟れ重くす。」と述べられている。これは聖人の真意である。けれども、聖人が賞刑を実行するに当たっては、賞を与えることを好むとは言っても、戦功の無い将兵に賞を与えることはできない。刑を科することを嫌うとは言っても、罪が有る人を敢えて見逃がすことはしない。だから、功罪が有るとか無いとかの事実が、もし明白で疑いないのであれば、賞刑を軽くしたり重くしたりしたいと思っても、それはできないのである。これこそ聖人の心がいまだかつて虚明でなかったり水平でなかったりしたことがなく、天下の大本が立ち、天下の達道が行われる、ということであって、まことに聖人の心のあるがままの姿なのである。ゆえに、聖人が賞を行うに当たっては、必ず対象者の言葉を吟味し、その功績を審査して、しかる後に車服の賞を与えるのである。

一方、聖人が刑を行うに当たっては、必ず「象《あらわ》すに典刑を以てす。」と言うのであるが、それは、刑の有り様を画いて、人民に墨・劓・剕・宮・大辟の五等の刑を示す、ということである。これらの刑は法定の肉刑である。聖人が「流もて五刑を宥《ゆる》す。」と言っているのは、罪人を遠方に追放することによって、これらの肉刑に当たる罪を犯したけれども情状が軽い人に、肉刑を科するのを免除する、ということである。聖人が「鞭もて官刑を作《な》し、扑もて教刑を作す。」と言っているのは、官府及び学校で行う刑であって、罪が小さく、五刑に当たらないときに用いる刑である。聖人が「金もて贖刑を作す。」と言っているのは、罪人をして黄金を納めさせて、その罪を免れさせる、ということである。この鞭扑の刑を犯したけれども、情状がさらに軽いときに、刑を贖う方法である。この五刑・流・鞭・扑・贖刑の五者は、法定の刑である。

聖人が「眚災なれば肆赦す。」と言っているのは、運悪く罪に触れた者は、罪を赦して釈放する、という意味である。聖人が「怙終すれば賊刑す。」と言っているのは、何かを恃みにして行いを改めない者は、死刑か肉刑かを科する、という意味である。この二つの言葉は法律解釈の基準（原文。法外之意。）であって、現在の名例律（刑法総則）のようなものである。聖人が「欽《つつし》まんかな、欽まんかな、惟《た》だ刑を之れ恤《うれ》えんかな。」と言っているのは、この言葉は、刑を慎重に用いる聖人の心を表している。聖人は、「そもそも死刑になった者は生き返ることができず、肉刑を受けた者は体を元通りにすることができない」（『漢書』刑法志）ことをあわれんで、犯罪事実を審らかに調べなかったり、罪に正しく当たるように刑を用いなかったりするのをひたすら心配した。また、犯罪事実が確定したときでも、それでもなお必ず、罪人が道徳を教えられず知らなかったせいで、罪を犯して刑を受ける結果になったことをあわれんだのである。

ああ、聖人のこの数語をよく読めば、聖人が刑を定めた時の意思を理解することができる。そして、軽い刑を科したり重い刑を科したり、刑を科したり科さなかったりする時の聖人の心もよくわかるのである。罪が重い者は、死刑になったり肉刑を科されたりして少しもゆるされないことがあるけれども、彼がこのような結果になった原因に遡ると、彼が被害者に加えた仕打ちもまた必ず当時このように残酷であったのである。だから聖人は、残酷な仕打ちを受けた人が恨みを抱き、苦痛を感じていることに平気でいられずに、罪人に死刑や肉刑を科して、被害者のために報復するのである。大変残酷であるように見えるけれども、受刑者が過去に犯した罪の内容を見て言えば、まさしくふさわしい結果であると言うことができる。聖人が、人の不幸に平気ではいられない心を持ち、刑を大変慎重に用いるとは言っても、それでも赦すことができないのである。

一方、罪人のうち、情状の軽い者に対しては、聖人はここでようやく、人の不幸に平気でいられず、刑を慎重に用いる気持ちに従って刑を行うことができるので、五刑を科するのを免除することがある。けれども、それでも必ずその罪人を遠方に追放して、辺境に住む魔物の来襲を防がせるのである（原文。投之遠方、以禦魑魅。『春秋左氏伝』文公十八年条に「投諸四裔、以禦螭魅。」とある。）。つまり、この類の者が犯した罪は、人を殺傷する罪でなければ、姦通罪であったり盗罪であったりして、情状が軽いと言っても、罪そのものはまことに重い。もし、五刑を科するのを免除した上で、さらにまた郷里に帰って、再び平民として暮らすことを許すならば、かの被害者の未亡人や遺児は、一体どのような顔をして、加害者に会えばよいのであろうか。しかも、この幸いに五刑を免除された人は、髪も皮膚も肢体も全く傷つけられることなく、さらには彼のこれまでの悪行をやり通すことができて、後悔しないのである。これが、聖人が必ず「流して以て之れを宥《ゆる》す。」と言い、そしてまた「舜典」に「五流、宅有り。五宅は三居す。」（本章第六節参照。）という文が有る理由である。かの鞭扑の刑について言えば、最も軽い刑ではあるけれども、情状が軽い者はやはり必ず、黄金を納めて刑を贖うことを許すのであって、たやすく実刑を科するに忍びないのである。これもまた仁（思いやり）である。

そして、流刑は、それを用いて専ら肉刑を免除するのであって、鞭扑の刑には関わらない。贖刑は、それを用いて専ら鞭扑の刑を贖うのであって、肉刑には関わらない。このように、流刑と贖刑との軽重の違いは明らかなのである。過誤が原因で罪を犯した者は必ず赦し、故意に罪を犯した者には必ず刑を科する、という法（「舜典」の「眚災肆赦、怙終賊刑。」の文を指す。）について言えば、この法は、五刑・流刑・鞭刑・扑刑・贖刑の五者を科するか科さないかを判断する基準である。「欽《つつし》まんかな、欽まんかな、惟《た》だ刑を之れ恤《うれ》えんかな。」という精神は、「舜典」の「象《あらわ》すに典刑を以てす。」から「怙終すれば賊刑す。」までの七つの言葉を常に貫いている。これらが聖人が刑を定めて明らかにした時の意思である。ゆえに聖人は、人を死刑に処するに至ることがあるけれども、何度も事実の裏表を確認して、この上なく精密な妙技で刑を用いるのであり、一つ一つの判断は皆、広大で虚明な心の中から流れ出るものであって、小手先の知恵によって思いつくものではないのである。

ところで、ある人が論じて言うには（鄭伯熊『鄭敷文書説』「象以典刑流宥五刑」の項）、上古には、刑罰としてはただ肉刑だけが存在した。舜が流刑を作り、贖刑を作り、鞭刑を作り、扑刑を作ったのは、民が斬戮の刑を受けるのを見るに忍びなかったからであって、舜がはじめて軽い刑を作ったのである、という。もしそうであるならば、堯及びそれより前の聖王たちは、鞭扑の刑に当たる罪を犯した者に対しても、必ず墨刑や劓刑を科していて、一方、舜の心はそれとは逆に、人を殺傷し、姦淫し、強盗する凶賊が肉刑を受けることに平気でいられず、かえって、殺され、傷つけられ、侵犯された良民の無念が晴らされないことに平気でいられた、ということになる。聖人の心がそのように残忍で偏っていて、正しさを失っている、というはずがないことは言うまでもない。

また、ある人は、周の穆王が五刑をすべて贖うことができるようにしたのは（本章第一節参照。）、舜の旧法にもどることができた制度である、と言っているが、この意見は、舜の贖刑がもともと五刑を贖うものではなかったことが全くわかっていない。また、穆王の贖法も、必ず罪が疑わしいときにだけ刑を贖う制度であることがわかっていないのである。前漢の宣帝（在位前七四～前四九）の時代でさえ、京兆尹の張敞が、西方の羌族を討伐する戦争で、兵隊の食糧が続かないので、穀物を納めて罪を贖う法を作ることを建議したのであるが、はじめから殺人罪及び盗罪を贖うことは含んでいなかったのである。しかも、蕭望之らは、そのような贖法に対してさえ、「このような贖法が実施されれば、富む者は生きることができ、貧しい人だけが死ぬことになる。民が義を捨てて利を求める傾向を助長して、民の道徳心を傷うに違いない。」（『漢書』巻七十八、蕭望之伝）と述べて、その実施に反対したのである。ましてや、夏・殷・周三代という隆盛時代に、五刑をすべて贖うことがよいことであると思われていた、と考えることができようか。

ああ、世が衰え、学問が絶え、知識人（原文。士。）も真の道徳を知らない。そのため、極めて優れた素質を持っている人であっても、一方に偏った見方をする失敗を免れない。聖人の公平で正大な心については理解していない点がありながら、自分が勝手に思い込んだ偏見を熱心に飾って、美談とは考えられない記事を美談と誤解することだけを知っている。このような人が多いのである。一々反論するのも面倒なほどである。かの穆王の贖刑について言えば、私の推測では、ほとんど必ず、穆王の巡遊の度が過ぎて、国庫が乏しくなり、人民が疲労したので、その治世の末年にはどうしようもなくなってしまい、そこで仕方なく、贖刑という一時的でその場しのぎの方法を採用して、国庫を豊かにして、さらには、刑を軽くするという目的をこじつけて、道理に背いて名誉を求めた（『書経』大禹謨に「道に違いて以て百姓の誉を干《もと》むる罔《な》かれ。」とある。）、ということであったに違いない。孔子が穆王の贖刑の記事を捨てずに『尚書』の中に残したのは、おそらくは読む人に戒めを示すためであろう。そして、程子の策試もまた、その点について問いを発している。そこに程子の考えを見ることができるのである。（『朱子語類』巻七十九、尚書、呂刑に「問う、贖刑は鞭扑の刑を寛くする所以なり。則ち呂刑の贖刑は如何。と。曰く、呂刑は蓋し先王の法に非ざるなり。故に程子、一策問有りて云う、商の盤庚、周の呂刑、聖人、之れを書に載す。其れ之れを取るか。抑将《はたまた》、戒めを後世に垂るるか。と。と。」と記されている。）

また、ある人は、四凶（共工・驩兜・三苗・鯀。『書経』舜典。本章第一節を参照。）の罪は少正卯（『史記』巻四十七、孔子世家に「定公十四年、孔子、年五十六、大司寇より相事を行摂す。（中略）是に於いて魯の大夫の、政を乱す者なる少正卯を誅す。」と記されている。）よりも軽くはない。それなのに舜は四凶を誅殺しないで流刑に処した。これは舜の時代に刑が軽かった証拠である、と言っている。しかし、そのようなことを言う人は、共工と驩兜とは徒党を組んだのであり（原文。朋党。『書経』堯典の孔穎達の疏に「驩兜は則ち志、公に在らず、私《ひそか》に相い朋党し、共工は行いは其の言に背き、心は貌に反《そむ》く。其の罪並びに深し。」と述べられている。）、鯀は九年経っても治水の功が成らなかったのであって（『書経』堯典）、彼らの罪はもともと死刑には至らないことが全くわかっていないのである。三苗は諸侯の国々の境界を定めた王命に従わなかったので（『春秋左氏伝』昭公元年三月条）、誅殺してかまわないようであるけれども、三苗のような蛮夷の国の人（「三苗」は国の名。）に対しては、聖人ははじめから、乱暴で落ち着きがなく気まぐれな存在として扱っていたので、たとえ命令に従わなくとも叛臣とはみなさず、とりあえず遠方に追放したのである。この処分はまさによろしきを得たものであった。ことさらに流刑を科して、三苗に対する刑を軽くしたのではないのである。少正卯の事について言えば、私は常々ひそかにこれを疑っている。なぜなら、『論語』に載っておらず、『子思』（子思は孔子の孫。名は伋。字が子思。）にも『孟子』にも語られていない。『春秋左氏伝』の誤ったり食い違ったりしている魯国内外の記事の中にさえも、やはり述べられていないからである。ところが荀況だけが少正卯の事を語っている（『荀子』宥坐篇に「孔子、魯の摂相となる。朝すること七日にして少正卯を誅す。」と記されている。）。これは必ず斉や魯の頑固な儒者が、聖人である孔子が官職を失ったことに憤って、このような説を作って孔子の権威を誇ったのであろう。私としてはどうして軽々しくその言葉を信じて、考証もそこそこに、事実であると決定することができようか。とりあえずこのことを併せ記して、将来の研究を待つ。

【原文】

聖人之心、未感於物、其体広大而虚明、絶無毫髪偏（「偏」はもと「徧」に作る。『書経大全』巻一及び『晦庵集』巻六十七に従って改めた。）倚。所謂天下之大本者也。及其感於物也、則喜怒哀樂之用、各隨所感而応之、無一不中節者。所謂天下之達道也。蓋自本体而言、如鏡之未有所照、則虚而已矣。如衡之未有所加、則平而已矣。至語其用、則以其至虚、而好醜無所遁其形。以其至平、而軽重不能違其則。此所以致其中和、而天地位、万物育。雖以天下之大、而不外乎吾心造化之中也。以此而論、則知聖人之於天下、其所以慶賞威刑之具者、莫不各有所由。而舜典所論、敷奏以言、明試以功、車服以庸、与夫制刑明辟之意、皆可得而言矣。

雖然、喜而賞者陽也。聖人之所欲也。怒而刑者陰也。聖人之所悪也。是以、聖人之心、雖曰至虚至平、無所偏倚、而於此二者之間、其所以処之、亦不能無少不同者。故其言又曰、罪疑惟軽、功疑惟重。此則聖人之微意。然其行之也、雖曰好賞、而不能賞無功之士。雖曰悪刑、而不敢縦有罪之人。而功罪之実、苟已曉然而無疑、則雖欲軽之重之、而不可得。是又未嘗不虚不平、而大本之立、達道之行、固自若也。故其賞也、必察其言、審其功、而後加以車服之賜。

其刑也、必曰象以典刑者、画象而示民以墨劓剕宮大辟五等。肉刑之常法也。其曰流宥五刑者、放之於遠。所以寛夫犯此肉刑而情軽之人也。其曰鞭作官刑、扑作教刑者、官府学校之刑。所以馭夫罪之小而未麗乎五刑者也。其曰金作贖刑者、使之入金、而免其罪。所以贖夫犯此鞭扑之刑而情之又軽者也。此五者、刑之法也。

其曰眚災肆赦者、言不幸而触罪者、則肆而赦之。其曰怙終賊刑者、言有恃而不改者、則賊而刑之。此二者、法外之意、猶今律令之名例也。其曰欽哉欽哉、惟刑之恤哉者、此則聖人畏刑之心。閔夫死者之不可復生、刑（『書経大全』巻一は「刑」を「𢇍（絶）」に作る。『晦庵集』巻六十七は「刑」に作る。）者之不可復続、惟恐察之有不審、施之有不当。又雖已得其情、而猶必矜其不教無知而抵冒至此也。

嗚（もと「烏」に作る。『書経大全』巻一及び『晦庵集』巻六十七に従って改めた。）呼、詳此数言、則聖人制刑之意可見、而其於軽重浅深出入取舎之際、亦已審矣。雖其重者、或至於誅斬断割、而不少貸、然本其所以至此、則其所以施於人者、亦必嘗有如是之酷矣。是以、聖人不忍其被酷者啣寃負痛、而為是以報之。雖若甚惨、而語其実、則為適得其宜。雖以不忍之心、畏刑之甚、而不得赦也。

惟其情之軽者、聖人於此乃得以施其不忍畏刑之意、而有以宥之。然亦必投之遠方、以禦魑魅。蓋以此等所犯、非殺傷人、則亦或淫或盗。其情雖軽、而罪実重。若使既免於刑、而又得使還郷、復為平民、則彼之被其害者寡妻孤子、将何面目以見之。而此幸免之人、髪膚肢体、了無所傷、又将得以遂其前日之悪、而不悔。此所以必曰流以宥之、而又有五流有宅、五宅三居之文也。若夫鞭扑之刑、則雖刑之至小、而情之軽者、亦必許其入金以贖、而不忍輒以真刑加之。是亦仁矣。

然而流専以宥肉刑、而不下及於鞭扑。贖専以待鞭扑、而不上及於肉刑。則其軽重之間、又未嘗不致詳也。至於過誤必赦、故犯必誅之法、則又権衡乎五者之内。欽哉欽哉、惟刑之恤之旨、則常通貫（「通貫」を『書経大全』巻一は「貫通」に作る。『晦庵集』巻六十七は「通貫」に作る。）乎七者之中。此聖人制刑明辟之意。所以雖或至於殺人、而其反覆表裏、至精至密之妙、一一皆従広大虚明心中流出、而非私智之所為也。

而或者之論乃謂、上古惟有肉刑。舜之為流為贖為鞭為扑、乃不忍民之斬戮、而始為軽刑者。則是自堯以上、雖犯鞭扑之刑者、亦必使従墨劓之坐、而舜之心、乃不忍於殺傷淫盗之凶賊、而反忍於見殺見傷為所侵犯之良民也。聖人之心、其不如是之残忍偏倚而失其正、亦已明矣。

又謂、周之穆王、五刑皆贖、為能復舜之旧者、則固不察乎舜之贖、初不上及五刑、又不察乎穆王之法、亦必疑而後贖也。且以漢宣之世、張敞以討羌之役、兵食不継、建為入穀贖罪之法、初亦未嘗及夫殺人及盗之品也。而蕭望之等、猶以為如此則富者得生、貧者独死。恐開利路、以傷治化。曽謂三代之隆、而以是為得哉。

嗚呼、世衰学絶、士不聞道。是以、雖有粋美之資、而不免一偏之弊。其於聖人公平正大之心、有所不識、而徒知切切焉、飾其偏見之私、以為美談。若此多矣。可勝辨哉。若夫穆王之事、以予料之、殆必由其巡遊無度、財匱民労、至其末年、無以為計、乃特為此一切権宜之術、以自豊、而又托（『書経大全』巻一は「托」を「託」に作る。『晦庵集』巻六十七は「托」に作る。）於軽刑之説、以違道而干誉耳。夫子存之、蓋以示戒。而程子策試、尚発問焉。其意亦可見矣。

或者又謂、四凶之罪、不軽於少正卯。舜乃不誅而流之。以為軽刑之験。殊不知、共兜朋党、鯀功不就、其罪本不至死。三苗拒命、雖若可誅、而蛮夷之国、聖人本以荒忽不常待之。雖有負犯、不為畔（『書経大全』巻一は「畔」を「叛」に作る。『晦庵集』巻六十七は「畔」に作る。）臣、則姑竄之遠方。亦正得其宜耳。非故為是以軽之也。若少正卯之事、則予嘗竊（「竊」はもと「切」に作る。『書経大全』巻一及び『晦庵集』巻六十七に従って改めた。）疑之。蓋論語所不載、子思孟子所不言。雖以左氏春秋内外伝之誤且駁、而猶不道也。乃独荀況言之。是必斉魯陋儒、憤聖人之失職、故為此説、以夸其権。吾又安敢軽信其言、遽稽以為決乎。聊并記之、以俟来者。（以上、第四丁裏第十行から第九丁表第五行。）

【訓読】

聖人の心、未だ物を感ぜざれば、其の体は広大にして虚明、絶えて毫髪の偏倚無し。いわゆる天下の大本なる者なり。其の、物を感ずるに及ぶや、則ち喜怒哀楽の用、各々感ずるところに随いて之れに応ず。一つも節に中《あ》たらざる者無し。いわゆる天下の達道なり。蓋し本体よりして言えば、鏡の未だ照らすところ有らざるが如し。則ち虚なるのみ。衡《はかり》の未だ加うるところ有らざるが如し。則ち平なるのみ。其の用を語るに至りては、則ち其の至虚を以て、好醜、其の形を遁がるるところ無し。其の至平を以て、軽重、其の則に違う能わず。此れ、其の中和を致して天地、位し、万物の育する所以なり。天下の大を以てすと雖も、吾心の造化の中に外《ほか》ならざるなり。此れを以て論ずれば、則ち聖人の、天下に於ける、其の、慶賞威刑する所以の具は、各々由るところ有らざる莫きを知る。而れば舜典の論ずるところの、敷奏するに言を以てし、明試するに功を以てし、車服は庸を以てすると、夫《か》の、刑を制し辟を明らかにするの意とは皆、得て言う可し。

然りと雖も、喜びて賞する者は陽なり。聖人の欲するところなり。怒りて刑する者は陰なり。聖人の悪《にく》むところなり。是を以て聖人の心は、至虚至平にして偏倚するところ無しと曰うと雖も、此の二者の間に於いて、其の、之れに処する所以も亦た、少しく同じからざる者無き能わず。故に其の言又た曰く、罪の疑わしきは惟れ軽くし、功の疑わしきは惟れ重くす、と。此れは則ち聖人の微意なり。然るに其の、之れを行うや、賞を好むと曰うと雖も、無功の士を賞する能わず。刑を悪むと曰うと雖も、敢て有罪の人を縦《ゆる》さず。而れば功罪の実、苟くも已に暁然として疑い無ければ、則ち之れを軽くし之れを重くせんと欲すと雖も、得可からず。是れ又た未だ嘗て虚ならず平ならざるあらずして、大本の立ち、達道の行わるること、固《まこと》に自若なり。故に其の賞するや、必ず其の言を察し、其の功を審らかにして、而る後に加うるに車服の賜を以てす。

其の刑するや、必ず、象《あらわ》すに典刑を以てす、と曰うは、象を画《えが》いて民に示すに墨・劓・剕・宮・大辟の五等を以てす。肉刑の常法なり。其の、流もて五刑を宥《ゆる》す、と曰うは、之れを遠きに放つ。夫《か》の、此の肉刑を犯して情、軽きの人を寛《ゆる》す所以なり。其の、鞭もて官刑を作《な》し、扑もて教刑を作す、と曰うは、官府・学校の刑。夫の罪の小にして未だ五刑に麗《つ》かざる者を馭する所以なり。其の、金もて贖刑を作す、と曰うは、之れをして金を入れて其の罪を免れしむ。夫の、此の鞭扑の刑を犯して情の又た軽き者を贖う所以なり。此の五者は刑の法なり。

其の、眚災なれば肆赦す、と曰うは、不幸にして罪に触るる者は則ち肆《ゆる》して之れを赦《ゆる》すを言う。其の、怙終すれば賊刑す、と曰うは、恃む有りて改めざる者は則ち賊して之れを刑するを言う。此の二者は法外の意、猶お今の律令の名例のごときなり。其の、欽まん哉、欽まん哉、惟だ刑を之れ恤《うれ》えん哉、と曰うは、此れ則ち聖人、刑を畏るるの心、夫《か》の死する者の復た生く可からず、刑せらるる者の復た続《つ》ぐ可からざるを閔《あわ》れみ、惟だ之れを察するに審らかならざる有り、之れを施すに当たらざる有るを恐るるのみ。又た已に其の情を得と雖も、猶お必ず其の教えず知る無くして抵冒して此に至るを矜れむなり。

ああ、此の数言を詳らかにすれば、則ち聖人、刑を制するの意、見る可くして、其の、軽重浅深出入取舎の際に於けるも亦た已に審らかなり。其の重き者、或いは誅斬断割に至りて少しも貸《ゆる》さずと雖も、然れども其の、此に至る所以を本《たず》ぬれば、則ち其の、人に施す所以の者も亦た必ず嘗て是くの如きの酷なる有り。是を以て聖人は、其の、酷を被る者の、寃を啣《ふく》み痛みを負うに忍びずして、是れを為し以て之れに報《むく》ゆ。甚だ惨なるが若《ごと》しと雖も、其の実を語れば則ち適《まさ》に其の宜《よろ》しきを得ると為す。忍びざるの心、刑を畏るるの甚しきを以てすと雖も、赦《ゆる》すを得ざるなり。

惟だ其の情の軽き者は、聖人、此に於いて乃ち以て其の忍びず、刑を畏るるの意を施すを得て、以て之れを宥《ゆる》す有り。然れども亦た必ず之れを遠方に投じ、以て魑魅を禦《ふせ》がしむ。蓋し此の等《たぐい》の犯すところは、人を殺傷するに非ざれば、則ち亦た或いは淫し或いは盗し、其の情、軽しと雖も、罪は実に重きを以て、若し既に刑を免れしめて、又た郷に還り復た平民と為らしむるを得れば、則ち彼《か》の、其の害を被る者の寡妻孤子は、将《は》た何の面目以て之れを見んや。而して此の幸いに免るるの人は、髪膚肢体、了《つい》に傷くるところ無く、又た将《は》た以て其の前日の悪を遂ぐるを得て、悔いず。此れ必ず、流以て之れを宥《ゆる》すと曰いて、又た五流、宅有り、五宅は三居するの文有る所以なり。夫《か》の鞭扑の刑の若きは、則ち刑の至小なると雖も、情の軽き者は、亦た必ず其の、金を入れて以て贖うを許して、輒《たやす》く真刑を以て之れに加うるに忍びず。是れも亦た仁なり。

然うして流は専ら以て肉刑を宥して、下《しも》、鞭扑に及ばず。贖は専ら以て鞭扑を待ちて、上《かみ》、肉刑に及ばざれば、則ち其の軽重の間、又た未だ嘗て詳を致さざるあらざるなり。過誤は必ず赦し、故犯は必ず誅するの法に至りては、則ち又た五者の内に権衡し、欽まん哉、欽まん哉、惟だ刑を之れ恤うるの旨は、則ち常に七者の中に通貫す。此れ聖人、刑を制し辟を明らかにするの意、或いは人を殺すに至ると雖も、其の反覆表裏、至精至密の妙、一一皆、広大虚明なる心の中より流出して、私智の為すところに非ざる所以なり。

而して或者の論に乃ち謂う、上古は惟だ肉刑有るのみ。舜の流を為し贖を為し鞭を為し扑を為すは、乃ち民の斬戮に忍びずして始めて軽刑を為す。と。則ち是れ堯より以上は、鞭扑の刑を犯す者と雖も、亦た必ず墨劓の坐に従わしめ、而して舜の心は乃ち殺傷淫盗の凶賊に忍びずして、反って殺され傷つけられ侵犯するところと為るの良民に忍ぶなり。聖人の心、其れ是くの如きの残忍偏倚にして其の正を失わざること、亦た已に明らかなり。

又た、周の穆王、五刑を皆、贖わしむるは、能く舜の旧に復すと為すと謂うは、則ち固《まこと》に、舜の贖は初めより上《かみ》、五刑に及ばざるを察せず、又た、穆王の法も亦た必ず疑いありて後に贖うを察せざるなり。且つ漢宣の世を以てすら、張敞、羌を討つの役にて兵食の継《つづ》かざるを以て、穀を入れて罪を贖うの法を建為するも、初めより亦た未だ嘗て夫《か》の殺人及び盗の品に及ぼさざるなり。而るに蕭望之らは猶お以て、此くの如くなれば則ち富む者は生くるを得て、貧しき者は独り死す。恐らくは利路を開き、以て治化を傷《やぶ》らんと為す。曽て、三代の隆にして是れを以て得ると為すと謂わんや。

ああ、世衰え学絶え、士は道を聞かず。是を以て、粋美の資有りと雖も、一偏の弊を免れず。其れ聖人の公平正大の心に於いては識らざるところ有りて、徒《いたず》らに、切切として其の偏見の私を飾り、以て美談と為すを知るのみ。此くの若きもの多し。辨ずるに勝《た》う可けんや。夫《か》の穆王の事の若きは、予《われ》を以て之れを料るに、殆ど必ず其の巡遊、度無く、財匱《とぼ》しく民労《つか》るるに由り、其の末年、以て計を為す無きに至り、乃ち特に此の一切権宜の術を為し、以て自らを豊かにして、又た刑を軽くするの説に托して、以て道に違いて誉れを干《もと》むるのみ。夫子、之れを存す。蓋し以て戒めを示すのみ。而して程子の策試、尚お発問す。其の意も亦た見る可し。

或者又た謂う、四凶の罪は少正卯よりも軽からず。舜、乃ち誅せずして之れを流す。以て刑を軽くするの験と為す。と。殊に知らず、共・兜は朋党にして、鯀は功、就《な》らず、其の罪、本より死に至らざるを。三苗は命を拒む。

誅す可きが若しと雖も、蛮夷の国は聖人、本より荒忽不常を以て之れを待つ。負犯有りと雖も畔臣と為さず。則ち姑らく之れを遠方に竄す。亦た正に其の宜しきを得るのみ。故らに是れを為して以て之れを軽くするに非ざるなり。少正卯の事の若きは、則ち予《われ》、嘗《つね》に窃《ひそ》かに之れを疑う。蓋し論語の載せざるところ、子思・孟子の言わざるところ。左氏春秋の内外伝の誤りにして且つ駁なるを以てすと雖も、猶お道《い》わざるなり。乃ち独り荀況のみ之れを言う。是れ必ず斉魯の陋儒、聖人の失職を憤る。故に此の説を為し、以て其の権を夸るのみ。吾又た安くんぞ敢えて軽がるしく其の言を信じて、遽《にわ》かに稽《かんが》えて以て決を為さんや。聊《いささ》か并せて之れを記し、以て来者を俟つ。

第四節　「象」について

岩村藩刊本の第九丁表第六行から第七行までを、短いけれども第四節とする。この部分は、第一節・第二節・第三節とした抜書きに連続する、『書経大全』巻一からの抜書きである。そして、『書経大全』のその部分の文章は、『朱子語類』巻七十八、尚書一、舜典の文章の写しである。

【和訳】

質問する。舜典に「象以典刑。」とあるが、「象」とはどういう意味か。答える。この文は法定刑について述べている。「象」は、「象魏に懸ける。」の「象」と同じ意味である。五刑を科された有り様を画く、という意味に取る説もあるが、それでもよい。

【原文】
問。象以典刑。如何為象。曰。此言正法。象、如懸象魏之象。或謂画為五刑之状、亦可。（以上、第九丁表第六行から第七行。）

【訓読】
問う、象以典刑とあり。如何なるを象と為す、と。曰く、此れ正法を言う。象は、象魏に懸くるの象の如し。或いは画いて五刑の状を為すと謂うも亦た可なり。と。

「象は、象魏に懸くるの象の如し。」と説明されている。『周礼』秋官、大司寇に「刑象の法を象魏に縣け、万民をして刑象を観しむ。」とある。「象魏」は王城の門である。「象魏」の「魏」は高いという意味。王国の法律を城門の高所に掲示する、すなわち象《あらわ》すので、王城の門を「象魏」と呼ぶのである。

第五節　「欽恤」について

岩村藩刊本の第九丁表第八行から第十丁表第七行までを第五節とする。この部分は、第一節・第二節・第三節・第四節とした抜書きに連続する、『書経大全』巻一からの抜書きである。

【和訳】
ある人が「欽哉欽哉、惟刑之恤哉。」の文について質問した。それに答える。多くの人が『尚書』舜典のこの

「恤」を「寛恤（ゆるめあわれむ）」の「恤」であると読解している。私の考えでは、そうではない。もし、この「恤」が「寛恤」の意味であるとすると、殺された人が犯人に命を償わせることができなくなる。何の落ち度もなく殺されたというのに。おおむねこの文は、刑は民の命を左右するものであるから、慎重に行わないわけにはいかない、と説いている。「肉刑を受けた者は体を元通りにすることができない。」（『漢書』刑法志）と言うのと同じである。だから、この「恤」は「矜恤（つつしみうれう）」の「恤」なのである。

【原文】

或問欽哉欽哉、惟刑之恤哉。曰、多有人解書做寛恤之恤。某之意、不然。若做寛恤、如被殺者、不令償命。死者何辜。大率是説刑者民之司命、不可不謹。如断者不可続。乃矜恤之恤耳。（以上、第九丁表第八行から第九丁裏第一行。）

【訓読】

或ひと欽まん哉、欽まん哉、惟だ刑を之れ恤《うれ》えん哉を問う。曰く、多く、人、書を解して寛恤の恤と做《な》す有り。某の意は然らず。若し寛恤と做さば、殺さるる者、命を償わしめざるが如し。死する者、何の辜あらんや。大率、是れ、刑は民の司命なれば謹まざる可からざるを説く。断たるる者は続《つ》ぐ可からざるが如し。乃ち矜恤の恤なるのみ。

右の段の文章は『書経大全』巻一からの抜書きであるが、『書経大全』のその部分の文章は、『朱子語類』巻七十八、尚書一、舜典の文章の引き写しである。

【和訳】

今の裁判官（原文。法家。）は、禍福応報の説に惑わされている者が多く、そのせいで被告人の刑を減免することによって福報を求めることが多い。そもそも、罪のない人に正しい判決を受けさせないで、罪がある者にかえって刑を減免する判決を獲得させる。これは悪い行いである。何の福報があろうか。『尚書』に「欽まん哉、欽まん哉、惟だ刑を之れ恤えん哉。」とある。ここにいわゆる「欽恤」とは、まさしく曲直を明らかにして、罪がある者が幸運にも刑を免れることがないようにして、罪のない人が不当な刑を科されないようにすることである。今の裁判官（原文。法官。）は、「欽恤」の意味を誤解して、被告人の罪をゆるして、その刑を減免するべきであると思っている。故に、どのような罪であれ、死刑に当たる罪を犯した者のために、死刑を免れさせる方法を考えて、奏裁（皇帝の判断を仰ぐこと）に委ねることが多いのである。奏裁に委ねられたからには、（皇帝陛下は寛大でいらっしゃるから）おおむね刑が減等される。斬刑に当たる者は配軍（顔面に入れ墨をして軍隊に配属する処分）とされ、配軍に当たる者は徒刑とされ、徒刑に当たる者は杖刑とされ、杖刑に当たる者は笞刑とされる。これこそは、法律をもてあそび、自分勝手な法律解釈をして（原文。侮法。「舞法」と同じ。）、賄賂を受けることに他ならない。これのどこが「欽恤」であるのか。現行の法律には「法律に依拠して判断することができないときは奏裁に委ねる。」と定められている。ところが現状では、裁判官が明らかに被告人の罪が死刑に当たると知っているにもかかわらず、その被告人を生かすことができる方法を考えて、本来死刑に処するべき者を生かすことをしているのである。ただ孝宗皇帝だけはその手に乗らなかった。奏裁を仰がれても、情状が重い者は皆、死刑に処した。

【原文】

今之法家、多惑於報応禍福之説。故多出人罪、以求福報。夫使無罪者不得直、而有罪者反得釈。是乃所以為悪耳。何福報之有。書曰、欽哉欽哉、惟刑之恤哉。所謂欽恤云者、正以詳審曲直、令有罪者不得幸免、而無罪者不得濫刑也。今之法官、惑於欽恤之説、以為当寛人之罪而出其法。故凡罪之当殺者、莫不多為可出之塗、以俟奏裁。既云奏裁、則大率減等、当斬者配、当配者徒、当徒者杖、当杖者笞。是乃売弄条貫、侮法而受賕者耳。何欽恤之有。今之律令謂、法不能決者、則俟奏裁。今乃（「乃」を『書経大全』巻一は「独」に作る。『朱子語類』巻一一〇は「乃」に作る。）明知其罪之当死、亦莫不為可生之塗以生之。惟寿皇不然。其情理重者、皆殺之。（以上、第九丁裏第二行から第十丁表第三行。）

【訓読】

今の法家、多く報応禍福の説に惑う。故に多く人の罪を出だし、以て福報を求む。夫れ罪無き者に直を得ざらしめて、罪有る者に反って釈かるるを得しむ。是れ乃ち悪と為す所以なるのみ。何の福報これ有らんや。書に曰う、欽まん哉、欽まん哉、惟だ刑を之れ恤えん哉、と。いわゆる欽恤という者は、正に以て曲直を詳審し、罪有る者に幸いに免るるを得ざらしめて、罪無き者に濫刑を得ざらしむるなり。今の法官、欽恤の説に惑い、以て当に人の罪を寛くして其の法を出だすべしと為す。故に凡そ罪の当に殺すべき者は、多く出だす可きの塗を為し、以て奏裁を俟たざる莫し。既に奏裁と云う。則ち大率、等を減じ、斬に当たる者は配し、配に当たる者は徒し、徒に当たる者は杖し、杖に当たる者は笞す。是れ乃ち条貫を売弄し、法を侮して賕を受くる者なるのみ。何ぞ欽恤これ有らん。今の律令、法の決する能わざる者は則ち奏裁を俟つ、と謂う。今乃ち明らかに其の罪の死に当たるを知るも、亦た生かす可きの塗を為し、以て之れを生かさざる莫し。惟だ寿皇のみは然らず。其の情理、重き者は皆、之れを殺す。

右の段の文章は『書経大全』巻一からの抜書きであるが、『書経大全』のその部分の文章は、『朱子語類』巻一一

○、朱子、論刑の文章の写しである。ただし多少、字句の異同がある。

「今の律令、法の決する能わざる者は則ち奏裁を俟つ、と謂う。」とある。宋朝では、裁判官が被告人の罪は死刑に当たると考えながらも、法律から見て疑いがあるときは（「刑名疑慮」）、奏裁を仰ぐ定めになっていた（川村康「宋代死刑奏裁考」『東洋文化研究所紀要』第百二十四冊掲載、一九九四年）。

「惟だ寿皇のみは然らず。其の情理、重き者は皆、之れを殺す。」とある。「寿皇」は、南宋の孝宗（在位一一六二～一一八九）を指す。孝宗が退位した時に上られた尊号である。『宋史』巻三十五、孝宗本紀、淳熙十六年（一一八九）二月条に、「壬戌、詔を下して位を皇太子に伝う。（中略）辛未、尊号を上《たてまつ》りて至尊寿皇聖帝と曰う。」と記されている。『朱子語類』巻一〇七、朱子、孝宗朝に挻れば、江西提点刑獄に任じられた朱子が孝宗に面会して口頭で、悪逆（名例律の「十悪」の一つ）の罪を犯した者が近ごろ奏裁で死刑を免れることが多い、という意見を申し上げたところ、孝宗が、そのような人間の命をひたすら助けるのは教化を傷うことであろう、と答えた（原文。口奏第一劄意言、犯悪逆者、近来多奏裁減死。上曰、似如此人、只貸命、有傷風教。）、という。朱子が江西提点刑獄に任じられたのは淳熙十五年（一一八八）である（『宋史』巻三十五）。

【和訳】

陳雅言は次のように述べている。「裁判を行うに当たって「欽」即ち慎重であるのでなければ、怠慢な審理に流れてしまうであろう。「恤」即ちあわれみの心を持つのでなければ、残酷な判決に走ってしまうであろう。欽《つつし》まないことと恤《あわ》れまないこととの二者が、刑罰が公平さを得られない原因である。故に裁判を行うに当たっては、必ず欽みの心を主として、恤れみの心を加える。これが『書経集伝』に「欽恤の心が裁判の過程で始めから働いている。」と述べられている意味である。」

【原文】

陳氏雅言曰、不欽、則或失之於怠慢、不恤、則或失之於（もと「於」字なし。『書経大全』巻一に従って補った。）惨刻。二者、刑之所由不得其平也。故必主之以欽、而加之以恤。此伝所謂欽恤之心、未始不行乎其間者也。（以上、第十丁表第四行から第七行。）

【訓読】

陳氏雅言曰く、欽《つつし》まざれば則ち或いは之れを怠慢に失し、恤《あわ》れまざれば則ち或いは之れを惨刻に失す。二者は刑の由りて其の平を得ざるところなり。故に必ず之れを主とするに欽を以てし、之れに加うるに恤を以てす。此れ伝にいわゆる欽恤の心、未だ始めより其の間に行われざるあらず、という者なり。と。

陳雅言（一三一八～一三八五）は江西省広信府永豊県の人。『献徴録』巻八十七所収、胡広撰「陳雅言先生墓志銘」に、「先生、姓は陳氏、字は雅言。字を以て行わる。」とある。名は不明である。明初、永豊県学の教官に任じられた。『明文衡』巻九十三所収、鄒緝撰「陳雅言先生墓表」に、「著わすところ、（中略）『書経卓躍』有り。今、世に行わる。」と記されている。右の「陳氏雅言曰」に続く文章は、この『書経卓躍』の文章であろう。『書経卓躍』は、『四庫全書総目』巻十三、経部、書類存目に掲げられている「書義卓躍六巻」に当たるであろうが、『四庫全書存目叢書』には収められていない。その他の各種の叢書にも収められておらず、未見である。

「欽」を慎重であるという意味に受け取り、「恤」をあわれむという意味に受け取る陳雅言の説は、「欽」も「恤」も慎重であるという意味に受け取る朱子の説とは異なっている。

岩村藩刊『祥刑要覧』の本文のはじまりからここまでが『書経大全』巻一からの連続する抜書きである。

第六節　『書経』の抜書き

岩村藩刊本の第十丁表第八行から第十一丁裏第六行までを第六節とする。この部分は、『書経』の本文及びそれに対する注釈文の抜書きである。注釈文は、多くの字句が『書経大全』の文のものと一致するが、一致しない字句もある。呉訥自らがいくつかの『書経』の注釈書から注釈文を寄せ集めて、『書経』の本文と注釈文とを本節に見られる形に構成したのか、それとも、ある未知の『書経』の注釈書から、ここに見られる形に構成された文章を呉訥が抜書きしたのか、わからない。

【和訳】

『書経』舜典に次のように記されている。「舜が言うには、皐陶（原注。舜の臣。）よ、あなたは裁判官（原文。士。原注。理官。）になりなさい。五刑に当たる罪に被告人が服します。（原注。古の五刑は入れ墨、鼻削ぎ、足切り、宮刑、死刑である。「服」とは、自分が犯した罪を認める、という意味である。）五刑に当たる罪を認めた罪人は、三つの場所のいずれかで刑を受けます。（原注。五刑に当たる罪を認めると、死刑は市場で執行され、宮刑は蚕室で執行され、それ以外の刑は人目に触れない場所で執行される。）五刑を免除する代わりに流刑を科される者には居場所（原文。宅。）があります。（原注。五刑に当たる罪を犯したけれども情状がやや軽い者、及び帝親、貴人、国家に功労がある者などの五刑を加えることができない者に対しては、流刑を科して追放する。「宅」とは居場所である。）五刑の代わりに流刑を科される者の居場所は三段階あります。（原注。流刑は五刑のそれぞれの代わりに科される刑であるが、流刑を科される者の居場所は五段階ではなく、三段階に分かれている。大罪を犯した者は四方の果てに住まわされ、次に重い罪を犯した者は九州の外に住まわされ、その次に重い罪を犯した者は千里の外に住まわされる。）ただ明察であれば、公正な裁判を行うことができます。（原注。ただ裁判官が明察であれば、刑が罪に当てはまって、訴訟当事者が判決に納得することができる。）と。」

【原文】

書。舜典（もと「書舜典」三字なし。『重刊祥刑要覧』巻一に従って補った。）。皐陶（原注。舜臣。）、汝作士（原注。理官。）。五刑有服（原注。古之五刑、墨劓剕宮大辟。服、謂服其罪。）、五服三就（原注。五刑既服、大辟棄於市、宮刑就蚕室、餘刑就隠処。）。五流有宅（原注。五刑中、有情稍軽、及親貴勲労、不可加以刑者、則流放之。宅、居也。）、五宅三居（原注。流雖有五、而居之有三等。大罪四裔、次九州之外、次千里之外。）。惟明克允（原注。惟致其明察、則能刑当其罪、而人信服。）。（以上、第十丁表第八行から第十丁裏第一行。）

【訓読】

書。舜典。皐陶（原注。舜の臣。）よ、汝、士（原注。理官。）と作《な》れ。五刑、服する有り。（原注。古の五刑は墨・劓・剕・宮・大辟。服とは其の罪に服するを謂う。）五服は三就す。（原注。五刑、既に服す。大辟は市に棄て、宮刑は蚕室に就き、餘刑は隠処に就く。）五流、宅有り。（原注。五刑の中、情のやや軽きもの、及び親・貴・勲・労にして、加うるに刑を以てす可からざる者有れば、則ち之れを流放す。宅は居なり。）五宅は三居す。（原注。流は五有りと雖も、之れを居《お》くに三等有り。大罪は四裔、次は九州の外、次は千里の外。）惟《た》だ明ならば、克《よ》く允ならん。（原注。惟だ其の明察を致せば、則ち能く刑、其の罪に当たりて、人、信服す。）

「皐陶」に「舜の臣。」という注が附けられている。この注について、『四庫全書総目』巻一〇一、子部、法家類存目、祥刑要覧の項は、「「皐陶」の下に「舜臣」の字を註す。蓋し（『祥刑要覧』は）通俗（一般人向け）の文たり。以て甚だしくは書を読まざる者を戒む。故に浅近なること是くの如きなり（このような初心者用の注が附けられているのである）。」と述べている。呉訥が「舜臣」という注を写した『書経』の注釈書は、科挙の受験勉強をはじめたばかりの初学者用のものであったのであろう。明の朱升（一二九九～一三七〇）撰『書経旁注』（『四庫全書存目叢書補編』所収）巻一に、「皐陶」の語に附された「臣名皐陶」という傍注が見られる。

【和訳】

『書経』大禹謨に次のように記されている。「舜が言うには、皐陶よ、あなたは裁判官として、五刑を明らかに宣告し、それによって五教を弼《たす》けました。（原注。「弼」とは輔《たす》けるの意である。「五教」とは、父子に親しみがあり、君臣に義があり、夫婦にけじめがあり、長幼に順序があり、朋友に信がある、という教えである。『孟子』滕文公上。）刑を用いるのは、刑が無くなることを目的としました。（原注。刑を用いて政治を助け、刑が用いられなくなることをめざす。）人民は中庸を得た行動ができるようになりました。（原注。民が中道を得て、行動に過不足が無くなったので、その結果、刑が用いられなくなった。）と。皐陶が答えて言うには、帝の徳には愆《あやま》ちがありません。（原注。舜の徳には過《あやま》ちが無い。）人民に対しては必要なことだけを命じます。（原注。煩わさない。）人民を寛大に治めます。（原注。きびしくない。）刑罰を子孫に及ぼしません。（原注。父の罪が子に、子の罪が父に及ばない。）過失で犯した罪であれば、どんなに大きな罪でも宥《ゆる》します。（原注。意識せずに誤って犯した罪は、大きな罪であっても宥す。）故意に犯した罪であれば、どんなに小さな罪であっても刑を科します。（原注。罪になることを知りながら故意に罪を犯した者は、小さい罪であっても刑を科する。）罪が重いか軽いか疑わしいときは軽い刑を科します。（原注。犯罪事実が確定したけれども、法律を適用するに当たって、軽い刑を定めた法律を適用するべきか、重い刑を定めた法律を適用するべきか疑いがあるときは、軽い刑を定めた法律を適用して処罰する。）辜《つみ》の無い人を死刑に処するよりは、むしろ尋常（原文。経。）ではない大罪を犯した者の刑を軽くします。（原注。「辜」とは罪の意である。「経」は常の意である。法律を適用して死刑を科することもできるし、死刑を科さないこともできる。死刑を科すると、被告人が罪も無いのに死刑に処された、ということになるのが心配であるが故に、むしろ法律の適用を控えて、恩を施して、刑を不当に軽くしたという責めを裁判官が自分から引き受ける。）生命を大切にする帝の徳が人民の心に行きわたっています。ですから人民は、法律を破って官司にさからうことをしないのです。（原注。生命を大切にする舜の徳が深く人民の心にしみ入り、人民は皆、舜の徳を慕い喜び、善行に励み、法律を犯さない。）と。」

【原文】

大禹謨。皐陶。明于五刑、以弼五教（原注。弼、輔也。五教、父子有親、君臣有義、夫婦有別、長幼有序、朋友有信。）。刑期于無刑（原注。用刑輔治、期于不用。）。民協于中（原注。民合中道、無過不及之差、則刑果無所用。）。皐陶曰、帝徳罔愆（原注。舜徳無過。）。臨下以簡（原注。不煩。）。御衆以寛（原注。不猛。）。罰弗及嗣（原注。父子罪不相及。）。宥過無大（原注。不識誤犯、罪大亦宥。）。刑故無小（原注。知而故犯、小罪亦刑。）。罪疑惟軽（原注。罪已定、而於法疑其可軽可重者、則従軽罰之。）。与其殺不辜、寧失不経（原注。辜、罪、経、常也。法可以殺、可以無殺。殺之、恐彼陥於非罪。故寧屈法申恩、而受失刑之過。）。好生之徳、洽于民心。茲用不犯于有司（原注。舜好生之徳、深入民心。無不愛慕感悦、興起於善、而不犯法。）。（以上、第十丁裏第二行から第九行。）

【訓読】

大禹謨。皐陶よ。五刑を明らかにして、以て五教を弼《たす》く。（原注。「弼」は輔なり。「五教」とは、父子、親有り、君臣、義有り、夫婦、別有り、長幼、序有り、朋友、信有り、というものなり。）刑は刑無きを期す。（原注。刑を用いて治を輔け、用いざるを期す。）民、中に協《かな》う。（原注。民、中道に合《かな》い、過不及の差無ければ、則ち刑、果たして用いるところ無し。）皐陶曰く、帝徳は愆《あやま》ち罔《な》し。（原注。舜の徳は過《あやま》ち無し。）下に臨むに簡を以てす。（原注。煩わさず。）衆を御するに寛を以てす。（原注。猛ならず。）罰は嗣に及ぼさず。（原注。父子は罪、相い及ばず。）過ちを宥《ゆる》すこと大無し。（原注。識らずして誤り犯すは、罪、大なるも亦た宥す。）故を刑するは小無し。（原注。知りて故らに犯すは、小罪も亦た刑す。）罪の疑わしきは惟《こ》れ軽くす。（原注。罪已に定まりて、法に於いて、其の軽くす可きか重くす可きかを疑う者は、則ち軽きに従いて之れを罰す。）其の、不辜を殺すよりも、寧《むし》ろ不経に失せん。（原注。辜は罪、経は常なり。法は以て殺す可く、以て殺す無かる可し。之れを殺さば、彼、非罪に陥らんことを恐る。故に寧ろ法を屈し、恩を申《の》べて、刑を失うの過《とが》を受く。）生を好むの徳、民心に洽《あまね》し。茲《ここ》を用て有司を犯さず。（原注。舜の、生を好むの徳、深く民心に入る。愛慕感悦し、善を興起せざる無くして、法を犯さず。）

【和訳】

『書経』皐陶謨に次のように記されている。「皐陶が禹に言うには、天が罪有る者を討ちます。五刑をそれぞれ公正に用いましょう。（原注。罪人を討ち、刑罰を用いる権力は、ひとえに天から与えられる。私情に従って行使することはできない。）と。」

【原文】

皐陶謨。天討有罪。五刑五用哉（原注。討罪用刑、一出於天。非可得而私。）。（以上、第十丁裏第十行。）

【訓読】

皐陶謨。天、有罪を討つ。五刑を五用せよ。（原注。罪を討ち刑を用いるは、一に天より出づ。得て私す可きに非ず。）

【和訳】

『書経』康誥に次のように記されている。「周の成王が康叔に言うには、そもそも民が自分から罪を得るのは、家の中でも外でも（原文。姦宄。）強盗したり窃盗したり、人を殺したり人を傷害したりして（原文。殺越人。）財貨を奪い、暋《つよ》い気持ちで死を恐れないからです。そのような者を憝《にく》まない人はいません。（原注。外での悪事を「姦」と称し、内での悪事を「宄」と称する。「暋《ビン》」は強いという意味である。「憝《タイ》」は悪《にく》むという意味である。この文の意味は、自ら、家の内外で強窃盗し、人を殺し、人を顚越（ころがり落とす）して財貨を奪い取る罪を犯し、強暴で残忍で命知らずの者に対しては、憎悪しない人はいない。そのような者に対して法律を適用して刑を科すれば、納得しない人はいない。ということである。）ましてや親不孝の者や兄弟と仲よくしない者に対しては、憎悪しない人はいません。子が敬んでその父の言う事を聴かなければ、大いにその父の心を傷つけます。父の方でも、その子を養育することができなければ、その子を病ませてしまいます。（原注。これは父子が互いに傷つけ合っている。）弟の方で、天顕（原注。天が命ずる明白な順序。）を失念すれば、その兄に恭順することができません。兄の方でも、年少者をいたわらなければならないこと（原文。鞠子哀。原注。父母が子供を養育する苦労。）を忘れるならば、大いに弟に対して友愛の情を欠くことになります。（原注。これは兄弟が互いに傷つけ合っている。）このような罪を犯す者がいれば、文王が作った刑罰を速やかに用いて、その者に刑を科して、赦《ゆる》さないように。（原注。懲戒しなければならず、ゆるしてはいけない。）と。」

【原文】

康誥曰、凡民自得罪、寇攘姦宄、殺越人于貨、暋不畏死、罔弗（「弗」はもと「不」に作る。『書経』康誥及び『重刊祥刑要覧』巻一に従って改めた。）憝（原注。在外為姦、在内為宄。暋、強也。憝、悪也。言、人自犯盗賊姦宄、殺人顛越人取財貨（「貨」はもと「與」に作る。『書経大全』巻七に従って改めた。）、強狠亡命者、人無不憎悪。用法加之、人無不服。）。矧惟不孝不友。子弗祗服厥父事、大傷厥考心。于父不能字厥子、乃疾厥子（原注。此父子相夷。）。于弟弗念天顕（原注。天命顕然之序。）、乃弗克（もと「克」字なし。『書経』康誥に従って補った。）恭厥兄。兄（もと「兄」字なし。『書経』康誥及び『重刊祥刑要覧』巻一に従って補った。）亦不念鞠子哀（原注。父母鞠養之労。）、大不友于弟（原注。是兄弟相賊。）。乃其速由文王作罰、刑茲無赦（原注。懲戒不可緩。）。（以上、第十一丁表第一行から第七行。）

【訓読】

康誥曰く、凡そ民、自ら罪を得るは、寇攘姦宄し、人を貨に殺越し、暋《つよ》く死を畏れず。憝《にく》まざる罔し。（原注。人外に在るを姦と為し、内に在るを宄と為す。暋は強なり。憝は悪なり。言うこころは、人自ら盗賊姦宄を犯し、人を殺し、人を顛越し、財貨を取り、強狠にして命を亡《うしな》う者は、人、憎悪せざる無し。法を用いて之れに加うれば、人、服せざる無し。）矧《ま》して惟《こ》れ不孝不友なるをや。子、厥《そ》の父の事に祗《つつし》み服せざれば、大いに厥の考の心を傷《やぶ》る。父に于《おい》て厥の子を字する能わざれば、乃ち厥の子を疾《や》ましむ。（原注。此れ父子、相い夷《そこな》う。）弟に于て天顕（原注。天命顕然の序。）を念《おも》わざれば、乃ち克く厥《よ》の兄を恭せず。兄も亦た鞠子の哀（原注。父母鞠養の労。）を念わざれば、大いに弟に友ならず。（原注。是れ兄弟、相い賊《そこな》う。）乃ち其れ速やかに文王の作る罰に由り、茲《こ》れを刑して赦《ゆる》す無かれ。（原注。懲戒して緩《ゆる》くす可からず。）と。

【和訳】

『書経』立政に次のように記されている。「周公が言うには、武王の時の裁判官（原文。司寇。）の蘇公は、自分が担当する裁判を慎重に行うことによって、我々の周王朝の命脈を長くしました、と。」（原注。「長」は永いの意である。蘇忿生は司寇に任じられて、担当する裁判を慎重に行うことができた。それによって、国家の基本を固め、周王朝の命脈を長くした。これは、大臣が国家のために、天命の永続を祈った成果である。）

【原文】

立政。周公曰（『書経』立政は「曰」字の前に「若」字があり、「曰」字の後に「太史」二字がある。）、司寇蘇公、式敬爾由獄、以長我王国（原注。長、永也。蘇忿生為司寇、用能敬所由之獄、培植基本、永我国命。此大臣為国家祈天永命之実。）。（以上、第十一丁表第七行から第九行。）

【訓読】

立政。周公曰く、司寇の蘇公は、式《もっ》て爾《なんぢ》の由獄を敬み、以て我が王国を長くす。（原注。長は永なり。蘇忿生、司寇と為り、用《もっ》て能く由るところの獄を敬み、基本を培植し、我が国命を永くす。此れ大臣、国家の為めに天の永命を祈るの実なり。）と。

「司寇蘇公」即ち「蘇忿生」は、『書経』立政の孔氏伝に「忿生は武王の司寇たり。蘇国に封ぜらる。能く法を用いる。」とある。

【和訳】

『書経』呂刑に次のように記されている。「周の穆王が言うには、国土を有する諸侯よ。（原注。人民と土地神を祭る神社とを有する者。）あなた方に祥刑について教えましょう。（原注。「祥」とは吉祥である。刑は凶器であるのに「祥」と形容するのは、刑は刑が無くなることを目的としており、刑が無くなるということは人民が中庸を得るということであるから、刑よりも大きな吉祥はないからである。）原告被告の両訴訟当事者及び証人がすべて法廷に出そろいますと（原文。両造具備。）、（原注。「造」とは至るという意味である。「両造具備」とは、両訴訟当事者及び証人が全員、法廷に到着した、という意味である。）多数の裁判官（原文。師。）が、両当事者及び証人の、五刑に該当する事実を述べる言葉（原文。五辞。）を聴きます。（原注。「師」とは衆、即ち多いという意味である。「師聴五辞」とは、多くの裁判官が、当事者らの、五刑に該当する事実を述べる言葉を聴く、という意味である。）裁判官がしてはいけないことは、「官」（原注。訴訟当事者の威勢を畏れること。）と「反」（原注。訴訟当事者から自分が受けた恩に報い、訴訟当事者に対する自分の怨みを晴らすこと。）と「内」（原注。婦人からの願い事を引き受けること。）と「貨」（原注。賄賂を受けること。）と「来」（原注。友人からの頼み事を引き受けること。）とです。してはいけないことをして、裁判官が被告人に対する刑を正しい刑よりもわざと軽くしたり重くしたりしたときは、裁判官の罪は、その軽くしたり重くしたりした分の刑と等しい刑に当たります。（原注。裁判をつかさどる者がこの五つのしてはいけないことをして、被告人の罪を軽くしたり重くしたりすれば、その分の重さの罪を科する。)

弁舌が巧みな人(原文。佞。)が正しい裁判を行う(原文。折獄。)ことができるのではありません。(原注。「佞」とは口がうまいという意味である。「折」は判決を下すという意味である。口がうまい人が裁判官になっても、正しい判決を下すことはできない。)ただ善良な人だけが正しい裁判を行うことができます。(原注。ただ温良忠厚の人だけが間違いがない裁判を行うことができる。)証人がいない供述(原文。単辞。)は明白かつ公正(原文。明清。)に聴取して下さい。(原注。「明」とは、ほんの少しもおおい隠されていない、という意味である。「清」とは、一点の汚れもない、という意味である。「単辞」とは証人がいない供述である。これを聴取することはとりわけ難しい。故にただ聡明潔白で少しも私邪の心がない人だけが、その供述の内容が真実であるかどうかを洞察することができる。)裁判を行う時に賄賂として受け取る財貨は宝ではありません。ただ罪になる事実を集める(原文。府。)だけです。(原注。「貨」は財である。「府」は聚《あつ》めるの意である。「辜功」は罪状である。)数々の禍《わざわ》い(原文。庶尤。)が降りかかります。(原注。「庶尤」とはたくさんの殃《わざわ》いである。この句の意味は、不正な裁判を行うことと交換して財貨を手に入れても、その財貨は宝とする価値はない。ただ自分が罪を犯した事実を積み重ねるだけであって、天は必ずたくさんの殃いを罰として下す、ということである。)と。」

【原文】

呂刑(『重刊祥刑要覧』巻一は「刑」字の後に「曰」字がある。)。有邦有土(原注。有民社者。)、告爾祥刑(原注。祥、吉祥也。刑凶器、而曰祥者、刑期無刑、民協于中。吉莫大焉。)。両造具備(原注。造、至也。謂両争者及證左(『重刊祥刑要覧』巻一は「左」を「佐」に作る。)皆至。)、師聴五辞(原注。師、衆也。謂衆聴其入五刑之辞。)。惟官(原注。畏其威勢。)、惟反(原注。報己徳怨。)、惟内(原注。受女謁。)、惟貨(原注。受賄賂。)、惟来

（原注。受干請。）。其罪惟均（原注。典獄有此五者、而出入人罪、則以人所犯坐之。）。非佞折獄（原注。佞、口才。折、断也。（『重刊祥刑要覧』巻一は「也」字の後に「言」字がある。）非口才可以断（『重刊祥刑要覧』巻一は「断」を「折」に作る。）獄。）、惟良折獄（原注。惟温良忠厚之人、能断獄無差。）。明清于単辞（原注。明者、無一毫之蔽。清者、無一點之汚。単辞、無證左（『重刊祥刑要覧』巻一は「左」を「佐」に作る。）之辞。聴之尤難。故惟明清無少私曲者、能察其情。）。獄貨非宝、惟府辜功（原注。貨、財也。府、聚也。辜功者、罪状也。）。報以庶尤（原注。庶尤、百殃也。言売獄得財、不足為宝。惟積己之罪状、天必報之以百殃。）。（以上、第十一丁表第九行から第十一丁裏第六行。）

【訓読】

呂刑。邦有り土有り。（原注。民社有る者。）爾《なんぢ》に祥刑を告げん。（原注。祥は吉祥なり。刑は凶器なるも祥と曰うは、刑は刑無きを期し、民、中に協《かな》う。吉なることこれより大なるは莫し。）両造具備す。（原注。造は至るなり。両争者及び証左、皆至るを謂う。）師、五辞を聴く。（原注。師は衆なり。其の五刑に入るの辞を衆聴するを謂う。）惟《こ》れ官。（原注。其の威勢を畏る。）惟れ反。（原注。己の徳怨を報ず。）惟れ内。（原注。女謁を受く。）惟れ貨。（原注。賄賂を受く。）惟れ来。（原注。干請を受く。）其の罪、惟《こ》れ均し。（原注。獄を典《つかさど》り、此の五者有りて人の罪を出入すれば、則ち人の犯すところを以て之れを坐す。）佞、獄を折するに非ず。（原注。佞は口才なり。折は断なり。口才、以て獄を断ず可きに非ず。）惟だ良のみ獄を折す。（原注。惟だ温良忠厚の人のみ能く獄を断じて差《たが》い無し。）単辞に明清にせよ。（原注。明とは一毫の蔽無し。清とは一点の汚無し。単辞は証左無きの辞。之れを聴くこと尤も難し。故に惟だ明清にして少しも私曲無き者のみ能く其の情を察す。）獄貨は宝に非ず。惟だ辜功を府《あつ》むるのみ。（原注。貨は財なり。府は聚《あつ》むるなり。辜功とは罪状なり。）報ゆるに庶尤を以てす。（原注。庶尤は百殃なり。言うこころは、獄を売りて財を得るは、宝と為すに足らず。惟だ己の罪状を積むのみ。天、必ず之れに報ゆるに百殃を以てす。)

最後の「天必報之以百殃。」という注釈文は、『書経大全』の文ではなく、明の徐善述(永楽十七年(一四一九)歿)撰『書経直指』巻六の文と一致する。『書経直指』は『四庫全書存目叢書』所収本を見た。

第七節 『易経』の抜書き

岩村藩刊本の第十一丁裏第七行から第十二丁裏第三行までを第七節とする。この部分は、『易経』の本文及びその注釈文の抜書きである。注釈文は『周易大全』の文とほとんど同じであるが、異なる箇所もある。『周易大全』は、永楽十三年(一四一五)に成った『五経四書大全』の一つである。

【和訳】

『易経』に次のように記されている。「雷電が噬嗑(原注。卦の名。)の卦を象徴する。古の聖王は雷電にならって刑罰を明らかにし法律を整える。」(原注。古の聖王は雷電の現象を観て、その明るさと威力とに則って、刑罰を明示し、号令を整える。)

「山の下に火があるのが賁(原注。卦の名。)の卦の象徴である。為政者はそれを見て、こまごました政事を行うが、敢て裁判を行うことはしない。」(原注。「敢」は果敢の意である。山の下に火があると、明るさが遠くに及ばない。こまごました政事は小事であるから、狭い範囲の明るさに頼って行うことができる。裁判は大事であるから、敢えて狭い範囲の明るさに頼って行うことはしない。）

「雷雨がおこるのが解（原注。卦の名。）の卦の象徴である。為政者はそれを見て、過ちを赦《ゆる》し、罪を宥《ゆる》す。」（原注。「赦」は釈の意である。「宥」は寛の意である。為政者が、雷雨がおこるという、解の卦の象徴を観て、雷雨が植物を発育させることに則るならば、人民に仁恩を施し、雷雨が物事を解散させることに則るならば、罪人に寛宥を行う。）

「雷鳴と電光とが両方とも発するのが豊（原注。卦の名。）の卦の象徴である。為政者は雷電にならって裁判を行い、罪人を刑に処する。」（原注。裁判を行う者は必ず犯罪事実を明らかにし、刑を行う者は邪悪な者に対して威力を用いる。故に為政者は、雷が鳴り稲妻が光るという現象を観て、それにならって裁判を行い、罪人を刑に処する。）

「山の上に火があるのが旅（原注。卦の名。）の卦の象徴である。為政者はその現象にならって、事実を明白にして、慎重に刑を罪人に科する。しかも裁判を長引かせない。」（原注。火が山の上にあると、その明るさが照らさないものはない。故に為政者は、山の上の火が明るく照らす現象を観れば、それにならって事実を明白にして、慎重に刑を罪人に科する。けれども、未決囚を入れる牢獄は、やむを得ず設けられたものであって、有罪と疑われた民が入れられるのである。どうして裁判を長引かせて民を牢獄に入れっぱなしにすることができようか。）

「沢の上を風が吹いているのが中孚（原注。卦の名。）の卦の象徴である。為政者はそれを見て、裁判の判決を審査して、死刑を軽くする。」（原注。為政者が裁判の判決を審査する時はその真心を尽くす。死刑を決定する時はあわれみの気持ちを極める。故に誠意を持って常に結論を死刑を軽減することの中に求める。旅の卦で「裁判を長引かせない。」と言っているけれども、それは軽罪の裁判について言っているのである。）

訟の卦の爻辞及び象伝は次のように述べる。「九五の爻は裁判官が訴訟を治めて大吉（原文。元吉。）であることを意味する。」（原注。公平で正しい心を持って高い地位にいるのは裁判官である。公平に正しく訴訟を治めることができるので、元吉なのである。元吉とは、大吉であって、しかも善を尽くすことである。吉が大きいけれども善を尽くさないことがある。）

「象伝が述べるには、裁判官が訴訟を治めて大吉であるのは、公平で正しい心を持っているからである、と。」（原注。公平で正しい心は何に用いても大吉をもたらす。朱子の『周易本義』は「公平な心を持っていれば偏りなく訴えを聴くことができる。正しい心を持っていれば理にかなった判決を下すことができる。」と述べている。呂東莱は「訴訟の数が大変多く、一人の裁判官が一度に百も千も抱えるほどである。裁判官が最善を尽くして全て大吉であろうと欲しても、もし一件一件の裁判で、一つ一つの道理を求めて判決を下そうとすれば、心労に耐えることができない。そのようなことをしようとする裁判官は、裁判で最善を尽くして全ての裁判が大吉であることができる原因が、一つの公平で正しい心に他ならないことを全くわかっていない。」と述べている。）

【原文】

易。雷電噬嗑（原注。卦名。）。先王以明罰勑法（原注。先王観雷電之象、法其明威、以明其刑罰、飭其號令。）。山下有火、賁（原注。卦名。）。君子以明庶政、無敢折獄（原注。敢、果敢也。山下有火、明不及遠。庶政、事之小者。故用以明。刑獄、事之大者。故不敢用之以断。）。

雷雨作、解（原注。卦名。）。君子以赦過宥罪（原注。赦、釈也。宥、寛也。君子観雷雨作解之象、体其発育、則施仁恩。体其解散、則行寛宥。）。

雷電皆至、豊（原注。卦名。）。君子以折獄致刑（原注。折獄者、必照其情実。致刑者、用威於奸悪。故観明動之象、而折獄致刑。）。

山上有火、旅（原注。卦名。）。君子以明慎用刑、而不留獄（原注。火之在山、明無不照。故観明照之象、則以明慎用刑。然獄者不得已而設、民有罪而入。豈可留滞淹久。）。

澤上有風、中孚（原注。卦名。）。君子以議獄緩死（原注。君子於議獄盡其忠、於決死極其惻。故誠意常求於寛緩之中。若旅卦言不留獄者、乃言軽罪也。）。（以上、第十一丁裏第七行から第十二丁表第八行。）

訟。九五、訟元吉（原注。以中正居尊位、治訟者也。治訟得其中正、所以元吉也。元吉、大吉而盡善也。吉大而不盡善者有矣。）。

象曰、訟元吉、以中正也（原注。中正之道、何施而不元吉。朱子本義曰、中則聴不偏、正則断合理。東萊呂氏曰、訴訟之繁多、至千百。聴訟者、欲其盡善而咸吉、苟件件尋一道理、以応之、則亦不勝其労矣。殊不知、聴訟所以能盡善而咸吉者、一箇中正而已。）。（以上、第十二丁裏第三行まで。）

【訓読】

易。雷電は噬嗑（原注。卦の名。）なり。先王以て罰を明らかにし法を勅《ととの》う。（原注。先王は雷電の象を観て、其の明威に法《のっと》り、以て其の刑罰を明らかにし、其の号令を飭《ととの》う。）

山の下に火有るは賁（原注。卦の名。）なり。君子以て庶政を明らかにし、敢て獄を折する無し。（原注。敢は果敢なり。山の下に火有れば、明、遠きに及ばず。庶政は事の小なる者。故に用い以て明らかにす。刑獄は事の大なる者。故に敢て之れを用い以て断ぜず。）

雷雨作《おこ》るは解（原注。卦の名。）なり。君子以て過ちを赦《ゆる》し罪を宥《ゆる》す。（原注。赦は釈なり。宥は寛なり。君子は、雷雨作《おこ》るは解の象を観て、其の発育を体すれば則ち仁恩を施し、其の解散を体すれば則ち寛宥を行う。）

雷電皆至るは豊（原注。卦の名。）なり。君子以て獄を折《さだ》め刑を致《いた》す。（原注。獄を折むる者は必ず其の情実を照らす。刑を致す者は威を奸悪に用いる。故に明動の象を観て、獄を折め刑を致す。）

山の上に火有るは旅（原注。卦の名。）なり。君子以て明らかに刑を用いるを慎んで、しかも獄を留めず。（原注。火の、山に在るときは、明、照らさざる無し。故に明照の象を観れば、則ち以て明らかに刑を用いるを慎む。然れども獄は已むを得ずして設く。民、罪有りて入る。豈に留滞淹久す可けんや。）

沢の上に風有るは中孚（原注。卦の名。）なり。君子以て獄を議《はか》り死を緩《ゆる》くす。（原注。君子は獄を議するに於いて其の忠を尽くし、死を決するに於いて其の惻を極む。故に誠意もて常に寛緩の中に求む。旅卦の、獄を留めずと言うが若きは、乃ち軽罪を言うなり。）

訟。九五。訟え元吉なり。（原注。中正を以て尊位に居るは、訟を治むる者なり。訟を治むること其の中正を得。元吉なる所以なり。元吉は大吉にして善を尽くすなり。吉、大にして善を尽くさざる者有り。）

象に曰く、訟え元吉なるは、中正なるを以てなり。（原注。中正の道は何に施して元吉ならざらんや。朱子の本義に曰く、中なれば則ち聴くこと偏らず、正なれば則ち断、理に合《かな》う、と。東莱呂氏曰く、訴訟の繁多なること千百に至る。訟を聴く者、其の、善を尽くして咸《み》な吉なるを欲するも、苟《いやし》くも件件、一道理を尋ね以て之れに応ずれば、則ち亦た其の労に勝《た》えず。殊に知らず、訟を聴きて、能く善を尽くして咸な吉なる所以は、一箇の中正のみなるを。と。）

最後の二段、「訟九五訟元吉」から「一箇中正而已」まで（岩村藩刊本の第十二丁表第九行から同丁裏第三行）

は『重刊祥刑要覧』には無い。最後の一段の「東萊呂氏曰」に続く文は、呂祖謙（一一三七～一一八一）撰『東萊別集』巻十二、読書雑記一、読易紀聞の文である。

第八節　『周礼』『春秋』の抜書き

岩村藩刊本の第十二丁裏第四行から第十三丁裏第八行までを第八節とする。この部分は、『周礼』及び『春秋』の本文及びその注釈文の抜書きである。

【和訳】

『周礼』秋官、小司寇に次のように記されている。「裁判官は、訴訟当事者及び証人の五つの様子を観察しながら、その発言を聴き、真実を求める。一つめは話し方である。（原注。その話し方を観察する。正直でない者は、くどくどしく話す。）二つめは顔色である。（原注。その顔色を観察する。正直でない者は、顔色が赤い。）三つめは呼吸の仕方である。（原注。その呼吸の仕方を観察する。正直でない者は、あえいでいる。）四つめは聴き方である。（原注。その聴き方を観察する。正直でない者は、聴き間違える。）五つめは目の様子である。（原注。そのひとみを観察する。正直でない者は、ひとみがぼんやりしている。）」

【原文】

周礼、小司寇。以五声聴獄訟、求民情。一曰辞聴（原注。観其出言。不直則煩。）。二曰色聴（原注。観其面顔。不直則赧。）。三曰気聴（原注。観其鼻息。不直則喘。）。四曰耳聴（原注。観其聆聴。不直則惑。）。五曰目聴（原注。観其眸子。不直則眊。）。（以上、第十二丁裏第四行から第六行。）

【訓読】

周礼の小司寇。五声を以て獄訟を聴き、民情を求む。一に辞聴と曰う。（原注。其の、言を出だすを観る。直からざれば則ち煩たり。）二に色聴と曰う。（原注。其の面顔を観る。直からざれば則ち赧《あか》し。）三に気聴と曰う。（原注。其の鼻息を観る。直からざれば則ち喘《あえ》ぐ。）四に耳聴と曰う。（原注。其の聆聴を観る。直からざれば則ち惑う。）五に目聴と曰う。（原注。其の眸子を観る。直からざれば則ち眊《くら》し。）

この部分の注釈文は、鄭玄の注の文とほとんど同じであるが、異なる箇所もある。

【和訳】

『周礼』秋官、司刺に次のように記されている。「赦宥の法を掌る。寛宥の一つめの理由は、勘違いしたこと（原文。不識。）であり、二つめの理由は、気づかなかったこと（原文。過失。）であり、三つめの理由は、うっかり忘れていたこと（原文。遺忘。）である。（原注。「忘」の音は妄である。鄭玄の注に言う。鄭司農（鄭衆。字は仲師。）は、「不識」とは、愚かな民が法に触れるとは知らずに犯した罪はゆるす、という意味であると述べる。「識」とは審《つまび》らかの意である。審らかでないとは、敵討ちをする人が甲を相手にすべきであるのに、乙を見て甲であると思い込んで乙を殺したような場合である。「過失」とは、刃物を持ち上げて木などを切ろうとして、手元が狂って人に当たったような場合である。鄭司農は、今の律（漢律を指す。）に、過失で人を殺した者は死刑にはしない、と定められている「過失」と同じである、と述べる。「遺忘」とは、幕やすだれの後ろに人がいるのを忘れて、その幕やすだれに向って槍を投げたり矢を射たりするような場合である。と。）

赦罪の一つめの理由は、幼弱であることであり、二つめの理由は、老衰していること（原文。老耄。）であり、三つめの理由は、精神薄弱であること（原文。惷愚。）である。（原注。鄭玄の注に言う。「惷愚」とは、生まれながらにして暗愚痴鈍である者という意味である。鄭司農は、「幼弱老耄」とは、今の律（漢律を指す。）に、年齢が八歳に満たない者、及び八十歳以上の者は、自ら手を下して人を殺すのでなければ、他にどのような罪を犯しても刑を科さない、と定められているものに当たる、と述べる。と。）

【原文】

周官（『春秋大全』巻九は「周官」の後に「司刺」の二字がある。）。掌赦宥之法。壹宥曰不識。再宥曰過失。三宥曰遺忘（原注。音妄。鄭氏曰、不識、謂愚民無所識、則宥之。識、審也。不審、若今仇讎当報甲、見乙、誠以為甲、而殺之者。過失、若挙刃欲斫伐、而軼中人者。今律、過失殺人、不坐死。遺忘、若間帷薄、忘有在（「在」はもと「失」に作る。『春秋大全』巻九及び『周礼』鄭玄注に従って改めた。）焉、而以兵矢投射之。）。壹赦曰幼弱。再赦曰老耄。三赦曰惷（原注。勅江反。）愚（原注。鄭氏曰、惷愚、生而癡騃童昏者。幼弱老耄、若今律年未満八歳、八十以上、非手殺人、他皆不坐。）。（以上、第十二丁裏第六行から第十三丁表第一行。）

【訓読】

周官。赦宥の法を掌る。壹宥を不識と曰い、再宥を過失と曰い、三宥を遺忘と曰う。（原注。音は妄。鄭氏曰く、不識とは、愚民、識るところ無ければ則ち之れを宥《ゆる》すを謂う。識は審なり。不審とは、今の仇讎、当に甲に報ゆべきに、乙を見て誠に以て甲と為して、之れを殺す者の若し。過失とは、刃を挙げ、斫伐せんと欲して、軼して人に中《あた》る者の若し。今の律は、過失にて人を殺すは死に坐せず。遺忘とは、帷薄を間《へだ》て、ここに在る有るを忘れて、兵矢を以て之れに投射するが若し。と。）

壹赦を幼弱と曰い、再赦を老耄と曰い、三赦を惷（原注。勑江の反《かえし》。）愚と曰う。（原注。鄭氏曰く、惷愚とは、生まれながらにして癡騃童昏なる者なり。幼弱老耄とは、今の律は、年、未だ八歳に満たず、八十以上は、手ずから人を殺すに非ざれば、他は皆、坐せざるが若し。と。）

右の部分は『春秋大全』巻九の文の丸写しである。『春秋大全』は、永楽十三年（一四一五）に成った『五経四書大全』の一つである。なお、この部分は『重刊祥刑要覧』には無い。

【和訳】

『春秋』の荘公二十二年（前六七二）条に「春、王の正月、大きな罪過をすべてゆるした（原文。肆大眚。）。」と記されている。

程子（程頤を指す。）は「大きな罪過をすべてゆるすことが失政であるのは、わかりきったことである。そもそも恩赦が善人に及び得たことが今までにあったであろうか。諸葛亮が蜀で十年間、恩赦を行わなかったのは、このことがよくわかっていたからである。」と言っている。

胡氏（胡安国を指す。）は次のように述べている。「大きな罪過をすべてゆるすならば、天罰を妨害し、国法を破壊することになる。罪が有る者を釈放し、罪の無い人を苦しめ、悪人が幸運にも刑を免れることになる。」（原注。胡茅堂（胡安国の子、胡寧を指す。）は「罪が五刑に当たるということは、上天が罰を下すということである。大きな罪過をすべてゆるしたのを『春秋』が非難したのである。」と言っている。孫氏（孫復を指す。）は「大きな罪過をゆるすのは正しいことではない。法を乱す異常なことである。」と言っている。呉臨川（呉澄を指す。）は「罪過はもとより赦すことができるけれども、大きな罪過をゆるすとは言わない。聖人は大変思いやりが深いのであるけれども、人の罪を赦すときは必ず、罪の軽重を量って判断するのであって、一概に赦すのではないのである。『春秋』に、大きな罪過をすべてゆるした、と書いてあるからには、罪が大きくて赦すべきでない者も赦したのである。『春秋』は、荘公が姦人に恵みを与え、罪人を罰しなかったのを非難するのである。」と述べている。）

胡氏は続けて次のように述べる。「後世、その場しのぎの政治を行って、しばしば恩赦を発令して、悪人に恵みを施し良民に害を与えて、恩赦の弊害がますます大きくなったのは、思うにここからはじまったのである。故に諸葛孔明は、世を治めるには大徳を用いて小恵は用いない、と言って、彼が蜀で政治を行った時には、軍事行動はしばしば起こしたけれども、恩赦はみだりに下さなかった（『資治通鑑』巻七十五が引く陳寿の評に「諸葛亮為政、軍旅数興、而赦不妄下。」とある。）。」（原注。汪氏（汪克寛を指す。）が言う。「『資治通鑑』（巻七十五）に、諸葛亮が丞相であった時、ある人が亮に、あなたは恩赦を出し惜しみしている、と言ったところ、亮は、世を治めるには大徳を用いて小恵は用いない、と答えた、と記されている。亮が歿した後、延熙九年（二四六）に大赦が発令された。大司農の孟光が大将軍の費禕を責めて、恩赦というものは、片側が繁り片側が枯れた木のように不公平なものであり、明君の治世に存在すべきものではない、と言った（『三国志』巻四十一、蜀書、孟光伝）。」）

胡氏は続けて述べる。「蜀の人は、周の人が召公を思い出すのと同じように、諸葛亮を長い間、歌いながら思い出していたのである。（原注。『三国志』蜀書、諸葛亮伝の陳寿の賛に「今に至るまで梁州・益州（蜀の境内を意味する。）の民が亮を讃嘆して語るときは、まるで亮がまだ生存しているかのように語るのである。『詩経』の「甘棠」の詩が詠う召公（周の武王の時に南土を巡行し、民に負担をかけないために甘棠の木の下で裁判を行った。）

や、鄭の人が歌った子産（典拠不明。子産は鄭国の宰相。前五二二年歿。）にたとえても、かけはなれているとは言えないのである。」と述べられている。）この諸葛亮の言葉は『春秋』の趣旨を理解している。『春秋』が単に「罪過をゆるした。」と記さずに、「大きな罪過もすべてゆるした。」と記したのは、刑を荘公が正しく用いなかったことを譏ったのである。」（原注。陳氏（「張氏」の誤り。張氏は張洽を指す。）は次のように述べている。「過失で犯した罪であれば、どんなに大きな罪でもゆるし、故意に犯した罪であれば、どんなに小さな罪であっても刑に処する（『書経』大禹謨）。これは堯舜及び夏殷周三代の法であって、どちらか一方だけでも廃することができないものである。後世、両方とも失ってしまった。残酷さに偏る者は、犯罪の実情を察知しようともせず、過失で犯した罪であってもすべて刑に処する。その場しのぎという過ちを犯した荘公のような者に至っては、反対に、極悪の大罪を取り上げて、これを過失で犯した罪及び不可抗力が原因で犯した罪と同列に扱って、恩赦の対象にする。そのようなことをすれば、故意に罪を犯して反省しない者が好きなように罪を重ねることになり、善良な人々が泣き寝入りすることになる。『春秋』が「大きな罪過をすべてゆるした。」と記したのは、荘公が小恵を施すことに務めて、大徳を施さなかったことを非難するためである。」）

【原文】

春秋。荘公二十二年、春、王正月、肆大眚（原注。所景反。）。

（以下、一字分、段下げされている。）程子曰、大眚而肆之。其失可知。凡赦、何嘗及得善人。諸葛亮、在蜀、十年不赦。審此爾。胡氏曰、大眚皆肆、則廃天討、虧国典、縦有罪、虐無辜。悪人幸而免矣（原注。茅堂胡氏曰、罪在五刑、上天所討。大眚皆肆、春秋譏之。孫氏曰、肆大眚、非正也。乱法異常者也。臨川呉氏曰、眚固可赦、而不言大。聖人雖至仁、然赦人之罪、亦必有所剤量於其間、不一槩也。書肆大眚、則罪之大而不当赦者、亦赦之。譏其恵姦佚罰也○）。後世有姑息為政、数行恩宥、恵奸軌、賊良民、而其弊益滋、蓋流於此。故諸葛孔明曰、治世以大徳、不以小恵（「恵」はもと「慧」に作る。『春秋大全』巻九及び『資治通鑑』巻七十五に従って改めた○）。其為政於蜀、軍旅数興、而赦不妄下（原注。汪氏曰、通鑑、初丞相亮時、有言公惜赦者。亮答曰、治世以大徳、不以小恵。亮卒後、延熙九年、大赦。孟光責（「責」はもと「倩」に作る。『春秋胡伝附録纂疏』巻九及び『資治通鑑』巻七十五に従って改めた○）費褘曰、赦者偏枯之物、非明世所宜有○）。蜀人久而歌思、猶周人之思召公也（原注。三国志、蜀諸葛亮伝賛曰、至今梁益之民、咨述亮者、言猶在耳。雖甘棠之詠召公、鄭人之歌子産、無以遠譬也○）。斯得春秋之旨矣。肆眚而曰大眚。譏失刑也（原注。陳（「陳」は『春秋大全』巻九も「陳」に作るが、『春秋胡伝附録纂疏』巻九は「張」に作る○）氏曰、宥過無大、刑故無小、此堯舜三代之法、不可偏廃者。後世両失之。偏慘刻者、不復察其情、挙過失、而盡刑誅之。及姑息之過、如荘公者、反取大罪極悪、而列之於眚災、以従肆赦之例。怙終得志、良善瘖瘂。書曰肆大眚、以譏（もと「譏」字なし。『春秋胡伝附録纂疏』巻九に従って補った○）其務小恵而失大徳也○）。（以上、第十三丁表第二行から同丁裏第八行。）

【訓読】

春秋。荘公二十二年、春、王の正月、大眚を肆《ゆる》す。（原注。所景の反《かえし》。）

程子曰く、大眚にして之れを肆す。其の失、知る可し。凡そ赦、何ぞ嘗て善人に及び得ん。諸葛亮、蜀に在り、十年、赦せざるは、此れを審《つまび》らかにするのみ。と。

胡氏曰く、大眚皆肆せば則ち天討を廃し、国典を虧《か》く。有罪を縦し、無辜を虐し、悪人、幸いにして免る。（原注。茅堂胡氏曰く、罪、五刑に在り、上天、討つところ。大眚皆肆す、春秋之れを譏《そし》る。と。孫氏曰く、大眚を肆すは正に非ざるなり。法を乱し常に異なる者なり。と。臨川呉氏曰く、眚は固《もと》より赦す可くして大を言わず。聖人は至仁なりと雖も、然れども人の罪を赦すは、亦た必ず其の間に剤量するところ有り、一概ならざるなり。大眚を肆すと書すれば、則ち罪の大にして当に赦すべからざる者も亦た之れを赦す。其の、姦を恵し罰を佚するを譏るなり。と。）後世、姑息に政を為し、数《しばし》ば恩宥を行い、奸軌を恵み、良民を賊して其の弊益《ます》ます滋《しげ》きこと有るは、蓋し此れより流る。故に諸葛孔明曰く、世を治むるは大徳を以てし、小恵を以てせず、と。其の、政を蜀に為す、軍旅は数《しばし》ば興《おこ》すも、赦は妄りに下さず。（原注。汪氏曰く、通鑑。初め丞相亮が時、公、赦を惜しむと言う者有り。亮、答えて曰く、世を治むるは大徳を以てし、小恵を以てせず、と。亮卒する後、延熙九年、大赦す。孟光、費禕を責めて、赦は偏枯の物、明世の宜しく有るべきところに非ず、と曰えり。と。）蜀人久しくして歌思すること、猶お周人の召公を思うがごときなり。（原注。三国志、蜀の諸葛亮伝の賛に曰く、今に至り梁益の民、亮を咨述する者、言うこと猶お在《いま》すがごときのみ。甘棠の、召公を詠し、鄭人の、子産を歌うと雖も、以て譬えを遠しとする無きなり。と。）斯れ春秋の旨を得たり。眚《つみ》を肆《ゆる》して大眚と曰うは、刑を失うを譏るなり。（原注。陳氏曰く、過《あやま》ちを宥《ゆる》すは大無く、故を刑するは小無し。此れ堯舜三代の法、偏廃す可からざる者なり。後世、両《ふた》つながら之れを失す。惨刻に偏《かたよ》る者は、復た其の情を察せず、過失を挙げて尽く之れを刑誅す。姑息の過ち、荘公の如き者に及びては、反って大罪極悪を取りて、之れを眚災に列し、以て肆赦の例に従う。怙終、志を得、良善、瘖瘂す。書して大眚を肆すと曰う。以て其の、小恵を務めて大徳を失うを譏るなり。と。）と。

　この部分も、『春秋大全』巻九の文の丸写しである。『重刊祥刑要覧』には無い。「程子曰」に続く文は、『河南程氏遺書』巻二十二下、伊川先生語八下（中華書局の『二程集』上に収められているものを見た。）の文である。「胡氏曰」に続く文は、胡安国撰『春秋伝』巻九の文である。「茅堂胡氏曰」に続く文は、汪克寛撰『春秋胡伝附録纂疏』に拠れば、胡寧の『春秋通旨』の文である。『春秋大全』は『春秋胡伝附録纂疏』を丸々剽窃して作られた（『四庫全書総目』巻二十八）。『春秋通旨』は『四庫全書総目』にその名が載せられておらず、未見である。「孫氏曰」に続く文は、孫復撰『春秋尊王発微』巻三の文である。「臨川呉氏曰」に続く文は、呉澄撰『春秋纂言』巻三の文である。「汪氏曰」に続く文は、汪克寛撰『春秋胡伝附録纂疏』巻九の文であるが、そもそも『祥刑要覧』が『春秋大全』から写したこの部分全体が、「程子曰」に続く文を除いて、『春秋胡伝附録纂疏』の文である。「陳氏曰」に続く文は、張洽撰『春秋集注』巻三の文である。「陳氏」は、『春秋大全』巻九も「陳氏」に作るが、『春秋胡伝附録纂疏』巻九は「張氏」に作る。「張氏」が正しい。

第九節　『礼記』『論語』『大学』の抜書き

岩村藩刊本の第十三丁裏第九行から第十四丁裏第一行までを第九節とする。この部分は、『礼記』『論語』『大学』の本文及びその注釈文の抜書きである。

【和訳】

『礼記』王制に次のように記されている。「五刑に処する判決を下すときは（原文。制五刑。）、必ず天の道理（原文。天倫。『礼記注疏』は「天論」に作る。）に従う。」（原注。「制」は断の意である。「天倫」は天理である。）「負けた方が五刑を科される訴訟を裁判するときは、必ず訴訟関係者の間の父子関係や君臣関係を調べて刑を軽くしたり重くしたりする（原文。権。）。罪の軽重の順序をよく考えて、慎重に心の善悪の度合を推測して、犯罪行為を区別する。（原注。父子関係と君臣関係とは最も重い人間関係である。父が子のために隠し、子が父のために隠すような場合には刑を軽くしなければならない。このような場合から類推すれば、他にも刑を軽くしなければならない場合があることがわかる。つまり、犯罪行為が同じであっても、罪の軽重や心の善悪が異なる場合がある。慎重に犯罪行為を区別しなければならない。この区別するということが、いわゆる「権《はか》る」ということである。）裁判官はその能力と真心とを尽くして、全力を挙げて裁判を行わなければならない。」（原注。しっかりと訴訟当事者及び証人の様子を見て、しっかりと彼らの言葉を聴いて、言葉を発する時の顔色を観察して、真心と同情心とを持って言葉の外にある意味を洞察するならば、真実を知り尽くすことができるであろう。）「刑とは侀、即ち形であり、侀、即ち形とは、成の意である。刑は一たび成ってしまうと変えることができない。故に為政者は裁判に心を尽くすのである。」（原注。侀は形と同じ意味である。身体の一部分だけでも具わらなければ、人の形を成すには足りない。一つの証言だけでも揃わなければ、刑を科するには足りない。為政者は何事に対してもその心を尽くすのであるが、刑を用いることに対してとりわけ慎重なのである。）

【原文】

礼記、王制。凡制五刑、必即天倫（原注。制、断也。天倫、天理。）。凡聴五刑之訟、必原父子之親、立君臣之義、以権之。意論軽重之序、慎測浅深之量、以別之（原注。父子君臣、人倫之重。如父為子隠、子為父隠、推類可見。蓋所犯雖同、而軽重浅深或異。当謹別之。所謂権也。）。悉其聡明、致其忠愛、以盡之（原注。明視聡聴而察於詞色之間、忠愛惻怛而体之言意之表、庶可盡得其情。）。刑者侀也。侀者成也。一成而不可変。故君子盡心焉（原注。侀与形同。一體不具、不足以成形。一辞不具、不足以成刑。君子無事不盡其心。至用刑尤慎。）。（以上、第十三丁裏第九行から第十四丁表第五行。）

【訓読】

礼記の王制。凡《およ》そ五刑を制するは、必ず天倫に即《つ》く。（原注。制は断なり。天倫は天理。）凡そ五刑の訟を聴くは、必ず父子の親に原《もと》づき、君臣の義を立て、以て之れを権し、軽重の序を意論し、浅深の量を慎測し、以て之れを別かつ。（原注。父子君臣は人倫の重きなり。父、子の為めに隠し、子、父の為めに隠す如きは、類を推して見る可し。蓋し犯すところ同じと雖も、軽重浅深或いは異なる。当に謹んで之れを別かつべし。いわゆる権なり。）其の聡明を悉《つ》くし、其の忠愛を致し、以て之れを尽くす。（原注。明視聡聴して詞色の間に察し、忠愛惻怛して之れを言意の表に体すれば、尽く其の情を得可きに庶《ちか》からん。）刑は侀なり。侀は成なり。一成して変ず可からず。故に君子は心を尽くす。（原注。侀は形と同じ。一体具わらざれば、以て形を成すに足らず。一辞具わらざれば、以て刑を成すに足らず。君子は事の其の心を尽くさざる無し。刑を用いるに至りては尤も慎む。）

右の部分の注釈文は『礼記大全』巻五の文とほとんど同じであるが、異なる箇所もある。『礼記大全』は『五経大全』の一つである。

【和訳】

『論語』（為政）に次のように記されている。「孔子が言った。人民を法律（原文。政。）に従うよう指導し（原文。道。）（原注。「道」とは引導という意味である。「政」とは法制禁令の意味である。）、法律に従わない人民に刑（原注。五刑。）を科するというだけの政治を行うならば、人民は法網をすり抜けることを恥かしいこととは思わない。（原注。刑罰を一時逃がれして恥かしく思わない。）道徳で人民を教導し（原注。為政者が自ら道徳を実践して人民を導く。）、礼（原注。決まりごとや儀式。）を用いて人民を治めるならば、人民は恥を知って、善人となる（原文。格。）。（原注。「格」は至るの意である。人民は不善を行うのを恥じるようになり、善に至るのである。）と。」

【原文】

論語。子曰、道之以政（原注。道、猶引導。政、謂法制禁令。）、斉之以刑（原注。五刑。）、民免而無恥（原注。苟免刑罰、無所羞愧。）。道之以徳（原注。在上者躬行、以率之。）、斉之以礼（原注。制度品節。）、有恥且格（原注。格、至也。民恥為不善、而有以至於善。）。（以上、第十四丁表第六行から第八行。）

【訓読】

論語。子曰く、之れを道《みちび》くに政を以てし（原注。道とは猶お引導のごとし。政とは法制禁令を謂う。）、之れを斉《ととの》うるに刑（原注。五刑。）を以てすれば、民は免れて恥じる無し。（原注。苟《かりそめ》に刑罰を免れて羞愧するところ無し。）之れを道くに徳を以てし（原注。上に在る者、躬《みずか》ら行いて以て之れを率いる。）、之れを斉うるに礼（原注。制度品節。）を以てすれば、恥有りて且つ格《いた》る。（原注。格とは至るなり。民、不善を為すを恥じて、以て善に至る有り。）と。

右の部分の注釈文は『論語集註大全』巻二の文とほとんど同じであるが、異なる箇所もある。『論語集註大全』は『四書大全』の一つである。

【和訳】

『大学』に次のように記されている。「孔子が言った。訴訟を裁く方法は、私も他の人と同じである。（原注。他人と違わない。）どうにかして訴訟自体が無くなるようにしたい。と。事実と異なる内容を発言しようとする者（原文。無情者。）が、その言葉を述べ尽くすことができないようにすれば（原注。「情」とは事実の意である。）、嘘を主張する訴訟を起こそうとする人民の意志を大いに畏縮させるであろう。（原注。自然に人民の意志を畏服させるので、訴訟は裁判を待つまでもなく自分から無くなる。）」

【原文】

大学。子曰、聴訟吾猶人也（原注。不異於人。）。必也使無訟乎。無情者、不得盡其辞（原注。情、実也。）。大畏民志（原注。自然有以畏服民之心志。故訟不待聴而自無。）。（以上、第十四丁表第九行から同丁裏第一行。）

【訓読】

大学。子曰く、訟えを聴くは、吾れ猶お人のごときなり。（原注。人に異ならず。）必ずや訟え無からしめんか。と。情無き者は其の辞を尽くすを得ず。（原注。情は実なり。）大いに民の志を畏れしむ。（原注。自然、以て民の心志を畏服せしむる有り。故に訟え、聴くを待たずして自ら無し。）

右の部分の注釈文は『大学章句大全』の文と同じである。『大学章句大全』は『四書大全』の一つである。

第二章　先哲論議

第一節　『漢書』『唐書』『宋史』の「刑法志」の抜書き

岩村藩刊本の第十四丁裏第三行から第十五丁表第九行までを第一節とする。この部分は、『漢書』巻二十三、刑法志、『新唐書』巻五十六、刑法志、『宋史』巻一九九、刑法志一の文章の抜書きである。『漢書』『新唐書』『宋史』は中華書局の点校本を見た。和訳に当たっては、内田智雄編『訳注中国歴代刑法志』（創文社、一九六四年。二十八頁）、同編『訳注続中国歴代刑法志』（創文社、一九七〇年。二五〇頁から三頁、二七〇頁から一頁）、梅原郁編『訳注中国近世刑法志（上）』（創文社、二〇〇二年。四十二頁から三頁、五十七頁、五十九頁から六十頁、六十三頁から四頁）を参考にした。

【和訳】

『漢書』刑法志に次のように記されている。孝文帝（在位前一八〇～前一五七）が即位すると、自ら沈思黙考して、耕作や養蚕を勧め、地税や人頭税を減らした。滅亡した秦朝の政治に懲り憎み、政治の論議をするときは、その内容が寛大で親切であることを心掛けた。教化が天下に行われ、他人の悪事を告発する風潮が止んだ。官吏はその職務に安んじ、人民はその仕事を楽しんだ。国庫の蓄積は年ごとに増し、人口も殖えた。法律の網はゆるやかになり、重罪の裁判が一年間にわずか四百件にとどまった。刑が用いられない状況が実現したのである。と。

【原文】

先哲論議（「議」はもと「義」に作る。本篇「まえおき」を参照。）

漢書刑法志（『重刊祥刑要覧』は「志」の後に「曰」がある。）。孝文即位、躬修玄黙、勧課（『漢書』刑法志は「課」を「趣」に作る。）農桑、減省租賦。懲悪亡秦之政、論議務在寛厚。化行天下、告訐之俗易。吏安其官、民楽其業。蓄積歳増、戸口蕃（『漢書』刑法志は「蕃」を「寖」に作る。）息。禁網疏闊。断獄四百、有刑錯之風焉。

（以上、第十四丁裏第三行から第六行。）

【訓読】

漢書刑法志。孝文、位に即き、躬ら玄黙を修め、農桑を勧課し、租賦を減省す。亡秦の政を懲悪し、論議、務め寛厚に在り。化、天下に行われて、告訐の俗、易《か》わる。吏は其の官に安んじ、民は其の業を楽しむ。蓄積、歳ごとに増し、戸口蕃息す。禁網疏闊す。獄を断ずること四百、刑錯の風有り。

【和訳】

『新唐書』刑法志に次のように記されている。唐の高祖（在位六一八〜六二六）が隋の禅譲を受けた時、劉文静（五六八〜六一九）らに命じて、隋の開皇律令を増損させた。唐の刑制は隋の旧に従った。一に笞と言い、二に杖と言い、三に徒と言い、四に流と言い、五に絞・斬と言う。（原注。隋の文帝から始まり、今に至るまで用い続けている。）第二代太宗の貞観年間（六二七〜六四九）の初め、威刑を用いて天下を粛正することを勧める者がいた。

その意見に反対して魏徴（五八〇〜六四三）が「王政は仁義に本づきます。」と上言した。太宗は魏徴の意見に従って、寛仁の心で政治を行った。貞観四年（六三〇）に天下で死刑の判決を受けた者は二十九人だけであったと。

【原文】

唐書刑法志（『重刊祥刑要覧』は「志」の後に「曰」がある。）。初、高祖受隋禅、命劉文静等、損益律令。其刑制、因隋之旧。一曰笞、二曰杖、三曰徒、四曰流、五曰絞斬。（原注。起自隋文、至今承用。）太宗貞観初、有勧用威刑粛天下者。魏徴言、王政本乎仁義（『新唐書』刑法志は「義」を「恩」に作る。）。遂用寛仁為治。四年、断死刑（『新唐書』刑法志は「刑」を「罪」に作る。）二十九人。（以上、第十四丁裏第七行から第十五丁表第一行。）

【訓読】

唐書刑法志。初め高祖、隋の禅《ゆず》りを受くるや、劉文静等に命じ、律令を損益せしむ。其の刑制は隋の旧に因る。一に曰く笞、二に曰く杖、三に曰く徒、四に曰く流、五に曰く絞斬。（原注。隋文より起こり、今に至るも承用す。）太宗の貞観の初め、威刑を用いて天下を粛するを勧むる者有り。魏徴言う、王政は仁義に本づく、と。遂に寛仁を用いて治を為す。四年、死刑を断ずること二十九人。

劉文静は、字は肇仁。武徳二年（六一九）十月、謀反の罪で殺された。『旧唐書』巻五十七、劉文静伝に「高祖践祚し、納言に拝せらる。（中略）時に制度草創す。文静と当朝通識の士とに命じて、隋の開皇律令を更刊して之れを損益し、以て通法を為《つく》らしむ。高祖謂いて曰く、本より法令を設くるは、人をして共に解せしむ。而るに往代相い承け、多く隠語と為る。執法の官、此れに縁りて舞弄す。宜しく更めて刊定し、務めて知り易からしむべし。

と。」と記されている。

「隋文より起こり、今に至るも承用す。」という注は、おそらく呉訥の文であろう。

魏徴は、字は玄成。太宗の諌臣。『旧唐書』巻七十一に伝がある。

【和訳】

『宋史』刑法志に次のように記されている。古の聖王が刑法を制定して人民を正したのは、仁義に本づく行いであった。五代期の王朝が衰乱し、法網が煩密になった。宋朝が成立すると、苛酷な法律を削除し、法律の制定運用を儒臣に委ねた。科挙の合格者が品官に任じられる時は皆、律令を習わせた。正しい刑よりも重い刑を科した罪に官吏が一たび当てられると、一生、昇進できなかった。

開宝二年（九六九）五月、太祖は詔を両京（東京開封府と西京河南府）及び諸州に下し、各府州の長官に命じて、獄掾（裁判を担当する属官）を監督して、五日に一度、牢獄を点検して掃除し、手かせ足かせを洗い、貧しい囚人には飲食を与え、病囚には薬を与え、軽罪の囚人は即時に刑を執行して釈放させた。それ以来、毎年仲夏に必ずこの詔を下して、くりかえし官吏を戒めた。

とりわけ、賄賂を貪る官吏を処罰する法律を重くした。ゆえに（以下の文は前の文とつながらない。後述。佐立注）、定められた法律の内容は厳しかったけれども、思い遣りの心で法律を適用した。賢明な皇帝が代々続いて恩沢が積み重なり（原文。重熙累洽）、人民はその人生を楽しんだ。国が南遷してからも、思い遣りの心で法律を適用するという祖宗の皇帝の遺志は消滅しなかったのである。と。

【原文】

宋史刑法志（『重刊祥刑要覧』は「志」の後に「曰」がある。）。先王制刑法糾民、本之以仁義（「先王」以下十二字の文は、『宋史』刑法志では「先王有刑罰以糾其民。（中略）蓋裁之以義、推之以仁。」となっている。）。五季衰乱、禁網煩密。宋興、削除苛峻。委任儒臣。士初試官、皆習律令。一坐深文、終身不進。開宝二年五月、太祖下詔両京諸州、令長吏督獄掾（「掾」はもと「椽」に作る。『宋史』刑法志及び『重刊祥刑要覧』に従って改めた。）、五日一撿視、洒掃牢獄、洗滌杻械。貧者給飲食、病者給医薬。軽罪者、即時決遣。自是毎仲夏、必以是申勅官吏。尤重贓吏之法（『宋史』刑法志に「尤重贓吏之法」の句は無い。）。故立法之制厳、而用法之情恕。重熙累洽、民楽其生。国既南遷、祖宗遺意、亦未泯焉。（以上、第十五丁表第二行から第九行。）

【訓読】

宋史刑法志。先王、刑法を制し民を糾す。之れを本づくるに仁義を以てす。五季衰乱し、禁網煩密たり。宋興こる。苛峻を削除し、儒臣に委任す。士、初め官に試せらるるや、皆、律令を習わしむ。一たび深文に坐すれば、終身進まず。開宝二年五月、太祖、詔を両京諸州に下し、長吏をして獄掾を督し、五日に一たび撿視し、牢獄を洒掃し、杻械を洗滌し、貧者には飲食を給し、病者には医薬を給し、軽罪の者は即時に決遣せしむ。是れより仲夏ごとに必ず是れを以て官吏を申勅す。尤も贓吏の法を重くす。故に法を立つるの制、厳にして、法を用いるの情、恕たり。重熙累洽、民、其の生を楽しむ。国既に南に遷るも、祖宗の遺意、亦た未だ泯《ほろ》びざるなり。

「尤も贓吏の法を重くす。故に立法の制は厳なるも、用法の情は恕たり。」とあるが、これでは「故に」以下の文とその前の文とがつながらない。『宋史』刑法志では「故に」以下の文は「其君一以寛仁為治。（其れ君は一に寛仁を以て治を為す。)」という文に続いている。また、『宋史』刑法志には「尤重贓吏之法。」という文はない。『宋史』巻二百、刑法志二のはじめの方に「時郡県吏、承五季之習、黷貨厲民。故尤厳貪墨之罪。(時に郡県の吏、五季の習いを承け、貨を黷《けが》して民を厲《しいた》ぐ。故に尤も貪墨の罪を厳しくす。)」という文がある。

第二節 「進大明律表」の抜書き

岩村藩刊本の第十五丁表第十行から第十六丁裏第六行までを第二節とする。この部分は、明の宋濂（一三一〇～一三八一）が撰述した「進大明律表（大明律を進《たてまつ》る表）」の抜書きである。「進大明律表」は、洪武七年（一三七四）二月に完成した『大明律』全三十巻計六百六条を太祖皇帝に進上した時にたてまつった文章である。この明律は現存しない。現在伝わっている明律は、洪武三十年（一三九七）五月に頒行された全三十巻計四百六十条のものである。宋濂は、字は景濂。『元史』編修の総裁官に充てられた。『明史』巻一二八に伝がある。「進大明律表」は『文憲集』巻一に収められているものを見た。明の章潢が編集した『図書編』（万暦五年（一五七七）に完成した。）の巻一二三に掲げられている「大明律表」は、抜書きされている箇所が、『祥刑要覧』に抜書きされている「進大明律表」の箇所と一致しているので、『図書編』の「大明律表」は『祥刑要覧』所載「進大明律表」の孫引きであろう。

【和訳】

本朝の翰林院学士の宋濂が「進大明律表」を作って次のように述べている。

「黄帝以来、代々の帝王が刑官を設け、五種類の刑を定めた法がだんだん形を成してきました。魏の文侯（在位前四二四～前三八七）が李悝《カイ》を師としますと、李悝は始めて諸国の刑法を採って『法経』六篇を編纂しました。前漢の蕭何（恵帝二年（前一九三）歿）が三篇を加え、通して『九章』と呼びました。曹魏の劉劭（生歿年不詳）がさらに漢律を増補して十八篇の律を編纂しました。晋の賈充（二一七～二八二）がさらに魏律を参酌して二十篇の律を編纂しました。唐の長孫無忌（顕慶四年（六五九）歿）らがさらに漢魏晋の三律の中から、行用すべき条文を選び取って、十二篇の律を編纂しました。見たところ歴朝の律は皆、『九章』の律を基本としています。歴朝の律は唐に至って、唐律として集大成されたと言うことができます。

恐れ多くも皇帝陛下は、人民の君となり師となるという天命を受け、大宝の位（帝位）に登り、臣下と庶民とを守り助けることに務め励んで怠りません。陛下が群臣を教え導く時は、丁寧に数千言を重ねて、ただ臣下が罪を犯すのを恐れるばかりです。いつくしみと思い遣りの心がいつも言外に現れています。これは帝舜の「刑を科することは慎重にしよう。」（原文。惟刑之恤。『書経』舜典の句。本篇第一章第一節を参照。）という心です。愚かな民が法律を知らずに罪に陥ることをあわれんで、死刑を科するか否かの判断を法官が仰ぎますと、陛下は悲しみで心が穏やかではなく、減刑することが多いです。これは禹王が罪人を見て泣く（『説苑』巻一）時の心です。ただ賄賂を貪る官吏だけは、元朝の悪弊を受け継いで、白米の中の砂礫、粟や黍《きび》の中の稂《いぬあわ》や莠《はぐさ》（どちらも苗を害する草）に異ならないのです。そこでやむを得ず、厳しい法律を用いて貪吏を取り締まります。ですから、即位して以来、しばしば大臣に詔して、新しい律を改定し、それが五、六回に及んでも倦まなかったのは、つねに人民を活かしたいと思っているからです。

このたび、また特に、刑部尚書の劉惟謙（生歿年不詳。『明史』巻一三八に伝がある。）に勅して、もう一度、従来の多くの律を比較検討して、罪刑が釣り合った律を編纂させました。一篇の草案が出来上がるごとに書き写して上奏し、それを殿中の西の廊下の壁に掲げ、皇帝自ら筆を取って判断を下しました。このことから、陛下が人民をあわれみいつくしむ心が帝舜や禹王の思い遣りの心と同一であることを仰ぎ見ることができるのです。

『易経』に「山の上に火があるのが旅の卦の象徴である。為政者はその現象にならって、事実を明白にして、慎重に刑を罪人に科する。しかも裁判を長引かせない。」（本篇第一章第七節を参照。）と記されているのは、慎重に行わなければならないと言っているのです。『書経』に「刑を用いるのは、刑が無くなることを目的とする。」（大禹謨。本篇第一章第六節を参照。）と記されているのは、刑を用いて刑が用いられないようにする、即ち、民が罪を犯さないようにする、と言っているのです。陛下は、聖慮が奥深く、上は天理を考察し、下は人情を推量して、この百代続く裁判基準を作り上げました。まことに『易経』『書経』の趣旨にかなっています。ゆくゆくは、生命を大切にする陛下の徳が人民の心に行きわたり、日月の光が照らす処、霜露が降りる処ではどこでも、生命を有する者は皆、陛下から感化を受けて、過ちを改めて善人となり、天下の平和が完全に実現するのを見ることになるでしょう。

臣、惟謙は、洪武六年（一三七三）冬十一月に詔を受け、明くる年の二月に律の書が完成しました。その篇目はもっぱら唐律に従いました。編纂の過程では、条文を削ったり増やしたり、もとのままにしたりして、罪刑の軽重が釣り合うように務めました。謹んで宮殿の庭に伏して、律の書を進上して、完成を報告申し上げます。」

【原文】

国朝翰林院学士宋濂、撰進（もと「進撰」に作る。『重刊祥刑要覧』に従って改めた。）大明律表有曰、自軒轅以来、代有刑官、而五刑之法漸著。逮魏文侯師於李悝、始采諸国刑典、造法経六篇。漢蕭何加以三篇、通號九章。曹

魏劉劭又衍漢律、為十八篇。晋賈充又参魏律、為二十篇。唐長孫無忌等、又取漢魏晋三家、擇可行者、定為十二篇。大槩皆以九章為宗。歴代之律、至於唐亦可謂集厥大成矣。

洪惟陛下、受上天（『文憲集』巻一所収「進大明律表」は「上天」を「億兆」に作る。）君師之命、登大宝位、保佑（『文憲集』巻一は「佑」を「又」に作る。）臣民、孳孳弗怠。其訓迪（「迪」をもと「廸」に作る。）群臣、諄復（『重刊祥刑要覧』巻一及び元和中刊本は「復」を「複」に作る。）数千言、唯恐其有犯。慈愛仁厚之意、毎見於言外。是大舜惟刑之恤之義也。矜憫愚民無知、陥於罪戻、法司奏讞、輒惻然不寧、多所寛宥。是神禹見辜而泣之心也。唯貪墨之吏、承踵元弊、不異白粲中之沙礫、禾黍中之稂莠也。乃不得已、假峻法縄之。是以臨御以来、屢詔大臣、更定新律、至五六而弗倦者、凡欲生斯民也。

今又特勅刑部尚書劉惟謙、重會衆律、以協厥中。毎一篇成、輒繕書上奏。掲於西廡之壁、親御翰墨、為之裁定。由是、仰見陛下仁民愛物之心、与虞夏帝王同一哀矜也。

易曰、山上有火旅。君子以明慎用刑、而不留獄。言獄不可不謹也。書曰、刑期于無刑。言辟以止辟、而民自不敢犯也。陛下聖慮淵深、上稽天理、下揆人情、成此百代之準縄。実有易書之旨（『文憲集』巻一は「旨」字の前に「奥」字がある。）。行見好生之徳、洽于民心。凡日月所照、霜露所墜、有血気者、莫不上承神化、改過遷善、而悉臻雍熙之治矣。

臣惟謙、以洪武六年冬十一月受詔、明年二月書成。篇目一準之於唐。其間或損或益、或仍其旧、務合軽重之宜。謹俯伏闕庭、投進以聞。（以上、第十五丁表第十行から第十六丁裏第六行。）

【訓読】

国朝の翰林院学士の宋濂、大明律を進《たてまつ》る表を撰して曰う有り。軒轅より以来、代々刑官有りて、五刑の法漸く著《あらわ》る。魏の文侯、李悝を師とするに逮《およ》び、始めて諸国の刑典を采り、法経六篇を造る。漢の蕭何、加うるに三篇を以てし、通して九章と号す。曹魏の劉劭、又た漢律を衍し、十八篇と為す。晋の賈充、又た魏律を参し、二十篇と為す。唐の長孫無忌等、又た漢魏晋の三家を取り、行う可き者を択び、定めて十二篇と為す。大概皆、九章を以て宗と為す。歴代の律、唐に至り、亦た厥《そ》の大成を集むと謂う可し。

洪《ここ》に惟《おも》うに、陛下は上天君師の命を受け、大宝の位に登り、臣民を保佑し、孳孳として怠らず。其の、群臣を訓迪するや、諄復すること数千言、唯だ其の犯す有るを恐るるのみ。慈愛仁厚の意、毎《つね》に言外に見《あら》わる。是れ大舜の惟《こ》れ刑を之れ恤《うれ》うるの義なり。愚民の知る無くして罪戻に陥るを矜憫し、法司、奏讞すれば、輒ち惻然として寧からず。寛宥するところ多し。是れ神禹、辜を見て泣くの心なり。唯だ貪墨の吏、元の弊を承踵し、白粲中の沙礫、禾黍中の稂莠に異ならざるのみ。乃ち已むを得ず、峻法を仮り、之れを縄す。是を以て臨御以来、しばしば大臣に詔し、新律を更定し、五六に至りて倦まざるは、凡そ斯民を生かさんと欲すればなり。

今又た特に刑部尚書の劉惟謙に勅し、重ねて衆律を会し、以て厥《そ》の中に協《かな》わしむ。一篇成るごとに、輒ち繕書して上奏す。西廡の壁に掲げ、親ら翰墨を御し、之れが為めに裁定す。是れに由り、陛下の仁民愛物の心は、虞夏の帝王と同一の哀矜なるを仰ぎ見るなり。

易に曰く、山上に火有るは旅なり。君子以て明らかに慎んで刑を用いて、しかも獄を留めず。と。獄は謹まざる可からざるを言うなり。書に曰く、刑は刑無きを期す、と。辟以て辟を止めて、民をして自ら敢て犯さざらしむるを言うなり。陛下は聖慮淵深にして、上は天理を稽《かんが》え、下は人情を揆《はか》り、此の百代の準縄を成す。実に易書の旨有り。ゆくゆくは、生を好むの徳、民心に洽《あまね》く、凡そ日月の照らすところ、霜露の墜つるところ、血気有る者、上より神化を承け、過ちを改め善に遷りて、悉く雍熙の治に臻《いた》らざる莫きを見るならん。

臣惟謙は洪武六年冬十一月を以て詔を受け、明年二月に書成る。篇目は一に之れを唐に準ず。其の間、或いは損し、或いは益し、或いは其の旧に仍り、務めて軽重の宜しきに合わす。謹んで闕庭に俯伏し、投進して以聞す。

上文の第一段落に述べられている、魏の『法経』六篇、漢の『九章律』、曹魏の十八篇の律、晋の二十篇の律、及び唐の十二篇の律の編纂について、詳しくは『晋書』刑法志及び『旧唐書』刑法志に記されている。『晋書』刑法志は内田智雄編『訳注中国歴代刑法志』（創文社、一九六四年）に、『旧唐書』刑法志は同編『訳注続中国歴代刑法志』（同上、一九七〇年）に和訳がある。

第三節　『通書』『二程遺書』『東坡集』の抜書き

岩村藩刊本の第十六丁裏第七行から第十七丁裏第二行までを第三節とする。この部分は、周敦頤（一〇一七～一〇七三）が著した『通書』の刑第三十六章、朱熹編『二程遺書』巻二十五、伊川先生語十一、暢潜道録、及び蘇軾『東坡集』巻六十二、史評、梁統議法の抜書きである。『通書』は『周元公集』巻一に収められているものを見た。『二程遺書』は『二程集』（中華書局）所収『河南程氏遺書』を見た。『東坡集』は『三蘇全集』（道光十三年刊本の影印本。中文出版社）に収められているものを見た。『図書編』（前節参照。）巻一二二、論治刑獄の文章は、『祥刑要覧』のこの第三節とした部分及び次の第四節とした部分の文章と全く同じであるので、『祥刑要覧』の文章を引き写したものであろう。

【和訳】

宋の周濂渓（濂渓は周敦頤の号。）が次のように述べている。「天は春にあらゆる生き物を発生させる。生き物が発生すると数が限界に達する。発生を止《と》めないと数が限界を越えてしまう。故に秋に発生を止《と》める。聖人は天に則り、春のような政治を行って万民を養う。民が盛んであると、欲が動き情が勝ち、利を得る人と害を受ける人とが攻め合う。抑止しないと、殺し合って人類がいなくなってしまう。故に秋のような刑を用いて懲らしめる。事実は曖昧であり無限である。公平で聡明で果断な者でなければ、裁判を行って刑を用いることはできないのである。『易経』の訟の卦に「大人を見るに利《よろ》し。」と記されているのは、「大人」即ち裁判官が剛直で公平であるからである。『易経』の噬嗑の卦に「獄を用いる（裁判を行う）に利《よろ》し。」と記されているのは、裁判官が活動的で聡明であるからである。ああ、広大な天下で刑を主る裁判官は民の命を託されているのである。その任用は慎重に行わなければならない。」

【原文】

宋濂渓周子（『重刊祥刑要覧』は「子」字の後に「有言」の二字がある。）曰、天以春生万物（『周元公集』巻一所収『通書』は「万物」の後に「止之以秋」の四字がある。）、物之生也既成矣。不止則過焉。故得秋以成。聖人之法天、以政養万民（『周元公集』巻一は「万民」の後に「粛之以刑」の四字がある。）。民之盛也、欲動情勝、利害相攻。不止則賊滅無倫焉。故得刑以治。情偽微曖（「曖」をもと「瞹」に作る。）、其変千状。苟非中正明達果断者、不能治也。訟卦曰、利見大人。以剛得中也。噬嗑曰、利用獄。以動而明也。嗚呼、天下之広、主刑者、民之司命。任用可不慎乎。（以上、第十六丁裏第七行から第十七丁表第三行。）

【訓読】

宋の濂溪周子曰く、天は春を以て万物を生ず。物の生ずるや既に成る。止《とど》めざれば則ち過ぐ。故に秋を得て以て成す。聖人の、天に法《のっと》る、政を以て万民を養う。民の盛んなるや、欲動き情勝ち、利害相攻む。止めざれば則ち賊滅して倫無し。故に刑を得て以て治む。情偽は微曖にして、其の変は千状なり。苟くも中正明達果断の者に非ずんば、治むる能わざるなり。訟の卦に曰く、大人を見るに利《よろ》し、と。剛にして中を得るを以てなり。噬嗑に曰く、獄を用いるに利《よろ》し、と。動きて明なるを以てなり。嗚呼、天下の広き、刑を主る者は民の司命なり。任用、慎まざる可けんや。と。

右の部分を和訳するに当たって、西晋一郎・小糸夏次郎訳註『太極図説・通書・西銘・正蒙』（岩波文庫、一九三八年）を参考にした。

【和訳】

程子（程頤（一〇三三～一一〇七）を指す。）が次のように述べている。「聖人の知識には不足が無いはずである。聖人の行動には不備が無いはずである。それなのに『書経』では、堯舜を称《たた》えて「刑は必ず罪に釣り合い、賞は必ず功に釣り合う。」とは言わずに、「罪が重いか軽いか疑わしいときは軽い刑を科し、功が重いか軽いか疑わしいときは重い賞を与える。罪の無い人を死刑に処するよりは、むしろ尋常ではない大罪を犯した者の刑を軽くする。」（大禹謨。本篇第一章第六節を参照。）と言っているのは、被疑者を無理に罪に入れようとする後世の酷薄な議論とは異なるのである。」

【原文】

程子曰、聖人所知、宜無不至也。聖人所行、宜無不盡也。然而書称堯舜、不曰刑必当罪、賞必当功、而曰罪疑惟軽、功疑惟重、与其殺不辜、寧失不経。異乎後世刻核之論矣。(以上、第十七丁表第四行から第七行。)

【訓読】

程子曰く、聖人知るところ、宜しく至らざる無かるべきなり。聖人行うところ、宜しく尽くさざる無かるべきなり。然れども、書に堯舜を称《たた》うるに、刑必ず罪に当たり、賞必ず功に当たると曰わずして、罪の疑わしきは惟《こ》れ軽くし、功の疑わしきは惟れ重くす。其の、不辜を殺すよりは寧ろ不経に失す。と曰うは、後世の刻核の論に異なるなり。と。

【和訳】

蘇東坡(一〇三六～一一〇一)が次のように述べている。「後漢の梁統(字は仲寧。光武帝の時に活躍した。)が「本朝の高祖・恵帝・文帝・景帝は、法律を重くすることによって国家を興隆させ、哀帝・平帝は、法律を軽くすることによって国家を衰退させました。」と上言した。幸いにも当時この意見は採用されなかった(『後漢書』巻三十四、梁統伝)。この意見は、人は若い時には酒色を節制しなくても健康であるが、年老いると節制しても病気になるものであるから、酒色は寿命を延ばすことができる、と主張するようなものである。正しいわけがない。梁統は後漢の名臣であるが、一たびこの意見を提出したために、天から罪を受けて、その子の松と竦とは二人とも冤罪で獄死した。四代後の子孫の冀はとうとう一族を滅ぼした。ああ、悲しいことである。戒めとしなければならない。天網は目が粗いが漏らさない。法律を重くせよと主張することには慎重でなければならないのである。」

【原文】

東坡蘇氏曰、東漢梁統上言、高恵文景（『東坡集』巻六十二、梁統議法は「景」字の後に「宣武」二字がある。）、以重法興、哀平以軽法衰。（『東坡集』巻六十二は「衰」字の後に「因上言乞増重法律」八字がある。）頼当時不従其議。此如人年少時不節酒色而安、及老雖節而病。便謂酒色可以延年、可乎。統亦東京名臣、一出此言、獲罪于天。其子松竦、皆死非命。冀卒滅族。嗚呼、悲夫。戒哉。疎而不漏、可不慎（『東坡集』巻六十二は「慎」を「懼」に作る。）乎。（以上、第十七丁表第八行から第十七丁裏第二行。）

【訓読】

東坡蘇氏曰く、東漢の梁統上言すらく、高恵文景は法を重くするを以て興《おこ》り、哀平は法を軽くするを以て衰う、と。頼《さいわい》に当時、其の議に従わず。此れ人、年少の時は酒色を節せずして安らかなるも、老に及んでは節すと雖も病むが如し。便ち酒色は以て年を延ぶ可しと謂いて可ならんや。統も亦た東京の名臣なり。一たび此の言を出だし、罪を天より獲たり。其の子の松・竦、皆、非命に死す。冀、卒《つい》に族を滅す。嗚呼、悲しいかな。戒めよ。疎にして漏らさず。慎まざる可けんや。と。

『東坡志林』（『唐宋史料筆記叢刊』所収、中華書局）巻四、人物、王嘉軽減法律事見梁統伝の文章は、『東坡集』の「梁統議法」の文章と同じである。

梁統の子の竦の曽孫である梁冀は、順帝の皇后及び桓帝の皇后の兄として権力を奮ったが、桓帝の延熹二年（一五九）に族滅された。『後漢書』梁統伝に「冀及び妻の寿、即日皆自殺す。（中略）諸梁及び孫氏（冀の妻の一族）の中外宗親を詔獄に送り、長少と無く皆、棄市す。」と記されている。

第四節 『朱子語類』『晦菴集』『南軒集』の抜書き

岩村藩刊本の第十七丁裏第三行から第十八丁裏第八行までを第四節とする。この部分は、『朱子語類』巻一一〇、論刑、朱子撰『晦菴集』巻十四、戊申延和奏劄一、『朱子語類』巻一〇六、外任、潭州、及び張栻（一一三三〜一一八〇）撰『南軒集』巻十一、潭州重脩左右司理院記の抜書きである。『朱子語類』は中日合璧本（中文出版社）を見た。

【和訳】

朱子が次のように語っている。「今の人が、刑を減じるべきだ、と説いているのは、ただ、犯罪者の憐れむべき点を見るだけで、被害者をとりわけ心配しなければならないことを知らないのである。強盗して人を殺した者については、多くの人は、その命を助けたいと思う一方で、殺された人に罪が無いことを全く気にかけない。これは、盗賊のために尽力したいと思うけれども、罪の無い人の立場は考えない、ということである。饑饉のせいで窃盗に走ったような場合は、情状を酌んで、罪の大小軽重を考えて、処罰するべきである。」

【原文】

朱子曰、今人説軽刑、只見所犯之人可憫、不知被傷者尤可念也。如刼盗殺人、人多知求其生（『朱子語類』巻一一〇は「知求其生」を「為之求生」に作る。）、殊不念死者之無辜。是知為盗賊計、而不為良人地。若（『朱子語類』巻一一〇は「若」字の後に「如酒税偽会子及」七字がある。）飢荒窃盗之類、可以情原大小軽重処之。（以上、第十七丁裏第三行から第六行。）

【訓読】

朱子曰く、今の人、刑を軽くせよと説くは、只だ、犯すところの人の憫れむ可きを見て、傷を被る者の尤も念う可きを知らざるなり。刧盗して人を殺す如きは、人、多く、其の生を求むるを知るも、殊に、死者の辜無きを念わず。是れ盗賊の為めに計るを知りて、良人の地を為さず。飢荒窃盗の類の若《ごと》きは、情を以て大小軽重を原《たず》ねて之れを処す可し。と。

右の文章は『朱子語類』巻一一〇、論刑の文章の抜書きである。

【和訳】

朱子がまた次のように述べている。

「妻が夫を殺した一件、族子が族父（族子を自分とすると、族父は自分の三従兄弟の父）を殺した一件、及び小作人が地主を殺した一件で、法官は刑を議論して、結局、死刑を減じて流刑を科しました。そもそも、人を殺した者が死刑にならず、人を傷つけた者が刑を受けないならば、堯舜の二帝や三王（禹王・湯王・文王・武王）でさえも、そのような条件の下で政治を行うことはできません。ましてや、父に対する子、君に対する臣、夫に対する妻（原文。父子之親、君臣之義、三綱之重。「三綱」は君臣・父子・夫婦の関係という意味。）という、赤の他人とは比べものにならない重い関係にある者が、相手を殺傷したときに、死刑にならず、刑を受けないようでは、どうしようもありません。あらゆるこのような種類の、教化の根本に関わる事件に対して、法官が経書に記されている道理に従って裁きを行わず、低俗な学者の浅はかな意見や変わり者の間違った説や欲深い官吏の私的な議論が用いられるようであれば、天理も人道もどれほどが滅亡に至らずに済むでしょうか。そして、舜が言うところの「刑が行われない」（原文。無刑。）状態が一体いつになったら実現できるでしょうか。

なすべきことは、経書と史書、及び古今の賢人哲人の議論の中で、教化と刑罰との関係について述べた文章を広く採集して、その肝要な箇所を切り取って、編集して一冊の書物を作ることです。そして、古典を学んで官僚になろうとする読書人と、行政に従事して民を治める官僚すべてとに教えて、古の聖王が礼を定め、教えを広め、刑を定め、法を公にした理由の大体を皆にほぼ知らせて、官僚が陰でその場しのぎのためや、善い報いを受けるために法律を曲げるはかりごとを行わないようにするべきです。そうすれば、教化が実現する助けとなり、陛下が生命を大切にし刑殺を嫌い、刑が行われない状態を目指す本心にかなうことでありましょう。

【原文】

又曰、或以妻殺夫、或以族子殺族父、或以地客殺地主。有司議刑、卒従流宥之法。夫殺人者不死、傷人者不刑、雖二帝三王、不能以此為治。況係父子之親、君臣之義、三綱之重、非凡人所比者乎。諸若此類、渉於人倫風化之本者、有司不以経術義理裁之、而世儒之鄙論、異端之邪説、俗吏之私計、得以行乎其間、則天理民彜、幾何不至於泯滅。而舜之所謂無刑者、又何日而可期哉。

宜博采経史（『晦菴集』巻十四は「博采経史」の前に「宜」字がなく、「又詔儒臣」の四字がある。）及古今賢喆議論、及於教化刑罰之意者、刪其精要（『晦菴集』巻十四は「精要」の後に「之語」二字がある。）、聚為一書、以教学古入官之士与凡執事（『晦菴集』巻十四は「事」を「法」に作る。）治民之官、皆使略知古先聖王所以勅典敷教、制刑明辟之大端、而不敢陰為姑息果報便文之計、則庶幾有以助成世教、而仰称（『晦菴集』巻十四は「称」字の後に「陛下」二字がある。）好生悪殺（『晦菴集』巻十四は「殺」を「死」に作る。）、期於無刑之本意。（以上、第十七丁裏第七行から第十八丁表第九行。）

【訓読】

又た曰く、或いは妻を以て夫を殺し、或いは族子を以て族父を殺し、或いは地客を以て地主を殺す。有司、刑を議し、卒《つい》に流宥の法に従う。夫れ人を殺す者死せず、人を傷つくる者刑せられずんば、二帝三王と雖も、此れを以て治を為す能わず。況んや父子の親、君臣の義、三綱の重きに係り、凡人の比するところに非ざる者をや。諸《もろもろ》の此くの若き類、人倫風化の本に渉る者は、有司、経術義理を以て之れを裁せずして、世儒の鄙論、異端の邪説、俗吏の私計、以て其の間に行わるるを得れば、則ち天理民彝、幾何《いくばく》か泯滅に至らざらん。而して舜の謂うところの刑無き者、又何《いつ》の日にして期す可けんや。

宜しく博く経史及び古今賢哲の議論の、教化刑罰の意に及ぶ者を采り、其の精要を刪り、聚めて一書と為し、以て古を学び官に入らんとするの士と凡そ事を執り民を治むるの官とを教え、皆をして略《ほ》ぼ古先の聖王、典を勅し教えを敷き、刑を制し辟を明らかにする所以の大端を知らしめて、敢て陰《ひそ》かに姑息果報便文の計を為さざらしむべし。則ち以て世教を助成して、仰ぎ生を好み殺を悪《にく》み、刑無きを期するの本意に称《かな》う有るに庶幾《ちか》からん。と。

右の文章は『晦菴集』巻十四、戊申延和奏箚一の抜書きである。「戊申」は南宋の孝宗の淳熙十五年（一一八八）である。『宋史』巻四二九、道学、朱熹伝に「（淳熙）十五年、（中略）入奏す。首《はじめ》に、近年、刑獄、当を失し、獄官、当に其の人を択ぶべきを言う。」と記されている。「延和奏箚」の「延和」は延和殿である。

「宜しく博く経史及び古今の賢哲の議論の、教化刑罰の意に及ぶ者を采り、其の精要を刪り、聚めて一書と為すべし。」と述べられている。呉訥はこの意見に触発されて、『祥刑要覧』を編集したのであろう。

【和訳】

朱子がまた次のように語っている。「今の人が裁判を行うときは、被告人の行為の是非善悪を問わず、ひたすら温情に従うことに務めている。そんなことでは、どうして姦人を増長させ、悪人に恩恵を与えないで済むであろうか。およそ裁判を行うときは、案件を無心の境地で扱い、被告人の犯罪行為を調べて、犯罪の実情を考察し、刑の軽重、処分の寛厳について、しかるべき判決を下すのがよいのである。いつも厳しい判決を下すのはもちろんよくない。その反対に、自分はひたすら寛大な判決を下したいと言うだけであれば、そのような間違った裁判がもたらす弊害もまた軽くはない。」

【原文】

又曰、今人獄事（『朱子語類』巻一〇六は「獄事」の後に「只管理会要従厚不知」九字がある。）、不問是非善悪、只務従厚、豈不長姦恵悪。大凡事付之無心、因其所犯、考其実情、軽重厚薄、付之当然可也。若従薄者、固不是。只云我只要従厚、則此病所係、亦不軽。（以上、第十八丁表第十行から第十八丁裏第三行。）

【訓読】

又た曰く、今の人の獄事は、是非善悪を問わず、只だ務めて厚きに従う。豈に姦を長じ悪を恵まざらんや。大凡、事は之れを無心に付し、其の犯すところに因り、其の実情を考え、軽重厚薄、之れを当然に付して可なり。若し薄きに従う者は、固《もと》より是ならず。只だ、我は只だ厚きに従うを要すと云えば、則ち此の病の係るところも亦た軽からず。と。

右の文章は『朱子語類』巻一〇六、外任、潭州の文章の抜書きである。田中謙二『朱子語類外任篇訳註』（汲古書院、一九九四年。一七〇頁から一頁）に和訳があり、参考にした。

【和訳】

張南軒（南軒は張栻の号。）が次のように述べている。「裁判を行って、正しい判決が下されないことが多い理由は、思うにいくつかある。官吏が賄賂を受け取ったから、というのはもちろん論外である。ある裁判官は理屈を振り回して自分は聡明であると思い、別の裁判官はその場しのぎで悪人に情けをかける。上は高官の意向を見て、判決を重くしたり軽くしたりし、下は胥吏の偽りの言葉に惑わされて、判断を変える。事実を調べ尽くすことなく、もっぱら威力を用いて被告人を脅す。罪を犯した理由を究明することなく、いきなり法律を適用する。このような理由で、正しい判決が下されないことが多いのである。」

【原文】

南軒張氏（『重刊祥刑要覧』は「氏」を「先生」に作る。）曰、治獄所以多不得其平者、蓋有数説。官吏売獄、固不足論（『南軒集』巻十一は「官吏」以下八字を「吏与利為市固所不論」九字に作る。）。而或矜知巧以為聡明、持姑息以恵姦慝。上則視大官之趨向、而重軽其手、下則惑胥吏之浮言、而二三其心。不盡其情、而一以威怵之、不原其初、而一以法縄之。如是不得其平者多矣。（以上、第十八丁裏第四行から第八行。）

【訓読】

南軒張氏曰く、獄を治むるに多く其の平を得ざる所以の者は、蓋し数説有り。官吏、獄を売るは、固より論ずるに足らず。而して或いは知巧を矜《ほこ》り、以て聡明と為し、姑息を持し、以て姦慝を恵む。上は則ち大官の趨向を視て、其の手を重軽し、下は則ち胥吏の浮言に惑いて、其の心を二三にす。其の情を尽くさずして、一に威を以て之れを怵《おそ》れしめ、其の初めを原《たず》ねずして、一に法を以て之れを縄す。是くの如く、其の平を得ざる者多し。と。

右の文章は『南軒集』巻十一、潭州重脩左右司理院記の抜書きである。「潭州重脩左右司理院記」は、乾道四年（一一六八）に潭州（現在の湖南省長沙市）の知事に任じられた沈介（紹興八年（一一三八）の進士）が、司理院（囚人の取り調べを行う屋舎）を建て直したのを記念して、書かれたものである。

第五節　真徳秀の「十害」の抜書き

岩村藩刊本の第十八丁裏第九行から第十九丁裏第七行までを第五節とする。この部分は、南宋の真徳秀（一一七八〜一二三五）の所謂「十害」のうち六項目の抜書きである。「十害」は『西山文集』巻四十「潭州諭同官咨目」の中に掲げられている。この「潭州諭同官咨目」は、『名公書判清明集』巻一、官吏門、申儆に「咨目呈両通判及職曹官」と題して収められ、『政経』に「帥長沙咨目呈両通判及職曹官」と題して載せられている。真徳秀は、字は希元、西山と号し、文忠と諡された。慶元五年（一一九九）の進士。『大学衍義』を著した。嘉定十五年（一二二二）に湖南安撫使・知潭州に任じられた。戸部尚書、参知政事を歴任した。『宋史』巻四三七に伝がある。「潭州諭同官咨目」は湖南安撫使・知潭州在任時に書かれた。宋朝では、所属の州県の官員を監督する単位を路と呼び、安撫使は一路の兵政を掌る官である。「湖南」即ち荊湖南路の安撫使の治所は潭州（雅称は長沙郡。現在の湖南省長沙市）に置かれていた。和訳に当たっては、高橋芳郎『訳注『名公書判清明集』官吏門・賦役門・文事門』（北海道大学出版会、二〇〇八年。十三頁から二十一頁）を参考にした。

【和訳】

西山先生、真文忠公が湖南安撫使・知潭州であった時に（原文。帥長沙。「帥」は安撫使であることを意味する。）、同僚の官員を戒めて次のように述べた。

・裁判が不公平なのはいけません。

裁判は民の大切な命に関わります。どうして少しでも不公平があってよいでしょうか。

・訟えを念入りに聴かないのはいけません。

訟えには真実があり虚偽があります。訟えを念入りに聴かなければ、真実の訟えが反って虚偽に見え、虚偽の訟えが反って真実に見えます。

・未決のまま延々と牢獄につなぎ続けるのはいけません。

一人の男子が未決囚として牢獄に入れられますと、一家を挙げて生活ができなくなります。牢獄で暮らす苦しさは、一日が一年に感じられるほどです。どうして延々と牢獄につなぎ続けてよいでしょうか。

・残酷な方法で拷問を行うのはいけません。

拷問は、やむを得ないときに行うものです。他人の身体皮膚は自分の身体皮膚と一体です。どうして残酷な方法でこれに拷問を加えることに平気でいられましょうか。現在、官に任じられている者は、好んで喜怒の感情に従って拷問を行っています。甚しい者は、賄賂に応じて拷問を行っています。拷問は、国家の法律に定めがあり、天に代わって犯罪を糾明する手段であることを全く意識していません。どうして官吏が怒りをたくましくして、自分勝手な拷問を行うことが許されるでしょうか。戒めないわけにはいきません。

・たくさんの人をむやみに法廷に呼び出すのはいけません。

一人の男子が法廷に呼び出されますと、一家を挙げて大騒ぎになります。呼び出し状（原文。引）を持って来た吏卒に手数料を支払わなければいけませんし、官庁に出頭するための費用も必要です。貧しい人は借金するのを免れません。甚しい場合には一家離散に至ります。どうしてたくさんの人をむやみに法廷に呼び出してよいでしょうか。

・他人の悪事の告発を招き寄せるのはいけません。

自分に関わりがない他人の悪事を告発すること（原文。告訐）は、良俗を破り、人倫を乱す原因です。そのような罪を犯す者がいれば、当然厳しく処罰するべきです。自分に関わりがない他人の隠れた犯罪を人が告発するのを、どうして招き寄せてよいでしょうか。

【原文】

西山真文忠公（『重刊祥刑要覧』巻一は「公」字の後に「嘗」字がある。）帥長沙、誡諸同官曰、

断獄不公。

獄者民之大命。豈可小有私曲。

聴訟不審。

訟有実有虚。聴之不審、則実者反虚、虚者反実。

淹延囚繫。

一夫在囚、挙室廃業。囹圄之苦、度日如歳。豈可淹久。

惨酷用刑。

刑者、不獲已而用。人之體膚、同己之體膚。何忍惨酷加之。今為官者、好以喜怒用刑。甚者或以関節用刑。殊不思、刑者国之典、所以代天糾罪。豈容官吏逞忿行私。不可不戒。

汎濫追呼。

一夫被追、挙室皇擾。有持引之需、有出官之費。貧者不免挙債、甚者至於破家。豈可汎濫。

招引告訐。

告訐乃敗俗乱化之原。有犯者、自当痛治。豈可（『西山文集』巻四十「潭州諭同官咨目」は「可」字の後に「勾引今官司有受人実封状与出榜」十四字がある。）召人告首（「首」はもと「有」に作る。『西山文集』巻四十及び『重刊祥刑要覧』巻一に従って改めた。）陰私罪犯。（『西山文集』巻四十は「犯」字の後に「皆係非法不可為也」八字がある。）（以上、第十八丁裏第九行から第十九丁裏第七行。）

【訓読】

西山真文忠公、長沙に帥たるとき、諸同官を誡めて曰く、

獄を断ずるに公ならず。

獄は民の大命なり。豈に小《すこ》しく私曲有る可けんや。

訟えを聴くに審らかならず。

訟えには実有り、虚有り。之れを聴くに審らかならざれば、則ち実なる者反って虚となり、虚なる者反って実となる。

淹延して囚繫す。

一夫、囚に在らば、室を挙げて業を廃す。囹圄の苦しみは、日を度《わた》ること歳の如し。豈に淹久す可けんや。

惨酷に刑を用いる。

刑は、已むを獲ずして用いる。人の体膚は己の体膚に同じ。何ぞ惨酷に之れに加うるに忍びんや。今、官と為る者、好んで喜怒を以て刑を用いる。甚しき者は或いは関節を以て刑を用いる。殊に思わず、刑は国の典、天に代わりて罪を糾す所以なるを。豈に官吏、忿を逞しくし、私を行うを容《ゆる》さんや。戒めざる可からず。

汎濫して追呼す。

一夫、追せ被《ら》れば、室を挙げて皇擾す。引を持するの需《もと》め有り、官に出づるの費《つい》え有り。貧しき者は挙債を免れず、甚しき者は家を破るに至る。豈に汎濫す可けんや。

告訐《ケツ》を招引す。

告訐は乃ち俗を敗り、化を乱すの原《もと》なり。犯す者有らば、自《おのずか》ら当に痛治すべし。豈に人の、陰私の罪犯を告首するを召く可けんや。と。

「潭州諭同官咨目」では、この後に「重畳催税」「科罰取財」「縦吏下郷」「低価買物」の四つの「害」が掲げられている。

「惨酷用刑」の「刑」は、刑罰の刑ではなく、拷問の意味である。宋朝では、拷問の方法は杖打に限られており、「刑は国の典。」と真徳秀が述べているように、拷問の手続きが法律に規定されていた。例えば、『宋刑統』巻二十九、断獄律に「囚を拷するは三度を過ぐるを得ず。数は総じて二百を過ぐるを得ず。（中略）もし、拷すること三度を過ぎ、及び杖外に他法を以て拷掠する者は杖一百。」と定められている。

「招引告訐」の「告訐」は、自分と関わりがない犯罪を告発するという意味である。「犯す者有らば、自ら当に痛治すべし。」と真徳秀が述べているように、宋朝では、自分と関わりがない犯罪を告発することは、法律で許されている場合を除き、禁止されていた。『続資治通鑑長編』巻六十、景徳二年（一〇〇五）六月己丑条に「詔すらく、今より、己に干せざる事を訟えば、即ち決杖荷校し、衆に示すこと十日、と。」と記されている。

「告首陰私罪犯」の「告首」は、寛永四年刊本及び岩村藩刊本だけが「告有」に作り、「潭州諭同官咨目」、『重刊祥刑要覧』、元和中刊本、寛永元年刊本はすべて「告首」に作るから、「告首」が正しい。「告首」の「告」は告発の意味であり、「首」は自首の意味である。自分と関わりがない犯罪を告発することが禁止されていても、自分が犯した罪を自首するのは望ましいことであるから、「豈に人の、陰私の罪犯を告首するを召く可けんや。」と記すよりも、「告首」を「告有」に変えて、「豈に人の、陰私の罪犯有るを告するを召く可けんや。」と記す方が内容は正しい。しかし、もともと「潭州諭同官咨目」が「今、官司（中略）出榜して人の、陰私の罪犯を告首するを召く有り。皆、非法に係る。為す可からざるなり。」と間違って述べているのであるから、「告首」のままにしておかなければならない。

第六節　『牧民忠告』の抜書き

岩村藩刊本の第十九丁裏第八行から第二十丁表第四行までを第六節とする。この部分は、元の張養浩（一二七〇～一三二九）が著した『牧民忠告』からの抜書きである。張養浩は、字は希孟。東昌路堂邑県（現在の山東省堂邑県）の県尹を授けられた後、監察御史、礼部尚書、参議中書省事を歴任した。天暦二年（一三二九）、陝西諸道行御史台（陝西・甘粛・四川・雲南四省内の官員の善悪を糾察する官司）の御史中丞（次官）に任じられ、大旱による饑民を救おうとして、在職中に過労で亡くなった。『元史』巻一七五に伝がある。張養浩は、地方長官の心構えを記した『牧民忠告』の他に、監察官の心構えを記した『風憲忠告』、宰相の心構えを記した『廟堂忠告』を著した。これらは別々に刊行されたが、明代になって、合冊されて『為政忠告』、後に『三事忠告』の名で刊行された。『牧民忠告』は『叢書集成初編』所収本を見た。和訳に当たっては、安岡正篤訳註『為政三部書』（明徳出版社、一九九三年）、倉田信靖『三事忠告』（明徳出版社、一九九七年）を参考にした。

【和訳】

元の陝西行台御史中丞の張養浩が著した『牧民忠告』が次のように述べている。「牢獄に入れられている未決囚に対しては、獄吏によって取り調べの報告書が作成された後でもなお、念入りに尋問すべきです。もし、残酷な獄吏が無理やり事実をねじ曲げて報告書を作成したときは、囚人を尋問し直しても、囚人は自白を翻そうとはしません。そこで、獄吏や獄卒をことごとく退けて、穏やかな顔で、空気をなごやかにして、誠意を見せて、囚人を感動させる必要があります。もし、囚人が冤罪を被っているとわかったならば、ただちに囚人のために無罪の判決を下さなければなりません。獄吏の報告書に束縛されてはいけません。ああ、よこしまな獄吏がでたらめな報告書を作成することは、どこまでもきりがありません。」

【原文】

元中丞張（『重刊祥刑要覧』巻一は「張」字の後に「公」字がある。）養浩牧民忠告有云、在獄之囚（『叢書集成初編』所収『牧民忠告』は「囚」字の後に「吏案雖成」四字がある。）、猶当詳讞。若酷吏鍛錬而成者、雖讞之、而

（同上『牧民忠告』は「而」字が無い。）囚不敢異辞。須尽辟吏卒、和顔易気、開誠心、以感之。（同上『牧民忠告』は「之」字の後に「或令忠厚獄卒款曲以其情問之」十三字がある。）如得其寃、立為辨白、不可拘於（同上『牧民忠告』は「於」字を「閡」字に作る。）吏文也。吁、奸吏舞文、何所不至哉。（以上、第十九丁裏第八行から第二十丁表第一行。）

【訓読】

元の中丞張養浩の牧民忠告に云う有り、獄に在るの囚、猶お当に詳讞すべし。若し酷吏、鍛錬して成る者は、之れを讞すと雖も、而《しか》れども囚、敢えて異辞せず。須からく尽く吏卒を辟《しりぞ》けて、顔を和《やわ》らげ、気を易《やす》らかにし、誠心を開き、以て之れを感ぜしむべし。如《も》し其の寃を得ば、立ちどころに為《た》めに辨白せよ。吏文に拘《とらわ》る可からざるなり。吁《ああ》、奸吏の舞文、何ぞ至らざる所あらんや。と。

右の文章は『牧民忠告』巻下、慎獄第六、詳讞の文章の抜書きである。「讞（ゲン・ゲツ）」は未決の囚人を取り調べる意味である。

【和訳】

『牧民忠告』はまた次のように述べている。「親族間の訴訟に対しては、時間をかけて寛大な態度で審理を行うのがよいです。急いで厳しく審理するのはよくありません。時間をかければ、訴訟当事者が自分の非を悟ることがあります。厳しく審理すれば、窮地に追い込まれた当事者は、ますますその悪事を増やします。ぜひ両当事者をその地元に帰らせて、周囲の人達から両当事者に対して道理を説いてもらいましょう。それが正しい解決方法です。」

（原注。小事を争う訴訟について述べている。）

【原文】

又曰、親族相訟、宜徐而不宜亟、宜寛而不宜猛。徐則或悟其非、猛則益滋其悪。第下其里中、開諭之。斯得體（『叢書集成初編』所収『牧民忠告』及び『重刊祥刑要覧』巻一は「體」字の後に「矣」字がある。）。（原注。謂争競（『重刊祥刑要覧』巻一は「競」を「訟」に作る。）小事。）（以上、第二十丁表第二行から第四行。）

【訓読】

又た曰く、親族相い訟うるは、宜しく徐《おもむ》ろにすべくして亟《すみ》やかにすべからず。宜しく寛やかにすべくして猛《きび》しくすべからず。徐ろなれば則ち或いは其の非を悟る。猛しくすれば則ち益ます其の悪を滋《ま》す。第《た》だ其の里中に下し、之れを開諭せしむ。斯《こ》れ体を得るなり。と。（原注。小事を争競するを謂う。）

右の文章は『牧民忠告』巻上、聴訟第三、親族之訟宜緩の文章の抜書きである。「謂争競小事。」という注は、『牧民忠告』にはなく、呉訥が附けたものであろう。「競」はここでは「競」と同じ字。「小事」は婚姻、家産分割、土地売買、金銭貸借等の民事を意味する。

第七節　工獄

岩村藩刊本の第二十丁表第五行から第二十二丁表第五行までを第七節とする。この部分は、元の宋本（一二八一～一三三四）が記した「工獄」の写しである。宋本は、字は誠夫。至治元年（一三二一）の進士第一人。吏部侍郎、礼部尚書等を歴任し、元統二年（一三三四）、国子祭酒（国子監の長官）に任じられた。『元史』巻一八二に伝がある。「工獄」は、元の蘇天爵編『元文類』巻四十五に収められているものを見た。その文章と『祥刑要覧』所載の文章とを比べて見ると、『祥刑要覧』所載の文章では節略された箇所が多数ある。明の唐順之（嘉靖八年（一五二九）の進士）が編集した『荊川稗編』（『景印四庫全書』所収）の巻一一九、疑獄誤決記の文章は、『祥刑要覧』所載「工獄」の文章とほぼ同じであるから、『祥刑要覧』の文章を引き写したものであろう。和訳に当たっては、李格非・呉志達選注『元明清小説選』（中州古籍出版社、一九八四年）を参考にした。

【和訳】

元の国子祭酒の宋本の「工獄」に次のように記されている。

「京師《みやこ》（大都）の小木局（大都留守司の修内司に属し、大都の殿閣の営繕を担当した。）には木工が数百人いて、いく人かの長を置いて分領させていました。ある一人の木工がその長と仲が悪く、半年の間、交際がありませんでした。仲間の木工達は、口げんかに過ぎず、深く嫌い合っているわけではない、と思って、みんなで酒や肉を買って、その木工を強いて、長の家に行かせて、和解させませました。晩に酔って解散しました。

木工の妻は淫乱なたちで、夫を殺すことを姦通相手とともに計画していました。木工がけんか相手の家で酔っぱらって帰ってきた機会に、彼を殺しました。急なことでしたので、死体の処理に困りました。部屋に土榻《トウ》（れんが製の寝台。中で火を起こして暖めることができる。）があり、中空でした。そこで、土榻のれんがを開いて、死体を入れました。死体を四つ五つにバラバラにして、ようやく収めることができました。れんがをもと通りに積んで穴をふさぎました。

翌日、妻は工長の家に往き、泣きながら「私の夫はきのうから帰ってきません。きっとあなたが殺したに違いありません。」と言って、警巡院（上都及び大都両京の民事・捕盗を掌る。大都には左右警巡院・大都警巡院が置かれていた。）に告訴しました。警巡院は、工長が木工のけんか相手であったという理由で、工長を逮捕して拷問にかけました。工長は痛みに耐えられず、嘘の自白をしました。木工の妻は喪に服し、僧を招いてお経をあげてもらい、哭泣して悲しみを尽くしました。

警巡院が工長に死体のありかを詰問しますと、工長は「大都城の壕《ほり》の中に棄てました。」と答えました。仵作（葬儀屋。検屍を手伝う役目を負った。死体の捜索は本来の役目ではない。）二人に命じて、壕で死体を捜索させました。もちろん見つかりません。刑部、御史、京尹がかわるがわる裁判の終結を促しました。警巡院は、十日以内に死体を見つけるよう仵作に命じましたが、見つかりません。七日以内に見つけるよう命じても、やはり見つかりません。五日以内、三日以内と命じても、見つかりません。仵作二人は四たび笞打たれても、とうとう死体を見つけることができませんでした。二人は悲嘆して、壕に沿って歩きながら語り合いました。「笞打ちが終わる時がありません。こうなったら、別に誰か人を殺して、命令に応じることを試みましょう。」

日が暮れて、壕の傍らに坐っていますと、一人の老翁が驢馬に乗って橋を渡りました。仵作二人は老翁を押して水中に落とし、驢馬を放ち去らせました。十日余り経って、老翁の死体が腐って識別できなくなったのを見定めて、死体を引き挙げて報告しました。警巡院は木工の妻を呼んで確認させました。木工の妻は死体を撫でて大声で泣いて、「夫です。」と答えました。妻は夫の着物（本当は老翁の着物。）を持って、壕のほとりで夫の魂を招き、かんざしとイヤリングをはずして棺に入れ、遺体を葬りました。こうして裁判が終結し、判決文が上送されました。まだ、死刑執行の許可は降りませんでした。

驢馬に乗っていた老翁の親族は、老翁を捜していましたが、見つかりませんでした。ある人が驢馬の皮を背負って道を歩いていました。見るからに老翁の家畜の皮のようでした。奪って開いて見ると、皮の血がまだ乾いていませんでした。執えて県に訴えました。その人もまた、残酷な拷問を受けて、老翁の驢馬を強奪しようとしたところ、老翁が抵抗したので殺し、死体は某地に埋めた、と嘘の自白をしました。某地で死体を捜させましたが見つからなかったので詰問しますと、別の某地です、と言い直しました。死体を埋めた場所の自白が何度も変わり、いつまで経っても死体は見つかりませんでした。皮を背負っていた人は獄中で亡くなりました。

一年余り経って、工長の死刑を皇帝が許可しました。工長は縛られて牢獄から出されました。部下の木工達は処刑場までついて行きながら騒ぎました。皆、工長の冤罪を憤っていましたが、工長のために冤罪を晴らすことができませんでした。工長はとうとう斬首されました。木工達はますます悲嘆してやみませんでした。工長の事件について広く情報を求めましたが、何も得られませんでした。そこで、交鈔（紙幣）百錠を集めて十字路に置き、某木工が死んだ時の状況を知らせてくれる人がいれば、これを賞金として与えることにしました。

木工の妻が僧を招いてお経をあげてもらうごとに、乞食が集まって来て、御飯を求めました。一人のなじみの泥棒少年が、いつも乞食について木工の家に往き、御飯を食べていました。ある日、泥棒少年が、他の家で盗みを働こうとして、まだ時刻が早く、木工の妻の家をよく知っていたので、暗い中、その家の垣根にもたれて、夜禁の鐘が鳴ろうとする時を待っていました。不意に、酔っぱらいがよろめきながら家に入りました。酔いにまかせて木工の妻に怒り、彼女を詈り、殴り、さらに蹴りつけました。木工の妻は声を出そうとしませんでした。酔っぱらいが眠りますと、木工の妻は小声で灯火の下で罵って言いました。「あなたが私の夫を殺し、死体をバラバラにして土榻の下に入れてから、二年余りが経ちました。土榻に火を入れて暖めることはできませんし、土榻の中をうずめる気もありません。私の夫が腐り尽くしたかどうか、まだ知りません。それなのに今、私を虐待しています。」ため息をついて、涙を飲みました。

泥棒少年は窓の外に立って、これを全部聴きました。翌朝、小木局の中に入り、木工達に向かって、「私は某木工が死んだ時の状況を知ることができましたので、速やかに私に賞金を与えて下さい。」と叫びました。そして、木工達を連れて、殺された木工の家に往きました。泥棒少年は、酒に酔ったふりをして、木工の妻の部屋に入り、彼女をくどきました。木工の妻は大声で罵りました。隣人達は皆、心穏やかでなく、泥棒少年を殴ろうとしました。泥棒少年は、すばやく土榻に近づいて、れんがを引きぬいて身構えました。すると、土榻の中の死体が現れました。木工達は部屋に突入し、木工の妻を後ろ手にして縛り、官司に送りました。木工の妻は事実を白状しました。泥棒少年が見た酔っぱらいは姦通相手でした。

官司はさらに、壕の中の死人はどこから来たのか調べました。仵作二人が、驢馬に乗った老翁を押して水中に落とした、と白状しました。仵作二人は死刑に処されました。木工の妻及びその姦通相手は市場で磔《はりつけ》になりました。以前に工長に死刑の判決を下した官吏は皆、終身、官吏になることができない処分を受けました。官司は、驢馬の皮を背負っていた人が冤罪で獄死した事実をもし摘発すれば、罪を得る官吏がさらに数人出るので、とうとう、皮を背負っていた人の冤罪事実に対する調査を打ち切りました。これは延祐年間（一三一四〜一三二〇）の初めの出来事です。

学官の文謙甫（経歴未詳）が宋子（作者宋本を指す。）にこの話を語りました。宋子は「木工の死に対して罪に当たる者は、木工の妻とその姦通相手との二人だけです。ところが巻き添えになって四五人が殺されました。これは事が変じて数が多くなる（原文。事変之殷）ということです。仲直りをして斬首され、咎を逃れて処刑され、仵作は殺されて、工婦は磔になり、皮を道中で背負って械をつけられて死に、盗みに赴いて賞金を獲ました。これまた混乱して予測することができないなりゆきです。悲しいですね。」と言いました。」

【原文】

祭酒宋本記工獄有曰、京師小木局、木工数百人、置長分領之。一工与其長不睦、不往来者半歳。衆工謂、口語非大嫌。醵酒肉、強工、造長家、和解之。暮酔散去。

工婦素淫。与所私者、謀戕良人。以其酔於讎而返也、殺之。倉卒蔵屍無所。室有土榻、中空。廼啓榻磚、割為四五、始容焉。復磚如故。

明日、婦往長家、哭曰、吾夫昨不帰。必而殺之。訟諸警巡院。院以長仇也、逮至搒掠。不勝毒、自誣服。婦発喪成服、召比丘、脩仏事、哭尽哀。

院詰屍処。曰棄壕中。責仵（「仵」をもと誤って「件」に作る。以下同じ。）作二人、索之壕。弗得。刑部、御史、京尹、交促具獄。期十日得屍。不得。期七日、又不得。期五日、期三日、四被笞、終不得。二人歎惋、循壕相語、笞無已時、因謀別殺人応命。

暮坐水傍。一翁騎驢渡橋。擠堕水中、縦驢去。旬餘、度翁爛不可識、挙以聞。院召婦審視。婦撫而大號曰、是矣。取夫衣（もと「衣」字なし。『元文類』巻四十五、工獄に従って補った。）、招魂壕上、脱笄珥、具棺葬之。獄遂成。案上未報。

騎驢翁之族、物色翁不得。一人負驢皮道中。宛然其家畜。奪而披視、皮血未燥。執愬於邑。亦以鞫訊憯酷、自誣刼翁驢、翁拒而殺之。屍蔵某（「某」をもと「其」に作る。『元文類』巻四十五及び『重刊祥刑要覧』巻一に従って改めた。）地。求之不見。輒更曰某地。辞数更、卒不見。負皮者瘐死獄中。

歳餘、前長奏下。縛出狴犴（「犴」をもと「行」に作る。『元文類』巻四十五及び『重刊祥刑要覧』巻一に従って改めた。）。衆工隨而譟。雖皆憤其寃、而不能為之明。工長竟斬。衆工愈哀嘆不置。徧訪其事、無所得。乃聚交鈔百錠、置衢路、有得某工死状者、酬以是。

初婦毎脩仏事、則丐者坌至、求供飯。一故偸児、常従丐往乞。一日、偸児将盗他人家、尚蚤。既熟婦門戸。乃闇中依其垣屋、以待迫鐘時。忽酔者踉蹌入。酗而怒其婦。詈之、拳之、且蹴之。婦不敢出声。酔者睡。婦微諦燭下曰、縁而殺吾夫、體骸異処、土榻下二歳餘矣。榻既不可火、又不敢塡治。吾夫尚不知腐（「腐」をもと「熇」に作る。『元文類』巻四十五及び『重刊祥刑要覧』巻一に従って改めた。）尽以否。今乃虐我。歎息飲泣。

偸児立牖外、悉聴之。明発、入局中、號於衆、吾已得某工死状。速付我銭。因俾衆工遥隨往。偸児陽被酒、入婦舎挑之。婦大罵。隣居皆不平、将毆之。偸児遽去土榻、扳（「扳」はもと「板」に作る。『元文類』巻四十五及び『重刊祥刑要覧』巻一に従って改めた。）磚、作欲撃闘状。則屍見矣。衆工突入、反接婦、送官。婦吐実。酔者則所私也。

官復窮壕中死人何従来。仵作欸伏、擠騎驢翁堕水。仵作誅。婦洎所私者磔于市。先断工長死官吏、皆廢終身。官以瘐死者事若発、則官吏又有得罪者数人、遂寝負皮者寃。此延祐初事也。

校官文謙甫以語宋子。宋子曰、工之死、当坐者、婦与所私者二人耳。乃牽聯殺四五人。此事変之殷也。解仇而伏毆刀、迯笞而得刃、仵作殺而工婦磔、負皮道中而死桎梏、赴盗而獲購。此又轇轕而不可知者也。悲夫。（以上、第二十丁表第五行から第二十二丁表第五行。）

【訓読】

祭酒宋本、工獄を記して曰う有り、京師の小木局、木工数百人、長を置き之れを分領せしむ。一工、其の長と睦じからず。往来せざること半歳。衆工謂《おも》えらく、口語なれば大嫌に非ず、と。酒肉を醸し、工を強いて長の家に造《いた》り、之れを和解せしむ。暮に酔いて散じ去る。

工の婦は素《も》と淫なり。私するところの者とともに良人を戕《そこ》なうを謀る。其の、讎に於いて酔いて返るを以てや、之れを殺す。倉卒にして屍を蔵《かく》すに所無し。室に土榻有り。中空《むな》し。廼ち榻の磚を啓き、割きて四五と為し、始めて容る。磚を復すること故の如くす。

明日、婦、長の家に往き、哭して曰く、吾が夫、昨《きのう》より帰らず。必ず而《なんじ》、之れを殺す。と。諸《こ》れを警巡院に訟う。院、長の、仇なるを以てや、逮し至りて搒掠す。毒に勝《た》えず、自ら誣服す。婦、喪を発し服を成し、比丘を召き、仏事を脩め、哭して哀を尽くす。

院、屍処を詰す。曰く、壕中に棄つ、と。仵作二人に責《もと》めて、之れを壕に索《もと》めしむ。得ず。刑部、御史、京尹、交《こもご》も具獄を促す。十日を期して屍を得しむ。得ず。七日を期す。又た得ず。五日を期す。三日を期す。四たび笞を被るも、終に得ず。二人、歎惋し、壕に循い相い語る、笞、已む時無し。因りて別に人を殺して命に応ずるを謀らん。と。

暮に水傍に坐す。一翁、驢に騎《の》りて橋を渡る。水中に擠《お》し堕し、驢を縦ちて去らしむ。旬餘、翁の爛《ただ》れて識る可からざるを度《はか》り、挙げて以聞す。院、婦を召して審視せしむ。婦、撫して大いに號して曰く、是れなり、と。夫の衣を取り、壕上に招魂し、笄珥を脱し、棺に具え、之れを葬る。獄、遂に成る。案、上《のぼ》されて未だ報ぜず。

驢に騎る翁の族、翁を物色す。得ず。一人、驢皮を道中に負う。宛然として其の家畜なり。奪いて披《ひら》き視るに、皮血未だ燥《かわ》かず。執えて邑に愬《うった》う。亦た鞠訊憯酷なるを以て、自ら誣ゆ、翁の驢を刼し、翁、拒めば之れを殺す。屍は某地に蔵《かく》す。と。之れを求むるも見えず。輒ち更めて某地と曰う。辞、数《しばし》ば更わる。卒に見えず。皮を負う者、獄中に瘐死す。

歳餘、前の長の奏、下る。縛せられて狴犴を出づ。衆工、随いて譟《さわ》ぐ。皆、其の寃を憤ると雖も、之れが為めに明《あか》す能わず。工長、竟に斬せらる。衆工、愈《いよい》よ哀嘆して置かず。偏《あまね》く其の事を訪《と》うも、得るところ無し。乃ち交鈔百錠を聚め、衢路に置く。某工の死状を得る者有らば、酬ゆるに是れを以てせんとす。

初め、婦、仏事を脩むるごとに、則ち丐者坌《あつま》り至り、供飯を求む。一の故偸児、常に丐に従いて往きて乞う。一日、偸児、将に他の人家に盗まんとして、尚お蚤《はや》し。既に婦の門戸に熟す。乃ち闇中に其の垣屋に依り、以て迫鐘の時を待つ。忽ち酔う者、踉蹌として入る。酗して其の婦を怒る。之れを詈り、之れを拳《う》ち、且つ之れを蹴る。婦、敢て声を出ださず。酔う者睡る。婦、微《ひそ》かに燭下に誶《ののし》りて曰く、而《なんじ》、吾が夫を殺し、體骸、土榻の下に処を異にして縁《よ》り二歳餘なり。榻、既に火す可からず。又た敢て塡治せず。吾が夫、尚お腐り尽くすや否やを知らず。今、乃ち我を虐ぐ。と。歎息し、泣を飲む。

偸児、牖外に立ち、悉く之れを聴く。明発、局中に入り、衆に号《さけ》ぶ、吾已に某工の死状を得たり。速やかに我に銭を付せよ。と。因りて衆工をして遥かに随いて往かしむ。偸児、酒を被るを陽《いつわ》りて、婦舎に入り、之れに挑む。婦、大いに罵る。隣居、皆、平らかならず、将に之れを欧《う》たんとす。偸児、遽かに土榻に去《ゆ》きて、磚を抜《ひ》いて、撃闘せんと欲する状を作す。則ち屍見《あら》わる。衆工突入し、婦を反接して官に送る。婦、実を吐く。酔う者は則ち私するところなり。

官、復た、壕中の死人、何《いず》く従《よ》り来たるかを窮む。仵作欵伏す、驢に騎《の》る翁を擠《お》して、水に堕とす、と。仵作、誅せられ、婦、洎《およ》び私するところの者、市に磔せらる。先に工長の死を断ずる官吏、皆、廃すること終身とせらる。官、瘐死する者の事、若し発せば、則ち官吏又た、罪を得る者数人有るを以て、遂に皮を負う者の寃を寝《や》む。

此れ延祐の初めの事なり。

校官の文謙甫、以て宋子に語る。宋子曰く、工の死する、当に坐すべき者は、婦と私するところの者との二人なるのみ。乃ち牽聯して四五人を殺す。此れ事変の殷なり。仇を解きて殴刀に伏し、笞を逃がれて刃を得、仵作、殺されて、工婦、磔せられ、皮を道中に負いて、桎梏に死し、盗に赴きて購を獲。此れ又た轇轕して知る可からざる者なり。悲しいかな。と。

犯罪捜査に期限を設けることが招いた悲劇である。

第八節　無訟の見せかけ

岩村藩刊本の第二十二丁表第六行から第二十三丁表第六行までを第八節とする。この部分は、劉基（一三一一～一三七五）の「書蘇伯脩御史断獄記後（蘇伯脩御史断獄記の後に書す）」の写しである。劉基は、字は伯温、元の元統元年（一三三三）の進士。明の太祖の功臣。誠意伯に封じられた。『明史』巻一二八に伝がある。『誠意伯文集』巻七に収められている「書蘇伯脩御史断獄記後」の文章と『祥刑要覧』所載の文章とを比べると、後者では字句が多少省略されている。和訳に当たっては、夫馬進「中国訴訟社会史概論」（同編『中国訴訟社会史の研究』第一章、京都大学学術出版会、二〇一一年。二十七頁から八頁）を参考にした。

【和訳】

劉基、字は伯温が、元の至正年間（一三四一～一三六七）に、「監察御史蘇伯脩断獄記」に寄せて、次のように書き記した。

「先年、朝廷は、天下の裁判が明確でないのを憂慮して、官を派遣して、再審理して判決させました。私はその当時、山の中に居て、人がその事を噂するのを聞きました。再審理を行う官が各地にやって来ようとする時、山岳は震動し、今にも雷雨になりそうで、北風が木の枝を鳴らし、稲光が目をくらませました。豪民や猾吏は、鼠のように逃げ隠れましたが、皆、罪を免れることができないことを覚悟しました。権利を侵害され、恨みを抱いている民は皆、眉をひらき、首を伸ばして、乾いた葉が滋雨を待っているようでした。ところが、再審理を行う官が到着しますと、風はやみ、雨も上がり、待ち望んでいた者は、敗軍が帰って来たような有り様で、恐れていた者は、鷹や隼がひもから身を脱して、勢いよく飛び立つことができたような様子でした。

いぶかしく思って、経験を積んで老成した吏人に質問しました。すると、皆、「重大な裁判案件を再審理するときは、必ず判決文を検討します。もしも、判決文に矛盾が無ければ、判決を変更することはできないのです。」と答えました。これを聞いて退出して、私は深くため息をついて、「もしもこのようであるならば、どうして再審理する官を派遣する必要があるでしょうか。」と思いました。そして、判決文の原案を作成する吏人が本当に人を生かしたり死なせたりすることができるのだ、ということを確信したのです。それからまた、「朝廷の本意ではないのである。派遣された官が再審理を慎重に行わなかっただけである。」と人が言うのを聞きました。国子博士の黄先生が叙述した、御史の蘇公が湖北（江南湖北道）で再審理を行った記事を読みますと、蘇公が判決文に拘《とら》われた、とどうして言えるでしょうか。湖北一道だけでも、蘇公が一たび巡歴する間に、判決をくつがえした案件が八件あり、また、豪民が吏人の弱味を握って法律の適用を止めさせた事実を摘発したことが数回ありました。他道には冤民がいない、とどうして言えるでしょうか。蘇公がいなかったので冤民が見つからなかっただけのことです。

私は以前、「簡訟（訴訟の数を少なくした）」の名声を得ている牧民官（州・県の長官）の様子を観察したことがあります。その法廷に入りますと、草が階段に生えており、その机を見ますと、塵が書類に積もっていました。ぶらぶらと郊外を訪れ、郷村の様子を観察しますと、豪民が横車を押し、怨声が道路に満ちていました。その理由を人に問いますと、「牧民官が訴状を受けつけないので、どこにも訴えようがないからです。」という答えが返ってきました。監察官（原文。大吏）が到着したので冤民が訴えに行きますと、監察官は「当地の牧民官は紛争を生じさせないことができています。民が騒ぎ立てるのは牧民官の罪ではないのです。（民は受けつけるに値しない訴えをしている、という意味。）」と言って、すべて牧民官の肩を持って、牧民官が訴えを受けつけない罪を免れさせました。訴えに来た民は皆、屈辱を感じながら立ち去りました。そして、監察官の言葉を周囲の人に伝え、それが人から人へと伝わりましたので、その後は牧民官に訴えに来る民はいなくなりました。その結果、とうとう「簡訟」の名声を得たのです。

ああ、怨憤の感情は、抑えられると闘殺を行わせ、かきたてられると強盗を行わせ、集積すると災害を発生させます。天の作用に反応するのです。これは誰の責任でしょうか。ああ、再審理を行う人達が皆、蘇公のようであれば、「刑は刑無きを期する」（『書経』大禹謨。本篇第一章第六節を参照。）こと、即ち本当に訴訟がなくなることは難しくないでしょう。

【原文】

劉基（『重刊祥刑要覧』巻一は「基」を「公」に作る。）伯温、元至正中（同上は「元」字の前に「在」字があ

る。）、題監察御史蘇伯脩断獄記、有曰、往歳、慮天下断獄未審（『誠意伯文集』巻七は「慮」字の前に「朝廷」二字があり、「審」字の後に「用中書御史台議」七字がある。）、遣官審覆論報。僕時居山間、聞人言之。山岳震畳、如雷雨将至。陰風鳴條、飛電爍目。豪氓猾吏、竄伏如鼠。倶自期不免。銜冤抱痛之民、無不伸眉引項、若槁葉之待滋潤。及至、則風止雨霽。望者如敗軍之帰、畏者如鷹隼之脱絛而得扶揺也。

恠而問于老成吏事之人。咸曰、断大獄、必視成案。苟無其隙、不得而更焉。因退而自太息曰、苟如是、烏用審覆者。於是、大信刀筆吏之真能生死人矣。既又聞諸人曰、非朝廷意也。奉命者不恪耳。及観博士黄先生所叙（『誠意伯文集』巻七は「博士」の前に「国子」二字がある。）、御史蘇公慮囚湖北、曷嘗拘於成案哉。夫以一湖北之地、公一巡歴而所平反者八事（「反」をもと「居」に作る。『重刊祥刑要覧』巻一及び『誠意伯文集』巻七に従って改めた。）、所摘豪右之持吏而尼法者又数事。豈他道之無寃民耶。無蘇公而已矣。

僕徃嘗観牧民官以簡訟名者。入其庭、草生于階、視其几、塵積于牘。徐而訪于其郷、察其田里之間、則強梁横行、怨声盈路。問其故曰、官不受詞、無所訴。大吏至則曰、官不生事（『誠意伯文集』巻七は「官」字の後に「能」字がある。「能」字を補って和訳した。）。民讙非其罪也（同上は「其」を「官」に作る。）。則皆扶出之。訴者悉含垢去。転以相告、無復来者。由是、卒獲簡訟之名。

嗚呼、怨憤之気、拗而為闘殺、激而為盗賊、鬱而為灾沴。上応乎天、誰之咎哉。嗚呼、使人人如蘇公、刑期于無刑、不難矣。（以上、第二十二丁表第六行から第二十三丁表第六行。）

【訓読】

劉基伯温、元の至正中、監察御史蘇伯脩断獄記に題して曰う有り。往歳、天下の断獄の未だ審らかならざるを慮り、官を遣わして審覆論報せしむ。僕、時に山間に居り、人、之れを言うを聞く。山岳震畳し、雷雨の将に至らんとするが如し。陰風、条を鳴らし、飛電、目を爍《とか》す。豪氓猾吏、竄伏すること鼠の如し。倶に自ら免れざるを期す。冤を銜《ふく》み痛《うら》みを抱くの民、眉を伸ばし項を引かざる無く、槁葉の、滋潤を待つが若《ごと》し。至るに及べば、則ち風止み雨霽《は》る。望む者、敗軍の帰るが如く、畏るる者、鷹隼の、絲を脱して扶揺を得るが如きなり。

　恠みて、老成し事を更《ふ》るの人に問う。咸《み》な曰う、大獄を断ずるは、必ず成案を視る。苟くも其の隙無くんば、得て更えざるなり。と。因りて退きて自ら太息して曰く、苟くも是くの如くんば、烏くんぞ審覆する者を用いんや、と。是に於て、刀筆の吏の真に能く人を生死するを大いに信ずるなり。既に又た諸《これ》を人より聞く、曰く、朝廷の意に非ざるなり。命を奉ずる者の恪《つつし》まざるのみ。と。博士黄先生の叙するところの、御史蘇公、湖北に慮囚するを観るに及び、曷《なん》ぞ嘗て成案に拘《とらわ》れんや。夫れ一湖北の地を以てすら、公、一たび巡歴して、平反するところの者八事、豪右の、吏を持して法を尼《とど》むる者を擿するところ又た数事。豈に他道の、冤民無からんや。蘇公無きのみなり。

　僕、往《さ》きに嘗て、牧民官の、簡訟を以て名づくる者を観る。其の庭に入るに、草、階に生《お》い、其の几を視るに、塵、牘に積もる。徐《おもむ》ろにして其の郷を訪ね、其の田里の間を察すれば、則ち強梁、横行し、怨声、路に盈つ。其の故を問えば、曰く、官、詞を受けず、訴うるところ無し、と。大吏、至れば則ち曰く、官、事を生ぜず。民の譁するは其の罪に非ざるなり。と。則ち皆、扶《たす》けて之れを出だす。訴うる者は悉く垢を含みて去る。転じて以て相い告げ、復た来たる者無し。是れに由り、卒に簡訟の名を獲たり。

　嗚呼、怨憤の気、拗して闘殺を為し、激して盗賊を為し、鬱して灾沴を為す。上、天に応ず。誰の咎なるか。嗚呼、人人をして蘇公の如くならしめば、刑は刑無きを期すること、難からざるなり。

冒頭に「劉基伯温、元の至正中、監察御史蘇伯脩断獄記に題して曰う有り。」とあるが、「監察御史蘇伯脩断獄記」とは、蘇伯脩が書いた「断獄記」という意味ではなく、元の黄溍（一二七七～一三五七）が書いた「蘇御史治獄記」を指す。『金華黄先生文集』（『続修四庫全書』所収）巻十五に収められている。黄溍は、字は晋卿、延祐二年（一三一五）の進士。台州路寧海県丞、紹興路諸暨州判官を経て、国子博士、翰林直学士、侍講学士に任じられた。『元史』巻一八一に伝がある。蘇伯脩は、蘇天爵（一二九四～一三五二）、字が伯脩である。監察御史、礼部侍郎、吏部尚書、参議中書省事等を歴任し、江浙行省参知政事に在職中に歿した。『元文類』七十巻を編集した。『元史』巻一八三に伝がある。「蘇御史治獄記」の最後に「（蘇）公は今、中書礼部侍郎より、出でて江北淮東道粛政廉訪使と為る。」と記されており、蘇天爵が淮東道粛政廉訪使に任じられたのは順帝の至元五年（一三三九）であるから（『元史』本伝）、「蘇御史治獄記」が書かれたのはその頃であることがわかる。

「往歳、（朝廷）天下の断獄の未だ審らかならざるを慮り、官を遣わして審覆論報せしむ。」とあるが、これは文宗の至順二年（一三三一）十二月のことである。『元史』巻三十五、文宗本紀、至順二年十二月辛酉条に「中書省・御史台に詔して、官を遣わして各道に詣らしめ、廉訪司と同《とも》に録囚せしむ。」と記されている。蘇天爵は同年十一月に江南行台監察御史に任じられ、翌年正月に湖北道（江南湖北道）に派遣され、慮囚（再審理。「録囚」も同じ。）を行った（「蘇御史治獄記」、『元史』本伝）。湖北道には武昌・岳州・常徳・澧州・辰州・沅州・興国・靖州の八路（それぞれ現在の湖北省武漢市の東南、湖南省岳陽市、常徳市、澧県、沅陵県、芷江県、湖北省陽新県、湖南省靖州県）、漢陽府（現在の湖北省武漢市の西）、帰州（現在の湖北省秭帰県の南）が属する。湖北道の「道」は各粛政廉訪司の管轄区域である。粛政廉訪司は道内の官吏を監察する官司である。

第三章　善者為法

第一節　于公

岩村藩刊本の第二十三丁表第八行から同丁裏第十行までを第一節とする。岩村藩刊本を含めて、江戸時代の日本で刊行された『祥刑要覧』の末尾（『重刊祥刑要覧』では巻二の末尾）に、「已上、善悪法戒は、為善陰隲・歴代臣鑑等（『重刊祥刑要覧』では「等」字の後に「書」字がある。）に出づ。」と記されているように、「善者為法」「悪者為戒」の章に掲げられている裁判官の逸話のほとんどは、『為善陰隲』『歴代臣鑑』の二書から採られたものである。『為善陰隲』（『四庫全書存目叢書』所収）は、全十巻、明の成祖撰、永楽十七年（一四一九）の御製序がある。百六十五人の伝記を集め、それぞれの後に論断と詩とを附している。『為善陰隲』については、酒井忠夫『（増補）中国善書の研究』上（国書刊行会、一九九九年）第一章に説明がある。『歴代臣鑑』（『四庫全書存目叢書』所収）は、全三十七巻、明の宣宗撰、宣徳元年（一四二六）の御製序がある。春秋時代から金元代までの人臣の事蹟を集め、「善可為法」「悪可為戒」の二部に分けて収めている。『祥刑要覧』はこの分類をまねたのであろう。

なお、『学海類編』に収められている『棠陰比事続編』の文章は、『祥刑要覧』の「善者為法」「悪者為戒」二章の文章とほぼ同文であるが、『棠陰比事続編』は、何者かが呉訥の名の下に、『祥刑要覧』の「善者為法」「悪者為戒」二章を抜き出して、「棠陰比事続編」と名づけ、「棠陰比事」の名が似合うように、各節に四字の標題を附け加えたものである（附録篇第四章を参照。）。

【和訳】

漢の于公は、県の獄吏となり、（東海）郡の決曹（被疑者を取り調べ、犯罪事実を認定する部局）の属官に栄転した。犯罪事実の認定が公平であったので、郡の人々は于公のために生祠を立てた。

東海郡（治所は現在の山東省郯城県の北西。）に孝婦がいた。若くして寡婦となり、子を亡くし、大変親切に姑を養っていた。姑は彼女を再嫁させようとしたが、しまいまで再嫁しなかった。姑は隣人に「孝婦は私の世話をして苦労しています。子供を亡くして、寡婦を貫いているのをかわいそうに思います。私は長年、彼女の重荷になっています。どうしたらよいでしょうか。」と言った。その後、姑は首を吊って自殺した。姑の娘が、寡婦が私の母を殺した、と告訴した。県の獄吏が取り調べたところ、孝婦は嘘の自白をした。孝婦の犯罪事実が認定され、一件書類と孝婦の身柄が郡府に上送された。于公は、「この寡婦は、十年余りに渡って姑を養い続けて、孝婦の評判を得ています。必ず姑を殺してはいません。」と意見を申し上げたが、太守は受け入れなかった。于公は太守と議論したが、太守を説得することができなかった。そのため于公は職を辞して立ち去った。太守はとうとう判決を下して孝婦を死刑に処した。郡内で旱魃が三年続いた。後任の太守が到着した。于公が旱魃の理由を告げた。太守は、牛を殺して自ら孝婦の塚を祭り、さらに孝婦の墓の前に彼女の守節と孝行とを称える額を掲げた。すると、天は立ちどころに大雨を降らせ、穀物がみのった。郡内の人々は大いに于公を尊敬した。

于公の家の巷門（村の道に面した門）がこわれた。村の代表者達が共同でそれを修理した。その時、于公が言った。「門を少し高く大きくして、四頭の馬がひく高蓋車が通ることができるようにして下さい。私は被疑者を取り調べる時に陰徳をたくさん積みました。冤罪を被った人はいません。子孫の中には出世する者が必ずいるでしょう。」その言葉通り、于公の子の于定国は丞相となり、西平侯に封じられ、孫の于永は御史大夫となり、宣帝の長女の館陶公主の婿になった。侯に封じられることが代々絶えなかった。

【原文】

善者為法

漢于公、為縣獄吏（『漢書』巻七十一、『為善陰隲』巻一は「吏」を「史」に作る。）、遷郡決曹掾（「曹」はもと「甫」に作る。「掾」字は『漢書』『為善陰隲』『歴代臣鑑』巻二ともに無し。）。決獄平。郡中為之立生祠。東海有孝婦。少寡亡子、養姑甚謹。姑欲嫁之、終不肯。姑謂鄰人曰、孝婦事我勤苦。哀其亡子守寡。我久累之。奈何。後姑自経死。姑女告婦殺我母。吏験治。孝婦自誣服。具獄上府。于公以為、此婦養姑十餘年、以孝聞。必不殺也。太守不聴、于公争之、弗能得。因辞去。太守竟論殺孝婦。郡中枯旱三年。後太守至。公告其故。太守殺牛自祭孝婦冢、因表其墓。天立大雨、歳熟。郡中大敬重于公。

其巷門壊。父老方共治之。于公謂曰、少高大、令容駟馬高蓋車（「高蓋車」をもと「高車盖」に作る。『漢書』『為善陰隲』『歴代臣鑑』『重刊祥刑要覧』巻二に従って改めた。）。我治獄多陰徳。未嘗有所冤。子孫必有興者。至其子定国、果為丞相、封西平侯。孫永為御史大夫、尚宣帝長女館陶公主。侯封不絶。（以上、第二十三丁表第八行から同丁裏第十行。）

【訓読】

漢の于公、県の獄吏と為り、郡の決曹掾に遷る。獄を決すること平らかなり。郡中、之れが為めに生祠を立つ。

東海に孝婦有り。少《わか》くして寡となり、子を亡くす。姑を養うこと甚だ謹む。姑、之れを嫁せしめんと欲す。終に肯ぜず。姑、隣人に謂いて曰く、孝婦、我れに事《つか》えて勤苦す。其の、子を亡くし寡を守るを哀れむ。我れ久しく之れを累《わずら》わす。奈何せん。と。後に姑は自ら経《くび》れて死す。姑の女、婦、我が母を殺すと告す。吏、験治す。孝婦は自ら誣服す。獄を具して府に上《のぼ》す。于公以為《おも》えらく、此の婦、姑を養うこと十餘年、孝を以て聞こゆ。必ず殺さざるなり。と。太守、聴かず。于公、之れを争うも、得る能わず。因りて辞し去る。太守、竟に孝婦を論殺す。郡中、枯旱すること三年。後の太守至る。公、其の故を告ぐ。太守、牛を殺し、自ら孝婦の冢を祭り、因りて其の墓に表す。天、立ちどころに大いに雨し、歳、熟す。郡中、大いに于公を敬重す。

其の巷門、壊る。父老、方《まさ》に共に之れを治む。于公、謂いて曰く、少しく高大にして、駟馬高蓋車を容れしめよ。我れ獄を治めて陰徳多し。未だ嘗て寃するところ有らず。子孫必ず、興こる者有らん。と。其の子、定国に至り、果たして丞相と為り、西平侯に封ぜらる。孫の永は御史大夫と為り、宣帝の長女、館陶公主を尚す。侯封、絶えず。

この話の出典は『漢書』巻七十一、于定国伝であるが、『祥刑要覧』のこの文章は、『為善陰隲』巻一「于公争獄」及び『歴代臣鑑』巻二「于定国」の文章の写しである。『為善陰隲』は、永楽十七年三月丁巳に完成し、諸王群臣及び国子監、天下の学校に頒賜するよう命じられ、また、今後は科挙の試験問題をその中からも出すよう命じられた（『明太宗実録』巻二一〇）。『歴代臣鑑』は、宣徳元年四月戊寅に完成し、群臣に頒賜された（『明宣宗実録』巻十六）。呉訥は永楽十七年にはまだ官僚になっていなかったが、宣徳元年には行在湖広道監察御史であったから（『献徴録』巻六十四、呉公訥神道碑）、『歴代臣鑑』を呉訥は賜わったであろう。

第二節　寒朗

岩村藩刊本の第二十四丁表第一行から同丁裏第七行までを第二節とする。和訳に当たっては、吉川忠夫訓注『後漢書』第五冊（岩波書店、二〇〇三年。五五三頁から七頁）、渡邉義浩・高山大毅編『全譯後漢書』第十四冊（汲古書院、二〇〇五年。六十七頁から七十一頁）を参考にした。

【和訳】

寒朗（字は伯奇。二六〜一〇九）は、博く経書に通じていた。孝廉科に推挙されて任官した。（永平年間（五八〜七五）に）謁者（賓客を導き、上奏を取り次ぐ官）で侍御史（非法を察挙する官）を兼任し、（永平十三年（七〇）に告発された）楚王の劉英の謀反事件を取り調べた。

被告人の顔忠と王平とが、他の共謀者として、（隧郷侯の）耿建、（朗陵侯の）臧信、（護沢侯の）鄧鯉、（曲成侯の）劉建の名を挙げた。耿建らは、今まで顔忠や王平と会ったことがない、と供述した。当時、顕宗（明帝）は激怒していて、官吏は皆、恐れおののいて、共謀者として名が挙げられた人達について、実情を調べて罪が無ければ釈放しようとする者がいなかった。寒朗は、彼らの冤罪を気の毒に思った。耿建らの顔や姿がどのようであるかを顔忠と王平とに自分一人で質問したところ、二人は虚を衝かれて答えることができなかった。そこで寒朗は「耿建らは顔忠と王平とによって誣告されたのです。天下の無罪の人がこのようにして罪を被っていることが多いのではないかと疑います。」と皇帝に申し上げた。

皇帝は寒朗を召して、「耿建らが無罪であるならば、顔忠と王平とはどうして他の共謀者として彼らの名を挙げたのですか。」と質問した。寒朗は「顔忠と王平とは、犯した罪が大逆不道であることを自覚していますので、嘘をついて他の共謀者として多くの人の名を挙げて、それが嘘であるとわかった時に、二人が謀反の罪を犯したという自白もまた嘘であると思われることを期待したのです。」と答えた。皇帝は怒って「この官吏は、（こう考えながらも耿建らを釈放するようすぐに上奏しなかったのであるから）耿建らが無罪でも有罪でも、自分の立場を守ることができるよう計っています。すみやかにこの者を引きずり出して下さい。」と言った。寒朗が「私は陛下を欺きません。国家の役に立ちたいだけです。」と言うと、皇帝は「誰があなたと一緒にこのたびの上奏文を作ったのですか。」と質問した。寒朗は答えた。「私は自分の行為が一族皆殺しの刑に当たることを自覚しております。他人を巻きぞえにしようとは思いません。私が考えますに、囚人を取り調べる者は皆、今回の事件の被告人は、凶悪な大罪を犯したとされ、臣僚が共に憎むべき者であるから、今はこの者を釈放するよりも、この者を罪に入れて、後で責任を問われないようにする方がよい、と言っております。そのために、一人を取り調べて十人を罪に入れ、十人を取り調べて百人を罪に入れています。また、大臣高官が朝廷に会集する時に、陛下が現在の政治の良い所と良くない所とを質問しますと、皆が「旧制では、大罪を犯しますと、刑罰が九族（高祖父・曽祖父・祖父・父・本人・子・孫・曽孫・玄孫。あるいは父族四・母族三・妻族二。）に及ぶ定めでしたが、陛下の大恩のおかげで、ただ本人だけに止まることになりました。」と答えます。しかし、皆、家に帰りますと、口では言いませんが、屋根を仰いで、ひそかにため息をつくのです。私が言いたいことは申し上げましたので、死んでも後悔はありません。」これを聞いて、皇帝の怒りが解けた。二日後、皇帝は自ら洛陽の牢獄を訪れて、囚人の罪を再審理して、千人余りを釈放した。

建初年間（七六～八四）に、粛宗（章帝）が、寒朗は先帝に忠誠を捧げたので、易県（河間国に属する。現在の河北省雄県の北西。）の長を授ける、と詔した。（一年余り後に）済陽県（陳留郡に属する。現在の河南省蘭考県の北東。）の令に転任し、母の喪に服するために辞職した。章和元年（八七）、粛宗が東方を巡行し、済陽県に立ち寄った。すると、県の三老（三老は、県下の各郷に一人ずつ置かれ、教化を掌った。郷三老のうち一人を選んで県三老とした。）と吏人とが、寒朗が県令として行った善政の内容を皇帝に申し上げた。（永元年間（八九～一〇五）に）清河郡（治所は現在の山東省臨清県の東北。）の太守に栄転した。（永初三年（一〇九）に）博士に任じられたが、（召されて公車に到った時に）亡くなった。八十四歳であった。

【原文】

寒朗、博通経書、挙孝廉。以謁者、守侍御史。考案楚獄。有顔忠王平。辞連耿建・臧信・鄧鯉・劉建。建等辞、未嘗与忠平相見。時顕宗怒甚。吏皆惶恐。諸所連及、無敢以情恕者。朗心傷其寃。以建等物色、独問忠平、錯愕不能対。乃上言、建等為忠平所誣。疑天下無辜多如此。帝召問曰、建等即如是、忠平何故引之。朗曰、忠平自知所犯不道。故多虚引、冀以自明。帝怒曰、吏持両端、促提去。朗曰、小臣不敢欺。欲助国耳。帝曰、誰与共為章。対曰、臣自知当族滅。不敢汚染人。臣見考囚者、咸言、妖悪大故、臣子宜同疾。今出之、不如入之可無後責。是以考一連十、考十連百。又公卿朝会、問以得失、皆言、旧制大罪、禍及九族。陛下大恩、裁止於身。及其帰舎、口雖不言、而仰屋窃歎。臣言既陳、死無所悔。帝意解。後二日、自幸洛陽獄、審録、理出千餘人。

建初中、粛宗詔、以朗納忠先帝、拜易県長。遷済陽令。以母喪去。章和元年、上東巡、過済陽。三老吏人、陳朗前政治状。遷清河太守。入為博士、卒。年八十四。（以上、第二十四丁表第一行から同丁裏第七行。）

【訓読】

寒朗、博く経書に通じ、孝廉に挙げらる。謁者を以て侍御史を守す。楚獄を考案す。顔忠・王平有り。辞、耿建・臧信・鄧鯉・劉建に連なる。建ら辞す、未だ嘗て忠・平と相い見ず、と。時に顕宗、怒り甚し。吏、皆、惶恐す。諸《もろもろ》の連及するところ、敢えて情を以て恕《ゆる》す者無し。朗、心に其の寃を傷む。建らの物色を以て、独り忠・平に問う。錯愕して対うる能わず。乃ち上言す、建ら忠・平の誣するところと為る。天下の無辜、此くの如き多からんと疑う。と。

帝、召して問いて曰く、建ら即《も》し是くの如くんば、忠・平、何故に之れを引くか、と。朗曰く、忠・平、犯すところ不道なるを自ら知る。故に多く虚引して、以て自ら明らかにするを冀うのみ。と。帝、怒りて曰く、吏、両端を持す。促《すみ》やかに提《ひ》き去れ。と。朗曰く、小臣、敢えて欺かず。国を助けんと欲するのみ。と。帝曰く、誰かに与に共に章を為《つく》る、と。対えて曰く、臣、族滅に当たるを自ら知る。敢えて人を汚染せず。臣、囚を考する者を見るに、咸《み》な言う、妖悪大故は臣子宜しく同《とも》に疾《にく》むべし、今、之れを出だすは、之れを入れて後責無かる可きに如かず、と。是を以て、一を考して十を連ね、十を考して百を連ぬ。又た公卿の朝会にて、問うに得失を以てすれば、皆言う、旧制にては大罪は、禍い九族に及ぶ、陛下の大恩もて、裁《わず》かに身に止まる、と。其の、舎に帰るに及び、口、言わずと雖も、屋を仰ぎ窃かに歎す。臣の言、既に陳ぶ。死するも悔ゆるところ無し。と。帝の意、解く。後二日、自ら洛陽の獄に幸し、審録して、理《おさ》めて千餘人を出だす。

建初中、粛宗、詔して、朗、忠を先帝に納るるを以て、易県の長に拝す。済陽の令に遷る。母の喪を以て去る。章和元年、上、東巡し、済陽に過《いた》る。三老・吏人、朗の前政の治状を陳ぶ。清河の太守に遷る。入りて博士と為る。卒す。年八十四。

右の文章は『後漢書』列伝第三十一、寒朗伝の文章の節略文である。寒朗の話は『為善陰隲』にも『歴代臣鑑』にも記載されていない。

第三節　郭弘

岩村藩刊本の第二十四丁裏第八行から第二十五丁表第八行までを第三節とする。和訳に当たっては、吉川忠夫訓注『後漢書』第六冊（岩波書店、二〇〇三年。二一一頁から八頁）、渡邉義浩・高山大毅編『全譯後漢書』第十四冊（前掲、三六七頁から七五頁）を参考にした。

【和訳】

郭弘は、潁川郡（治所は現在の河南省禹州県。）の決曹（被疑者を取り調べ、犯罪事実を認定する部局）の属官となり、裁判を行うこと三十年、公平に、思いやりの心で法律を適用したので、郭弘によって罪を決められた者は、後で恨みを抱くことが無かった。郡内の人々は、郭弘を東海郡の于公（本章第一節を参照。）とならべた。九十五歳で亡くなった。

郭弘の子、躬（九四年歿）は、元和三年（八六）に廷尉（郡国から送られてきた疑罪の案件に対して判決を下す官）を授けられた。四十一件の法規について、重い刑を軽い刑に変更すべきである、と箇条書きにして上奏した。彼が疑罪の案件に対する意見を上奏したおかげで、多くの罪人が命を全うすることができた。

郭躬の次男、晊《シツ》は、南陽郡（治所は現在の河南省南陽市。）の太守に至り、立派な政治を行った。郭躬の弟の子、鎮（一二九年歿）は、延光年間（一二二～一二五）に尚書（中央政府の公文書の発布を主る官）に任じられた。順帝（在位一二五～一四四）が即位する際のクーデターで大功を挙げ、定潁侯に封じられた。河南尹（京都雒陽の行政を主る。）を授けられ、廷尉に転任した。

郭鎮の長子、賀は、父の爵位を受け継ぎ、父と同様、廷尉に任じられた。賀の弟、禎もまた、法律をうまく適用することができたので、廷尉に至った。郭鎮の弟の子、禧もまた、延熹年間（一五八～一六七）に廷尉となった。（建寧二年（一六九）に）劉寵（『後漢書』循吏列伝第六十六に伝がある。）に代わって太尉（天下の兵事と功課とを掌る。）となった。郭禧の子、鴻は、司隷校尉（百官及び京師近郡の犯法者を察挙することを掌る。）に至り、城安郷侯に封じられた。

郭氏は、郭弘以後、数世代に及んで、皆、法律を伝習し、公平で思いやりのある裁判を行うことを心掛けた。子孫のうち、公（太尉を指す。）に至った者が一人、廷尉が七人、侯に封じられた者が三人、刺史（一州に属する郡国の行政を監察する官）・二千石（郡の太守を指す。）・侍中（皇帝の左右に侍り、顧問応対することを掌る。）・郎将（中郎将。宿衛侍従することを掌る。）に任じられた者が二十人余り、侍御史・正・監（正・監は廷尉の属官。）となった者が甚だ多かった。

【原文】

郭弘、為潁（「潁」は「潁」が正しい。）川決曹（「曹」はもと「曺」に作る。）掾。断獄三十年、用法平恕。為弘所決者、退無怨情。郡内比之東海于公。年九十五、卒。

子躬、元和三年、拝廷尉。條奏重罪従軽者四十一事。其所奏讞、多得生全。

中子晊、至南陽太守。政有名迹。従子鎮、延光中、為尚書。順帝立、有功、封定潁侯（「侯」はもと「侯」に作る。)。拜河南尹、転廷尉。

長子賀、襲封、復遷廷尉。賀弟禎、亦以能法律至廷尉。鎮弟子禧、延熹中、亦為廷尉。代劉寵為太(「太」はもと「大」に作る。)尉。禧子鴻、至司隷校尉、封城安郷侯。

郭氏、自弘後数世、皆伝法律、務尚平恕。子孫至公者一人、廷尉七人、侯者三人、刺史・二千石・侍中・郎将(『後漢書』郭陳列伝第三十六は「侍中郎将」を「侍中中郎将」に作る。)者二十餘人。侍御史・正・監者甚衆。(以上、第二十四丁裏第八行から第二十五丁表第八行。)


【訓読】


郭弘、潁川の決曹の掾と為る。獄を断ずること三十年、法を用いること平恕たり。弘の決するところと為る者、退きて怨情無し。郡内、之れを東海の于公に比す。年九十五にて卒す。

子の躬、元和三年、廷尉を拝す。重罪の、軽きに従う者四十一事を条奏す。其の奏讞するところ、多く生全するを得たり。

中子の晊、南陽太守に至る。政、名迹有り。従子の鎮、延光中、尚書と為る。順帝立つ。功有り。定潁侯に封ぜらる。河南尹を拝す。廷尉に転ず。

長子の賀、襲封す。復た廷尉に遷る。賀の弟、禎も亦た、法律を能くするを以て廷尉に至る。鎮の弟の子、禧、延熹中、亦た廷尉と為る。劉寵に代わりて太尉と為る。禧の子、鴻、司隷校尉に至る。城安郷侯に封ぜらる。

郭氏は、弘より後、数世、皆、法律を伝え、務めて平恕を尚《たっと》ぶ。子孫、公に至る者一人。廷尉七人。侯たる者三人。刺史・二千石・侍中・郎将たる者二十餘人。侍御史・正・監たる者甚だ衆《おお》し。

この話の出典は『後漢書』郭陳列伝第三十六、郭躬伝である。『祥刑要覧』のこの文章は、『後漢書』郭躬伝及び『為善陰隲』巻二「郭躬寛平」の文章の抜き書きである。なお、この話に登場する郭氏の系図を掲げておく。

第四節　雋不疑

岩村藩刊本の第二十五丁表第九行から同丁裏第一行までを第四節とする。

郭氏の系図

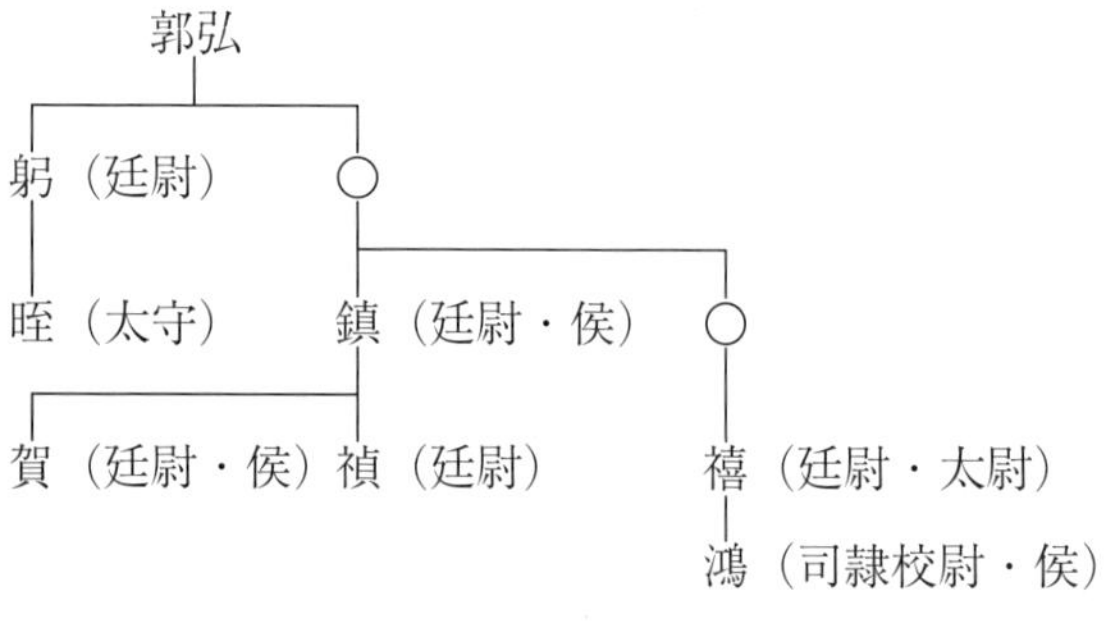

【和訳】

雋《シュン》不疑が京兆尹（京師長安を治めることを掌る。）に任じられた。属県を巡行し、囚人に冤罪や滞獄があるかどうかを調査して還るたびに、彼の母は、冤罪を明らかにして釈放した囚人が何人いたかと尋ねた。もし、冤罪を明らかにした囚人の数が多ければ、母は喜び笑い、いつもよりたくさん飲み食べた。冤罪を明らかにした囚人がいなかったときは、母は怒って、食事をとらなかった。ゆえに、不疑は、官吏として、厳格ではあったが、残酷ではなかった。後に退官して自宅で暮らし、天寿を全うして亡くなった。

【原文】

雋不疑為京兆尹。行県録囚還。其母問辨（「辨」はもと「辯」に作る。『重刊祥刑要覧』巻二に従って改めた。以下同じ。）出冤獄幾人。即多所辨、母喜笑、為飲食、異於佗時。或無所辨、母怒而不食。故不疑為吏、厳而不残。後家居、以寿終。（以上、第二十五丁表第九行から同丁裏第一行。）

【訓読】

雋不疑、京兆尹と為る。県を行《めぐ》り、囚を録して還る。其の母、冤獄を辨出すること幾人ぞと問う。即《も》し辨ずるところ多きときは、母、喜笑し、飲食を為すこと他時に異なる。或いは辨ずるところ無きときは、母、怒りて食せず。故に不疑、吏と為る、厳にして残ならず。後、家居し、寿を以て終わる。

この話の出典は『漢書』巻七十一、雋不疑伝であるが、この話は『歴代臣鑑』巻二「雋不疑」に採られているので、『祥刑要覧』のこの文章は『歴代臣鑑』の文章の写しであろう。ただし、『祥刑要覧』の「辨」字が『歴代臣鑑』及び『漢書』では「平反」となっているなど、『祥刑要覧』の文章は『歴代臣鑑』及び『漢書』の文章と比べて異なる箇所がある。

雋不疑は、字は曼倩、勃海の人。漢の武帝の末年に青州刺史に任じられた。雋不疑が京兆尹であったのは、昭帝の始元五年（前八二）の前後である（『漢書』巻七十一）。『祥刑要覧』には「後に家居し、寿を以て終わる。」とあるが、『漢書』雋不疑伝には「久之、以病免、終於家。（之れを久しくし、病を以て免ぜられ、家に終わる。）」と記されているだけで、天寿を全うしたとは記されていない。『歴代臣鑑』にも「後以病免、卒於家。」とあるだけである。

第五節　盛吉

岩村藩刊本の第二十五丁裏第二行から第六行までを第五節とする。この部分は『為善陰隲』巻一「盛吉泣囚」の写しである。

【和訳】

盛吉は、廷尉（国家の最高裁判官）に任じられ、裁判を行って、冤罪や滞獄が生じなかった。冬月に至って、死刑囚に対して死刑を執行するかどうかを判断しなければならない時（漢朝では死刑は冬に執行された。沈家本『歴代刑法考（三）』「行刑之制考」中華書局、一九八五年）はいつも、彼の妻が灯火を持ち、盛吉が筆を執り、夫妻は向かい合って涙を流した。妻が盛吉に言った。「あなたは天下のために法律を用いるのですから、人に濫りに罪を与えて、わざわいが子孫に及ぶことになってはいけません。」廷尉の職務を行うこと十二年、天下の人々は盛吉の公平さと思い遣りとを称賛した。自宅の庭木に白い鵲《かささぎ》（鵲の背は黒い。）が忽然と飛来して、その上に留まった。

雛を育てて何年もの間、飛び去らなかった。人々はそれを吉兆とみなした。後に、盛吉夫妻に生まれた三人の息子は、皆、州郡の官に任じられた。

【原文】

盛吉為廷尉。決獄無冤滞。毎至冬罪囚当断、其妻執燭、吉持筆（『為善陰隲』巻一は「筆」字の前に「丹」字がある。）、夫妻相対垂泣。妻語吉曰、君為天下執法。不可使人濫罪、殃及子孫。視事十二年、天下称其平恕。庭樹忽有白鵲、来止其上。乳雛連年不去。人以為祥。後、吉所（『為善陰隲』巻一は「所」字がない。）生三子、皆任州郡官（同上は「任州郡官」を「仕州郡」に作る。）。（以上、第二十五丁裏第二行から第六行。）

【訓読】

盛吉、廷尉と為る。獄を決し冤滞無し。冬に至り罪囚、当に断ずべきごとに、其の妻、燭を執り、吉、筆を持し、夫妻、相い対して泣《なみだ》を垂る。妻、吉に語りて曰く、君、天下の為めに法を執る。人をして濫りに罪たらしめ、殃《わざわ》いを子孫に及ばしむ可からず。と。事を視ること十二年、天下、其の平恕を称す。庭樹、忽ち白鵲有り、来たりて其の上に止まる。乳雛して連年、去らず。人、以て祥と為す。後に、吉の生むところの三子、皆、州郡の官に任ぜらる。

盛吉が、死刑囚に対して死刑を執行するかどうかを判断する時に、妻と向かい合って泣いた、という話は、『芸文類聚』巻四十九所引、『太平御覧』巻二三一・巻六四二所引の晋の虞預撰『会稽典録』、『初学記』巻二十所引の呉の謝承撰『後漢書』に見られる。「殃いを子孫に及ばしむ可からず。」という盛吉の妻の言葉は、『初学記』巻十二所引、『太平御覧』巻二三一所引の『会稽典録』に見られる。しかし、庭樹に白鵲が飛来して連年去らず、後に盛吉の三子が州郡の官に任じられた話の出所は見つからない。
『太平御覧』巻六四三所引『会稽典録』に拠れば、盛吉は、字は君達、会稽郡山陰県（現在の浙江省紹興市）の人。司徒の虞延に召し出されて西曹掾（司徒の属官）に任じられた。虞延が司徒となったのは、後漢の明帝の永平八年（六五）である（『後漢書』巻三十三、虞延伝）。

第六節　仇覧

岩村藩刊本の第二十五丁裏第七行から第二十六丁表第二行までを第六節とする。この部分は『歴代臣鑑』巻四「仇覧」の写しである。和訳に当たっては、吉川忠夫訓注『後漢書』第九冊（岩波書店、二〇〇五年。四十八頁から五十二頁）、渡邉義浩・高橋康浩編『全譯後漢書』巻十七冊（汲古書院、二〇一五年。四五九頁から四六五頁）を参考にした。

【和訳】

仇覧は蒲亭の長であった（蒲亭は陳留郡考城県に属する。漢朝では百家を一里とし、十里ごとに一亭を置いた。亭は宿駅である。亭長は盗賊を求捕することを掌る。）。陳元という人がいて、その母が陳元の不孝を仇覧に訴えた（不孝は内容によっては死刑に当たる。）。仇覧が言った。「私は近ごろ、陳元が住む里を訪れ、陳元の住居が整頓されており、陳元が時節に従って農作業を行っているのを見ました。この人は悪人ではありません。母親であるあなたは、年老いているのに、どうして一時の怒りに任せて、息子を不義の罪人にしようと望むのですか。」陳元の母はこの言葉を聞いて、感動し後悔して訴えを取り下げた。そこで、仇覧は、陳元の家を訪れ、陳元母子と一緒に飲食して、陳元のために、親孝行をすれば善い報いがあり、親不孝をすれば悪い報いがある、という戒めを説いた。陳元はついに孝行息子となった。仇覧が職務を行う時は、ひたすら民に道徳を教えることに努めた。郭林宗は、仇覧の寝台の下で拝礼して、「あなたは私の先生です。」と言った。

【原文】

仇覧為蒲亭長。有陳元者。母告其不孝。覧曰、吾近過其里、見其廬舎整頓、耕耘以時。此非悪人。母身老、奈何肆其忿、欲致子於不義乎。母聞、感悔（『歴代臣鑑』巻四は「悔」字の後に「而去」二字がある。）。覧乃至元家、与其母子飲食（同上は「食」字がない。）、為陳人倫孝行禍福之言。元卒成孝子。覧之為政、惟務以徳化人。郭林宗、拝其床下曰、公、泰之師也（同上は「郭林宗」以下「泰之師也」までの十三字がない。）。（以上、第二十五丁裏第七行から第二十六丁表第二行。）

【訓読】

仇覧、蒲亭の長と為る。陳元なる者有り。母、其の不孝を告す。覧曰く、吾れ近ごろ其の里に過《いた》り、其の廬舎、整頓し、耕耘、時を以てするを見る。此れ悪人に非ず。母、身老ゆ。奈何《いかん》ぞ其の忿《いか》りを肆《ほしいまま》にし、子を不義に致さんと欲するか。と。母、聞き感悔す。覧、乃ち元の家に至り、其の母子と飲食し、為めに人倫孝行禍福の言を陳ぶ。元、卒に孝子と成る。覧の、政を為す、惟だ務めて徳を以て人を化す。郭林宗、其の床下に拝して曰く、公は泰の師なり、と。

この話の出典は『後漢書』巻七十六、循吏伝、仇覧の項である。仇覧は、字は季智、陳留郡考城県（現在の河南省民権県の東）の人。四十歳になって蒲亭長に選任された。考城県の主簿に任じられた後、太学に入学した。学び終えて帰郷した後、官職に就くことなく歿した。

「郭林宗、其の床下に拝して曰く、公は泰の師なり、と。」という文は『歴代臣鑑』にはない。郭林宗（一二八～一六九）は、名は泰、林宗は字である。人物を見抜く能力で天下に知られた。『後漢書』巻六十八に伝がある。郭林宗が、太学に遊学中に仇覧を知り、仇覧の部屋に泊めてもらった時に、仇覧の人物に感歎して、寝台から降りて拝礼した（原文。下牀為拜。）、という話が『後漢書』循吏伝、仇覧の項に記されている。

第七節　蘇瓊

岩村藩刊本の第二十六丁表第三行から同丁裏第二行までを第七節とする。

【和訳】

北斉の蘇瓊《ケイ》は、刑獄参軍（三師（太師・太傅・太保）、二大（大司馬・大将軍）、三公（太尉・司徒・司空）、開府儀同三司が開設する府の属官。）であった時、強盗と疑われた人の冤罪を晴らした。

南清河郡（済州に属する。治所は現在の山東省高唐県。）の太守に任じられた。乙普明という民がいた。兄弟の間で田地を争っていた。それぞれが証人を指名して、その数が百人に達した。蘇瓊は、普明兄弟を呼び出して、「天下で得難いものは兄弟です。求め易いものは田地です。たとえ田地を得ても、兄弟の情を失っては何にもなりません。」と諭して、涙を流した。証人たちも泣かない者はいなかった。普明兄弟は、叩頭して、ほかに考え直したいと願い出た。十年間、家産を分けて別居していたが、この結果、再び同居することとなった。

蘇瓊は、つねに衛凱ら郡の儒者を招き集めて、郡の学校で講義をしてもらった。郡の官吏に命じて、文書作成の合い間に、全員に書経の講義を受けさせた。邪神を祭る社を禁断し、婚姻喪葬は質素に、礼にかなうように行うことを民に教えた。太守の地位に在ること六年、親の喪に服するために辞職した。知人からの贈り物は一切受け取らなかった。喪があけると、大理寺の司直、次いで廷尉正に任じられた。取り調べに当たっては、真実を得ることに努力した。冤罪を晴らすことが多かった。後に大理卿に昇任した。長寿に恵まれ、隋の開皇年間（五八一～六〇〇）に至って亡くなった。

【原文】

北斉蘇瓊、初為刑獄参軍、平反強劫冤獄。除南清河太守。有百姓乙普明。兄弟争田、各相援拠、乃至百人。瓊召普明兄弟、諭之曰、天下難得者兄弟、易求者田地。仮令得田地、失兄弟心、如何。因而下涙。諸証人、莫不灑泣。普明兄弟、叩頭、乞外更思。分異十年、遂還同住。瓊毎集郡（「郡」はもと「群」に作る。『重刊祥刑要覧』巻二及び元和中刊本に従って改めた。）儒衛凱等、講於郡学。郡（『北史』巻八十六は「郡」を「朝」に作る。）吏文案之暇、悉令受書。禁断淫祠、婚喪、教民（同上は「民」を「令」に作る。）倹而中礼。在郡六年、遭憂解職。故人贈遺、一無所受。尋起為司直廷尉（同上は「尉」字の後に「正」字がある。）。推察務在得情、多所申雪。後陞大理卿。克享高寿。至隋開皇中、始卒。（以上、第二十六丁表第三行から同丁裏第二行。）

【訓読】

北斉の蘇瓊、初め刑獄参軍と為る。強劫の冤獄を平反す。南清河太守に除せらる。百姓乙普明有り。兄弟、田を争う。各々相い援拠し、乃ち百人に至る。瓊、普明兄弟を召し、之れを諭して曰く、天下、得難き者は兄弟、求め易き者は田地。仮令《たと》い田地を得るも、兄弟の心を失うは如何《いかん》。と。因りて涙を下す。諸証人、泣を灑《そそ》がざるは莫し。普明兄弟、叩頭し、外《ほか》に更め思わんことを乞う。分異すること十年、遂に還《ま》た同《とも》に住む。瓊、毎《つね》に郡儒衛凱等を集め、郡学に講ぜしむ。郡吏、文案の暇《いとま》、悉く書を受けしむ。淫祠を禁断し、婚喪は民に教えて倹にして礼に中《あ》たらしむ。郡に在ること六年、憂に遭い職を解かる。故人の贈遺、一つも受くるところ無し。尋《つ》いで起《た》ちて司直・廷尉（正）と為る。推察、務め情を得るに在り。申雪するところ多し。後ち大理卿に陞る。克《よ》く高寿を享く。隋の開皇中に至り、始めて卒す。

右の蘇瓊の話の出所は『北史』巻八十六、循吏伝、蘇瓊の項である。『為善陰隲』及び『歴代臣鑑』には蘇瓊の話は出てこない。蘇瓊は、字は珍之、冀州長楽郡武強県（現在の河北省武強県の西南）の人。「初め刑獄参軍と為る。」とあるが、『北史』同上に「斉の文襄、儀同を以て府を開き、引きて刑獄参軍と為す。」と記されている。「斉の文襄」は北斉の文宣帝の兄、高澄を指す。刑獄参軍は、高澄が北魏の開府儀同三司として開設した府の属官である。高澄が開府儀同三司に任じられたのは中興二年（五三二）である（『北史』巻六）。「強刼の冤獄を平反す。」とあるが、蘇瓊が強盗と疑われた人の冤罪を晴らした話は『北史』巻八十六に見られる。その話は『折獄亀鑑』に採録されているので、説明は『折獄亀鑑』の訳注に譲る。

「瓊、毎《つね》に郡儒の衛凱らを集め、郡学に講ぜしむ。」とあるが、『北史』巻八十六には「毎年春、大儒衛覬隆・田元鳳等を総集し、郡学に講ぜしむ。」と記されている。衛覬隆は、「衛冀隆」「衛覬」とも記され、『春秋』に通じていた（『北史』巻八十一、儒林伝の序。中華書局の標点本『北史』巻八十一の校勘記〔六〕を参照。）。田元鳳は三礼を専門とした（『北史』同上）。

「後ち大理卿に陞る。克く高寿を享く。隋の開皇中に至り、始めて卒す。」とある。『北史』巻八十六には「後ち大理卿と為りて、斉亡ぶ。周に仕え、博陵太守と為る。隋の開皇の初めに卒す。」と記されている。長寿であったとは記されていないが、中興二年（五三二）に刑獄参軍となったと仮定し、開皇元年（五八一）に歿したと仮定すると、刑獄参軍に任じられてから五十年生きたことになる。

なお、「郡儒衛凱等」の「郡」を「群」に誤刻したのは、寛永元年刊本からである。

第八節　李素立

岩村藩刊本の第二十六丁裏第三行から第七行四文字目までを第八節とする。この部分は『新唐書』巻一九七、循吏伝、李素立の項の抜書きである。

【和訳】

唐の李素立は、武徳年間（六一八～六二六）の初め、監察御史に抜擢された。ある民が法律を犯したが、その罪は死刑には至らない罪であった。高祖はその民を死刑にしようとした。素立は諫めて言った。「三尺の法（制定法を意味する。漢代、法律の条文は三尺の長さの竹簡に書かれた。）は、天下の人々が共有するものです。法が一たび動揺すれば、人々は手足をどこに置いたらよいか、わからなくなってしまいます。」高祖はこれを嘉納した。

親の喪に服するために辞職した。喪が開けて、侍御史を授けられた。瀚海都護（都護は蕃夷を撫慰することを掌る。）に任じられた。辺境のえびすが、素立の恩恵に感謝して、馬牛を率いて来て、素立に献上した。素立はただ一盃の酒を受け取っただけであった。えびすはますます素立を畏敬した。亡くなると、平と諡《おくりな》された。

【原文】

唐李素立、武徳初、擢監察御史。民犯法、不至死。高祖欲殺之。素立諫曰、三尺法、天下所共。一動揺、人無所措手足。帝嘉納。親喪解官。起授侍御史。為瀚海都護。夷人感其恵、率馬牛以献。素立止（もと「止」字なし。『新唐書』巻一九七及び『重刊祥刑要覧』巻二に従って補った。）受酒一盃。虜益畏服。卒。謚曰平。（以上、第二十六丁裏第三行から第七行第四字。）

【訓読】

唐の李素立、武徳の初め、監察御史に擢せらる。民、法を犯すも死に至らず。高祖、之れを殺さんと欲す。素立、諫めて曰く、三尺の法は、天下、共にするところ。一たび動揺せば、人、手足を措《お》くところ無からん。と。帝、嘉納す。親喪にて官を解かる。起ちて侍御史を授けらる。瀚海都護と為る。夷人、其の恵みを感じ、馬牛を率い、以て献ず。素立は止だ酒一盃を受くるのみ。虜、益々畏服す。卒す。諡して平と曰う。

李素立は、趙州高邑県（現在の河北省高邑県）の人。永徽年間（六五〇～六五六）の初めに蒲州刺史に任じられ、任地に赴く道中で亡くなった。『旧唐書』巻一八五上、良吏伝上、及び『新唐書』（前掲）に伝がある。

「瀚海都護と為る。」とある。『唐会要』巻七十三、安北都護府に「（貞観）二十一年（六四七）正月九日、鉄勒の回紇等十三部、内附するを以て、六都督府（原注。回紇部に瀚海都督府を置く。後略）七州を置く。（中略）四月十日に至り、燕然都護府を置く。揚州司馬の李素立を以て都護と為す。瀚海等六都督、皐蘭等七州、並びに隷す。」「龍朔三年（六六三）二月十五日、燕然都護府を廻紇部落に移す。仍りて名を瀚海都護府に改む。」と記されている。この記事から、李素立は貞観二十一年に燕然都護に任じられ、燕然都護府は龍朔三年に瀚海都護府に改名されたことが知られる。

第九節　戴冑

岩村藩刊本の第二十六丁裏第七行第五字から第二十七丁表第二行までを第九節とする。この部分は『歴代臣鑑』巻十二「戴冑」の抜書きである。

【和訳】

戴冑が大理少卿（大理寺の次官。国家の裁判を掌る。流刑死刑に当たる犯罪をすべて再審理する。）に任じられた。その時、任官候補者の中に、官位や父祖の功労を詐って、ニセの推薦文書を作って、選任された者がいた。太宗が、自首を許し、自首せずに罪が発覚すれば死罪にする、と詔した。たちまち、ある人が官を詐り得た事実が発覚し、その事実が認定された。戴冑は律の規定通りに流刑に当てた。太宗が言った。「私は自首しない者は死罪にする、と詔しました。ところが今あなたは流刑に当てました。これは天下に信を示さないということです。」戴冑が答えた。「法律は大信を人々に行きわたらせます。言葉は一時の喜怒の感情から発したものです。」太宗は感悟した。尚書左丞（尚書省の属官。省内を糾正することを掌る。）に転任した。亡くなると、尚書右僕射（尚書省の次官）の官を贈られ、道国公に追封され、忠と諡《おくりな》された。

【原文】

戴冑為大理少（「少」はもと「小」に作る。『重刊祥刑要覧』巻二に従って改めた。）卿。時選者有詭（「詭」はもと「詐」に作る。『歴代臣鑑』巻十二、『重刊祥刑要覧』巻二及び元和中刊本に従って改めた。）資廕冒牒取調者。詔許自首、不首罪死。俄有詐得者。獄具。冑以法当流。太宗曰、朕詔不首者死。今当流。是示天下不以信。冑曰、法者布大信於人。言乃一時喜怒所発。太宗、感悟。遷尚書左丞。卒。贈尚書右僕射、追封道国公、謚曰忠。（以上、第二十六丁裏第七行第五字から第二十七丁表第二行。）

【訓読】

戴冑、大理少卿と為る。時に選者、資廕を詭《いつわ》り、冒牒して調を取る者有り。詔して、自首を許し、首せざれば罪は死とす。俄に詐り得る者有り。獄、具す。冑、法を以て流に当つ。太宗曰く、朕、首せざる者は死とす、と詔す。今、流に当つ。是れ天下に示すに信を以てせず。と。冑曰く、法なる者は大信を人に布く。言は乃ち一時の喜怒の発するところ。と。太宗、感悟す。尚書左丞に遷る。卒す。尚書右僕射を贈り、道国公に追封し、謚して忠と曰う。

この話の出典は『旧唐書』巻七十、戴冑伝及び『新唐書』巻九十九、戴冑伝である。戴冑は、字は玄胤、相州安陽県（現在の河南省安陽市）の人。貞観元年（六二七）に大理少卿に任じられ、同年、尚書左丞に転じ、三年、民部尚書となった。貞観七年（六三三）に亡くなった。

「冑、法を以て流に当つ。」とある。開元二十五年（七三七）律の詐偽律、詐仮官仮与人官条に「官を詐仮（疏。虚偽詐仮して以て官を得るを謂う。）し、人に官を仮与し、及び仮を受くる者は、流二千里。」と定められており、戴冑が大理少卿であった貞観元年の現行法であった武徳七年（六二四）律にも、詐仮官に流刑を当てる規定が存在したのであろう。

第十節　徐有功

岩村藩刊本の第二十七丁表第三行から同丁裏第四行までを第十節とする。この部分は『為善陰隲』巻三「有功仁恕」及び『歴代臣鑑』巻十二「徐有功」からの抜書きである。

【和訳】

徐有功は、明経の試験に合格し、司刑丞（不当な判決を正すことを掌る。）に昇任した。当時、武后は唐の大臣が自分に対して反逆を謀っているのではないかと恐れていた。周興（本篇第四章第六節を参照。）らは、武后の意思をさぐり知り、牢獄を設置して、将軍や大臣を捕え、天下の豪傑を連行して、全員に謀反罪の判決を下した。徐有功だけがしばしば武后に面と向かって反対意見を述べた。周興は、徐有功は故らに謀反囚の罪を軽くしたので死刑に当たる、と弾劾した。この罪で徐有功は免官された。復帰して侍御史（百僚を糾劾し、獄訟を推鞫することを掌る。）に任命された。徐有功は辞退して言った。「今、法官に私を採用して下さいました。私は正義を守り、法律をそのまま適用いたしますので、必ずそれが理由で死刑になるでしょう。」武后は強いて侍御史を授けた。

薛季昶《チョウ》が、徐有功は悪逆人の味方をしたので、棄市（公開の死刑）に当たる、とまたもや弾劾した。令史（事務職員）が泣きながら徐有功にそのことを伝えた。徐有功は「どうして私だけが死んで、他の人は永遠に死なないでしょうか。」と言った。武后が「あなたは近ごろ裁判を行って、誤って重い罪を軽い罪としたり、有罪を無罪としたりすることが多いです。どうしてですか。」と詰問した。徐有功は「誤って重い罪を軽い罪としたり、有罪を無罪としたりするのは、人臣の小さな過ちです。生命を大切にするのは人君の大徳です。」と答えた。武后は黙り込んだ。徐有功は除名されて庶民の身分に落とされた。復帰して左司郎中（尚書省の属官。従五品上）を授けられ、司刑少卿（大理少卿。従四品上）に昇任した。合わせて三回、死刑の判決を下され、死に直面しても、泰然として恐れず、赦されても喜ばなかった。その姿を見て、武后は徐有功を重んじた。司僕少卿（太僕少卿。国家の牧畜を掌る。従四品上）に転任した。六十八歳で亡くなった。司刑卿（大理卿。従三品）の官が贈られた。中宗が即位すると（神龍元年。七〇五年）、越州都督（正三品）の官が加贈され、一子に官が授けられた。会昌年間（八四一〜八四六）、忠正と追謚された。

【原文】

徐有功、挙明経、累遷司刑丞。時武后、畏唐大臣謀己。周興等、揣識后指、置獄、捕将相、引天下豪傑、一切按以反論。独有功、数犯顔争。周興劾有功故出反囚、当誅。坐免官。起為侍御史。辞曰、今以法官用臣。臣守正行法、必坐此死。后固授之。薛（「薛」はもと「孽」に作る。『歴代臣鑑』巻十二、『重刊祥刑要覧』巻二に従って改めた。）季昶、復劾有功党悪逆。当棄市。令史泣以告。有功曰、豈独吾死、而諸人長不死耶。后詰曰、公比断獄多失出、何也。対曰、失出、人臣小過、好生、人君大徳。后黙然。免為民。起拝右司郎中（『新唐書』巻一一三、『旧唐書』巻八十五は「左司郎中」とする。）、転司刑少卿。凡三坐大辟。将死、泰然不憂。赦之、亦不喜。后以此重之。改司僕少卿。卒。年六十八。贈司刑卿。中宗即位。加贈越州都督、授一子官。会昌中、追謚忠正。（以上、第二十七丁表第三行から同丁裏第四行。）

【訓読】

徐有功、明経に挙げられ、司刑丞に累遷す。時に武后、唐の大臣、己を謀るを畏る。周興等、后の指を揣《はか》り識り、獄を置き、将相を捕え、天下の豪傑を引き、一切、按じて反を以て論ず。独り有功のみ数々《しばしば》犯顔して争う。周興、有功故《ことさ》らに反囚を出だす、当に誅すべし、と劾す。坐して免官せらる。起ちて侍御史と為る。辞して曰く、今、法官を以て臣を用いる。臣、正を守り、法を行う。必ず此れに坐して死なん。と。后、固く之れを授く。

薛季昶、復た、有功、悪逆に党し、棄市に当たる、と劾す。令史、泣きて以て告ぐ。有功曰く、豈に独り吾れのみ死して、諸人は長く死せざらんや、と。后、詰して曰く、公、比《このご》ろ獄を断ずるに、出だすに失すること多きは何ぞや、と。対えて曰く、出だすに失するは人臣の小過、生を好むは人君の大徳なり、と。后、黙然たり。免ぜられて民と為る。起ちて右司郎中に拝せらる。司刑少卿に転ず。凡そ三たび大辟に坐す。将に死なんとするも、泰然として憂えず。之れを赦すも亦た喜ばず。后、此れを以て之れを重んず。司僕少卿に改めらる。卒す。年六十八。司刑卿を贈る。中宗、即位す。越州都督を加贈し、一子に官を授く。会昌中、忠正と追諡す。

右の徐有功の話の出所は、『旧唐書』巻八十五、徐有功伝、及び『新唐書』巻一一三、徐有功伝である。徐有功は、名は弘敏、有功は字である。載初元年（六九〇）、司刑丞に任じられた。長安二年（七〇二）に六十二歳（『旧唐書』）または六十八歳（『新唐書』）で亡くなった。神龍元年（七〇五）三月に越州都督の官を追贈された（『旧唐書』巻七）。

「薛季昶、復た、有功、悪逆に党す、と劾す。」とある。薛季昶は、武后朝で監察御史、門下給事中、御史中丞、河北道按察使、雍州長史、洛州長史等を歴任した。剛直な官僚ではあったが、先に訴えた者が語る話を事実と思い込む欠点があった、という。『旧唐書』巻一八五上、良吏伝上、『新唐書』巻一二〇に伝がある。

第十一節　欧陽観と欧陽脩

岩村藩刊本の第二十七丁裏第五行から第二十八丁裏第二行までを第十一節とする。この部分は『為善陰隲』巻五「欧陽求生」「永叔吏事」の写しである。

【和訳】

宋の欧陽観（九五二〜一〇一〇）は、泗州（治所は現在の江蘇省盱眙県）及び綿州（治所は現在の四川省綿陽市）の二州の推官（判決原案の作成を掌る。）を歴任し、裁判に細心の注意をはらった。ある夜、一件書類を熟読していた時、しばしば読むのをやめて、歎声を発した。妻がそれを問うと、欧陽観は「これは死罪の案件です。私は、死刑にしないための理由を捜していますが、見つからないのです。」と答えた。妻が「死刑にしないための理由というのは、捜すことができるものなのですか。」と尋ねると、欧陽観は次のように答えた。「死刑にしないための理由を捜した上で見つからなかったときは、死刑になる者も私も皆、思い残すことはありません。まして、死刑にしないための理由を捜して見つかったときは、言うまでもありません。死刑にしないための理由を捜して見つかることがあるからには、それを捜してもらえずに死刑にされた者は、恨みがあるに違いありません。そもそも、死刑にしないための理由を捜すことをいつも心がけていてすら、それを見落として、死刑にしてしまうことがあります。まして、死刑にするための理由を捜し求めますと、間違って死刑にしてしまいやすくなります。」

この時、欧陽観の子の脩は、まだ三歳であった。乳母が、脩を抱いて、そばに立っていた。欧陽観は、脩を指して、歎声を発して、「私はこの子が一人前になるのを見ることはないでしょう。いつか、私の今の言葉をこの子に伝えて下さい。」と妻に言った。

【原文】

宋欧陽観、為泗綿二州推官、留心於獄。嘗夜治官書、屢廃而歎。妻問之。曰、此死獄也。我求其生不得爾。妻曰、生可求乎。曰、求其生而不得、則死者与我、皆無恨也。矧求而有得耶。以其有求而得、則知不求而死者有恨也。夫嘗求其生、猶失之死。而況求其死也。子脩、纔三歳。乳母抱立于旁。指而嘆曰、吾不見児之立也。後当以我言告之。（以上、第二十七丁裏第五行から第二十八丁表第一行。）

【訓読】

宋の欧陽観、泗・綿二州の推官と為る。心を獄に留む。嘗て夜、官書を治め、屢しば廃して歎ず。妻、之れを問う。曰く、此れ死獄なり。我れ其の生を求めて得ざるのみ。と。妻曰く、生、求む可きか、と。曰く、其の生を求めて得ざれば、則ち死する者と我と皆、恨み無きなり。矧《ま》して求めて得る有るをや。其の求めて得る有るを以てすれば、則ち求めずして死する者、恨み有るを知るなり。夫れ嘗《つね》に其の生を求むるも、猶お之れを死に失す。而るを況んや其の死を求むるをや。と。子の脩、纔かに三歳。乳母抱きて旁らに立つ。指して嘆じて曰く、吾れ児の立つを見ざるなり。後に当に我が言を以て之れに告ぐべし。と。

この話の出所は、欧陽脩の「瀧岡阡表」（『居士集』巻二十五所収）である。「子の脩、纔かに三歳。」とあるから、この話は、景徳四年（一〇〇七）に生まれた欧陽脩が三歳であった大中祥符二年（一〇〇九）の話であることが知られる。欧陽観は、字は仲賓、咸平三年（一〇〇〇）の進士。欧陽観の妻で、欧陽脩の母である鄭氏（九八一～一〇五二）は、欧陽観より二十九歳年下で、欧陽観は再婚であった（小林義廣『欧陽脩その生涯と宗族』創文社、二〇〇〇年。二十五頁）。

『祥刑要覧』のこの文章では省略されているが、『為善陰隲』巻五「欧陽求生」では、「（子の脩を）指して嘆じて曰く」に続いて、「術者謂我歳在戌将死。（術者謂う、我れ歳、戌に在りて将に死せんとす、と。）（占い師が、私に、あなたは戌年に亡くなります、と予言しました。）」という文が置かれている。この文は「瀧岡阡表」の文を写したものである。欧陽観とその妻とがこの話に記されている会話を交した年の翌年、大中祥符三年庚戌（一〇一〇）が戌年であるけれども、術者の予言が当たるとしても、十三年後、二十五年後の戌年に亡くなってもよいはずである。ところが、欧陽観は妻に「後に当に我が言を以て（子の脩に）告ぐべし。」と頼んでおり、来年の戌年に死ぬと思っていたのである。身体に異変を感じていたのであろうか。そして、欧陽観は、本当に翌年の戌年に、五十九歳で亡くなった。

【和訳】

欧陽脩（一〇〇七～一〇七二）は、立身出世して、学問と文章との分野で天下の第一人者となった。張芸叟が、京師に遊学した時に、欧陽脩と面会した。欧陽脩は官僚の仕事について多く語った。張は不思議に思って、質問した。「学問をする人が先生と面会するときは、道徳や文章について聞きたいと思わない人はいません。今、先生は、官僚の仕事を人に教えることが多いです。どうしてなのでしょうか。」欧陽脩が答えた。「そうではありません。あなた方は皆、今の世の中に役立つ人材です。将来、官僚になって、仕事に臨めば、自分自身でわかるでしょうが、大抵、文学は自分の身を潤すだけに止まるのに対し、官僚の仕事は世の中の役に立つことができます。私は以前、峡州の夷陵県（現在の湖北省宜昌市）の県令に任じられました。壮年の時で、まだ学問に飽きていませんでしたので、『漢書』や『史記』を求めて一読しようと思いました。けれども、どこにもありませんでした。そこで、公文書保管室の過去の裁判文書を取り出して、繰り返し読みましたところ、判断が間違っている点が数えきれないほどあることがわかりました。無いことを有ることにし、正しくない方を正しいとし、法律に背いて私情に従い、肉親の愛情を絶ち、正しい人間関係をそこない、あらゆる種類の間違いが含まれていました。この有り様を見た時、天を仰いで、「これからは、裁判を担当する時は、絶対に気を抜かないようにしよう。」と心に誓ったのです。」

張芸叟は立ち上がって、「先生の教えは、いわゆる「思いやりがある人の言葉は、その効果が広大な範囲に及ぶ。（原文。仁人之言、其利博哉。）」（『春秋左氏伝』昭公三年正月条）という格言が当てはまります。」と感謝して言った。欧陽脩は後に、清要の官を歴任し、枢密副使となり、参知政事（副宰相）に登った。朝廷は欧陽脩に恩恵を与えて、その三代の祖を褒賞し、父の観を鄭国公に追封した。欧陽脩が亡くなると、太子太師の官を贈り、文忠と諡《おくりな》した。

【原文】

脩既成立。以学問文章為天下所宗。張芸叟、初遊京師、見脩。多談吏事。張疑之、且曰、学者之見先生、莫不以道徳文章為欲聞者。今先生多教人吏事。所未諭也。脩曰、不然。吾子皆時才。異日臨事、当自知之。大抵、文学止於潤身。政事可以及物。吾昔官夷陵、方壮年、未厭学。欲求漢史一観。彼無有也。因取架閣陳年公案、反覆観之。見其枉直乖錯、不可勝数。以無為有、以枉為直、違法徇情、滅親害義、無所不有。当時、仰天誓心、自爾遇事、不敢忽。芸叟起謝曰、先生所教、所謂仁人之言、其利博哉。脩後歇歴清要、入副枢密、遂参知政事。推恩褒其三世、追封観鄭国公。脩卒。贈太子太師。謚文忠公。（以上、第二十八丁表第一行から同丁裏第二行。）

【訓読】

脩、既に成立す。学問文章を以て天下の宗とする所と為る。張芸叟、初め京師に遊び、脩に見《まみ》ゆ。多く吏事を談ず。張、之れを疑い、且つ曰く、学者の、先生に見ゆるは、道徳文章を以て聞かんと欲すと為さざる者莫し。今、先生、多く人に吏事を教う。未だ諭《さと》らざる所なり。と。脩曰く、然らず。吾子は皆、時才なり。異日、事に臨むとき、当に自ら之れを知るべし。大抵、文学は身を潤すに止まる。政事は以て物に及ぼす可し。吾れ昔、夷陵に官す。壮年に方《あた》り、未だ学を厭《いと》わず。漢史を求めて一観せんと欲す。彼、有る無きなり。因りて架閣陳年の公案を取り、反覆して之れを観る。其の枉直乖錯すること、数うるに勝《た》う可からざるを見る。無きを以て有りと為し、枉を以て直と為し、法に違い、情に徇《したが》い、親を滅し、義を害す。有らざるところ無し。当時、天を仰ぎ、心に誓う、爾《これ》より事に遇うときは、敢て忽《ゆるがせ》にせず、と。と。芸叟、起ちて謝して曰く、先生の教うる所、謂わゆる仁人の言、其の利、博きかな、なり、と。脩、後に清要を敭歴し、入りて枢密に副たり、遂に政事を参知す。恩を推し、其の三世を褒し、観を鄭国公に追封す。脩、卒す。太子太師を贈る。文忠公と謚《おくりな》す。

欧陽脩は、字は永叔、天聖八年（一〇三〇）の進士。景祐三年（一〇三六）五月、范仲淹に連坐して、夷陵県令に左遷され、同年十月に任地に到着した。翌年十二月、光化軍乾徳県（現在の湖北省老河口市の北西）の県令に移った。嘉祐五年（一〇六〇）、枢密副使に任じられ、翌年に参知政事（副宰相）となった。欧陽脩の官歴は、『欧陽脩全集』上冊（世界書局、中華民国八十年）に収められている胡柯撰『欧陽文忠公年譜』に拠った。

張芸叟は、名は舜民、芸叟は字である。治平二年（一〇六五）の進士。『宋史』巻三四七に伝がある。張芸叟が欧陽脩に面会した話は、『能改斎漫録』巻十三、記事、欧陽公多談吏事、『容斎随筆』巻四、張浮休書に見られる。「芸叟起謝曰、先生所教、所謂仁人之言、其利博哉。」という文は、『為善陰隲』には出てくるが、『能改斎漫録』及び『容斎随筆』には出てこない。『能改斎漫録』は『叢書集成初編』所収本を、『容斎随筆』は上海古籍出版社（一九七八年）の標点本を見た。

第十二節　陳泊

岩村藩刊本の第二十八丁裏第三行から第九行までを第十二節とする。この部分は『為善陰隲』巻六「陳泊公忠」の写しである。

【和訳】

陳泊《キ》が開封府（東京）の功曹参軍（考課を掌る。）であった時のことである。当時、章献皇太后（真宗の皇后。仁宗の即位から十一年間、若い仁宗に代わって天下に号令した。明道二年（一〇三三）三月に六十五歳で崩じた。）が朝廷に臨んでいた。その一族の者が一人の僕卒を杖殺した。陳泊がその遺体の検験を担当することになった。皇太后からの使者が十数人遣わされて、皇太后の意思を伝えた。験屍を行う吏人は恐れて、病死と報告するよう願った。陳泊だけは顔色を正して言った。「被害者は何も落度がないのに殺されたのです。私が正しく験屍を行えば、被害者の恨みを晴らすことができます。どうして罪を恐れて、虚偽の験屍を行うことができましょうか。あなた方は関わらないで下さい。私が罪を引き受けます。」そして、自分の手で公文書を作成して（通常は吏人が公文書の原案を作成する。）、開封府知事の程琳に報告した。程琳は喜んで、「被害者に対するあなたの思いやりがこのようであるからには、あなたの前途は私が及ぶことができるものではありません。」と言って、ただちに馬を呼んで、殿中に入って、験屍の結果を上奏した。

陳洎はこれ以来、名が知られるようになり、数年経たない後に、御史台及び尚書省の属官を歴任し、三司副使（国家の財政を掌る。）に至った。後に、孫の二人、伝道と履常とは、両者とも文章学問で栄達し、当時の有名人となった。

【原文】

陳洎為開封府功曹。時章献臨朝。族人杖殺一卒。洎当験屍。中使十数輩諭旨。（『為善陰隲』巻六は「旨」字の後に「吏」字がある。）惶恐、欲以病死聞。洎独正色曰、彼実冤死。待我而伸。奈何恐罪而験不以実乎。爾曹勿預。吾当任咎。乃自為牘、以白府尹程琳。琳喜曰、官人用心如此。前程非琳所及。亟索馬入奏。洎自此遂顕名。不数年、歴官台省、終三司副使。後二孫伝道履常、皆以詞学顕仕、為一時聞人。（以上、第二十八丁裏第三行から第九行。）

【訓読】

陳洎、開封府の功曹たり。時に章献、朝に臨む。族人、一卒を杖殺す。洎、当に屍を験すべし。中使十数輩、旨を諭《さと》す。（吏）惶恐し、病死を以て聞せんと欲す。洎、独り色を正して曰く、彼れ実に冤死す。我れを待ちて伸ぶ。奈何《いか》に罪を恐れて、験するに実を以てせざらんや。爾曹、預かる勿かれ。吾れ当に咎に任ずべし。と。乃ち自ら牘を為《つく》り、以て府尹程琳に白《もう》す。琳、喜びて曰く、官人、心を用いること此の如し。前程、琳の及ぶ所に非ず。と。亟かに馬を索めて、入りて奏す。洎、此れより遂に名を顕わす。数年ならずして、官を台省に歴し、三司副使に終わる。後に二孫、伝道・履常、皆、詞学を以て顕仕し、一時の聞人と為る。

この話の出所は、北宋の晁補之撰『雞肋集』巻三十三所収「書陳洎事後」である。陳洎は、字は亞之。京西按察使、度支副使、塩鉄副使を歴任し、皇祐元年（一〇四九）に歿した。程琳は、字は天球。景祐四年（一〇三七）、参知政事となり、皇祐元年、同中書門下平章事（宰相）を加えられた。至和三年（一〇五六）に六十九歳で歿した。『宋史』巻二八八に伝がある。程琳が開封府知事に任じられたのは、天聖九年（一〇三一）九月である。『続資治通鑑長編』巻一一〇、同年九月己巳条に「枢密直学士・右諫議大夫程琳を給事中・権知開封府と為す。」とある。

陳洎の孫の「履常」は、陳師道（一〇五三〜一一〇二）であり、履常はその字である。徐州教授、太学博士、秘書省正字に任じられた。その詩文集である『後山集』、随筆集である『後山談叢』が今に伝わっている。『宋史』巻四四四、文苑伝に伝がある。陳洎の孫の「伝道」については不明である。

第十三節　孫立節

岩村藩刊本の第二十八丁裏第十行から第二十九丁表第八行までを第十三節とする。この部分は『為善陰騭』巻七「立節持法」の写しである。

【和訳】

孫立節は、崇寧年間、桂州（治所は現在の広西壮族自治区桂林市。）の節度判官（州知事のために判決原案を作成することを掌る。）であった。当時、謝麟が溪洞（現在の湖南省、広東省、貴州省、広西壮族自治区に分布した非漢少数民族の居住地を指す。上西泰之「北宋期の荊湖路「溪峒蛮」地開拓について」『東洋史研究』第五十四巻第四号掲載、一九九六年。二十九頁・四十四頁）の蛮人の管理制禦に当たっていた。宜州（治所は現在の広西壮族自治区宜山県。）の知事の王奇が蛮人と戦って死んだ。孫立節が命令を受けて、罪がある吏卒を取り調べた。その結果、謝麟は、大小の使臣（使臣は下級武官の総称。大使臣は正八品の官。小使臣は従八品以下の官。梅原郁『宋代官僚制度研究』同朋舎、一九八五年。第二章）十二人を捕え、孫立節に引き渡し、全員を斬首させようとした。立節は、それはいけないと強く主張した。謝麟は立節を口ぎたなく罵った。立節が言った。「裁判は事実を求めるべきです。官吏は法律に従うべきです。しりごみして進まなかったのは諸将の罪です。彼らがその罪に伏したからには、その他の武官を尽く死刑に処するべきでしょうか。もし、どうしても法律に背いて人を斬首したいのであれば、経制司（蛮人を管理制禦する官司。謝麟を指す。）が自分でそれをして下さい。私がどうしてそれに関わりましょうか。」謝麟はただちに、孫立節が命令に従わないことを皇帝に報告した。立節は、謝麟が裁判に不当に干渉したことを皇帝に報告した。刑部の属官が議論して、孫立節の意見に賛成した。十二人は皆、死刑にならずに済んだ。その後、孫立節は昇進し、位階が上がった。子が二人いて、ともに進士に合格し、高官に登った。

【原文】

孫立節、崇寧間、為桂州節度判官。時謝麟経制溪洞事。宜州守王奇、与蛮戦死。立節被指（『為善陰隲』巻七は「指」を「旨」に作る。）鞫吏士有罪者。謝因収大小使臣十二人、付立節、欲尽斬之。立節持不可、謝以語侵立節。立節曰、獄当論情、吏当従法。逗揺（『為善陰隲』巻七は「揺」を「撓」に作る。）不進、諸将罪也。既伏其辜、其餘可尽戮乎。若必欲非法斬人、則経制司自為之。我何預焉。謝即奏立節抗拒、立節奏謝侵獄事。刑部議如立節言。

十二（「二二」はもと「一二」に作る。『為善陰隲』巻七に従って改めた。）人、皆得不死（「得不」はもと「不得」に作る。『為善陰隲』巻七に従って改めた。）。其後、立節遷官進秩。子二人、皆挙進士、遂至大貴。（以上、第二十八丁裏第十行から第二十九丁表第八行。）

【訓読】

孫立節、崇寧の間、桂州節度判官と為る。時に謝麟、渓洞の事を経制す。宜州守の王奇、蛮と戦いて死す。立節、指を被り、吏士の、罪有る者を鞠す。謝、因りて大小使臣十二人を収《とら》え、立節に付し、尽く之れを斬らんと欲す。立節、不可を持す。謝、語を以て立節を侵す。立節曰く、獄は当に情を論ずべく、吏は当に法に従うべし。逗撓して進まざるは、諸将の罪なり。既に其の辜に伏す。其の餘、尽く戮す可けんや。若し必ず非法に人を斬らんと欲せば、則ち経制司、自ら之れを為せ。我れ何ぞ預からん。と。謝、即ち、立節の抗拒を奏す。立節、謝の、獄事を侵すを奏す。刑部、議すること、立節の言の如し。十二人、皆、死せざるを得たり。其の後、立節、官を遷り、秩を進む。子二人、皆、進士に挙げらる。遂に大貴に至る。

この話の出所は蘇軾の「剛説」である。「剛説」は、道光十三年刊『三蘇全集』（中文出版社影印）の『東坡集』の巻十一に収められているものを見た。

孫立節は、字は介夫、皇祐五年（一〇五三）の進士（『宋元学案』巻三）。『春秋三伝例論』（現存しない。）を著した（『宋元学案補遺』巻三）。「孫立節、崇寧の間、桂州節度判官と為る。」とあるが、「剛説」に「建中靖国の初め（元年。一一〇一年）、吾れ海南より帰り、故人に見《まみ》え、存没を問い、平生、見るところの剛なる者を追論す。或いは不幸にして死す。孫君介夫、諱は立節の若きは、真に剛なる者と謂う可きなり。」と記されており、崇寧年間（一一〇二～一一〇六）より前の建中靖国元年（建中靖国は元年しかない。）には既に孫立節は歿していたことが知られるから、『為善陰隲』及び『祥刑要覧』に「崇寧間」とあるのは誤りである。

謝麟は、字は応之。知沅州、知潭州等を歴任し、紹聖元年（一〇九四）に権知桂州在任中に歿した（『続資治通鑑長編』巻四八〇、元祐八年正月庚子条注）。『宋史』巻三三〇に伝がある。『続資治通鑑長編』巻三二八、元豊五年（一〇八二）七月辛巳条に「詔して、知沅州・西上閤門使謝麟を就差して、宜州溪峒の事を経制せしむ。」と記されている。

宜州守の王奇が蛮人と戦って死んだのは、『続資治通鑑長編』巻三三二、元豊六年正月丙申条に拠れば、元豊五年六月である。王奇は『宋史』巻四五二、忠義伝に伝がある。

『続資治通鑑長編』巻三四〇、元豊六年（一〇八三）十月辛卯条に「詔すらく、宜州の監押・右侍禁の陸厚は、貸命して真決刺面を免じ、除名して沙門島の普義寨に配す。（中略）推官の孫立節、司戸の張峒は各々衝替す。土丁指揮使の莫令頑・石聘（中略）は並びに特に罪を放《ゆる》す。と。初め安化州（宜州に属する。）の蛮賊千餘人、鈔劫す。厚らは、蛮と闘いて先に退くに坐す。（中略）立節らは、令頑の流罪を失出（誤って重罪を軽罪にし、有罪を無罪にすること。）す。」と記されている。この記事では、孫立節の官職が宜州の推官（判官と同じく、州知事のために判決原案を作成することを掌る。）となっている。「衝替」は即時免職の処分である（梅原郁『宋代司法制度研究』創文社、二〇〇六年。五七七頁）。孫立節は、結局、土丁指揮使の流罪を失出した罪で免職されたのである。

「其後、立節遷官進秩。子二人、皆挙進士、遂至大貴。」という文は「剛説」にはない。孫立節には男子が二人、勰と勴とがいた。蘇過『斜川集』（『続修四庫全書』所収）巻六所収「孫志康墓銘」及び『宋元学案』巻三に拠れば、孫勰は、字は志康、元祐三年（一〇八八）の進士。知岳州に任じられた。宣和二年（一一二〇）に七十一歳で歿した。孫勴は、字は志挙。肯えて仕官しようとしなかった（『宋元学案』巻三）。よって、「子二人、皆、進士に挙げられ、遂に大貴に至る。」という記述は誤りである。なお、「孫志康墓銘」に「父の立節は（中略）桂州節度判官に終わる。」と記されている。

第四章　悪者為戒

第一節　周陽由

岩村藩刊本の第二十九丁表第十行から同丁裏第三行までを第一節とする。この部分は『歴代臣鑑』巻三十、悪可為戒、漢、周陽由の写しである。

【和訳】

漢の周陽由は、景帝（在位前一五七～前一四一）の時、郡守となった。武帝が即位した（前一四一）。周陽由は郡守の中で最も残酷でわがままであった。自分が愛する者に対しては、法を曲げてこれを活かし、自分が憎む者に対しては、法を曲げてこれを誅殺した。郡守である時は、都尉（郡守を補佐する官）を県令なみに扱い、都尉である時は、郡守をおしのけた。後に河東郡（治所は現在の山西省夏県の北西。）の都尉となった。郡守の勝屠公と権柄を争い、どちらも皇帝に訴えた。その結果、勝屠公は自殺し、周陽由は棄市（公開の死刑）に処された。

【原文】

悪者為戒

漢周陽由、景帝時為郡守。武帝即位。由最為酷暴驕恣。所愛者、撓（「撓」はもと「橈」に作る。『歴代臣鑑』巻三十、元和中刊本、寛永元年刊本、寛永四年刊本に従って改めた。意味は同じ。）法活之。所憎者、曲法滅之。為守則視都尉如令。為都尉則凌太守。後為河東都尉。与其守勝屠公争権、相告言。勝屠公自殺、由棄市。（以上、第二十九丁表第十行から同丁裏第三行。）

【訓読】

漢の周陽由、景帝の時、郡守と為る。武帝即位す。由、最も酷暴驕恣たり。愛するところの者は、法を撓《たわ》めて之れを活かす。憎むところの者は、法を曲げて之れを滅す。守と為れば則ち都尉を視ること令の如し。都尉と為れば則ち太守を凌《しの》ぐ。後に河東の都尉と為る。其の守の勝屠公と権を争い、相い告言す。勝屠公は自殺し、由は棄市せらる。

この話の出典は『史記』巻一二二、酷吏列伝、及び『漢書』巻九十、酷吏伝である。周陽由は、周陽が姓で、由が名である。勝屠公は、『史記』『漢書』では、この話の出典である箇所にしか出てこない。勝屠が姓である。

第二節　張湯

岩村藩刊本の第二十九丁裏第四行から第三十丁表第三行までを第二節とする。この部分は『歴代臣鑑』巻三十、悪可為戒、漢、張湯の写しである。出典は『史記』巻一二二、酷吏列伝、及び『漢書』巻五十九、張湯伝である。和訳に当たっては、青木五郎『史記』十三（新釈漢文大系一一五、明治書院、二〇一三年）を参考にした。

【和訳】

張湯は、武帝（在位前一四一〜前八七）の時、うまく裁判を行うことができるという理由で、侍御史（御史大夫に率いられる。）に任じられた。太中大夫（郎中令の属官。論議を掌る。）に転じた。趙禹（武帝の時、太中大夫に任じられた。『史記』酷吏列伝、『漢書』酷吏伝に伝がある。）と共に律令を定め、できるだけ厳しい内容にした。廷尉（国家の最高裁判官）に任じられると、知恵を舞わして人を制御した。被告人がもし、皇帝が罪を与えたいと思う者であれば、属官である監や史のうち、法律を厳しく適用する者に委ねた。そして、法律を厳しく適用する官吏が多く張湯の爪牙になった。張湯が裁判を行う時は、巧みに他の大臣を排除して、自分だけで功績を挙げた。御史大夫（丞相を補佐することを掌る。）に転じた。たまたま匈奴を伐ち、山東地方（太行山脈から東の地）が洪水とひでりとに見舞われたため、国庫が空になった。張湯は、皇帝の指示を受けて、（天下の塩鉄を国家が専売することにして）大商人を排除し、告緡令（脱税を告発した者に没収した銭の半分を与える法令）を出し、法律の文言を自由に解釈して、巧みに人を罪に当てたので、人民は安心して生活することができなかった。

李文（河東郡の人であること以外は不明。）が御史中丞（御史大夫のすぐ下に位する官。図籍・秘書を掌る。）となった。そこで、張湯の立場を悪くする文書を見つけて（張湯を責め）、言い訳をすることができないようにした。張湯はこれを怨んだ。張湯がかわいがっていた史（下級の属官）である魯謁居が、張湯の気持ちを知って、人に頼んで李文の悪事を告発させた。張湯が判決を下して、李文を死刑に処した。

（ある商人が、皇帝の命令が下される前に張湯がその内容を教えてくれたので、利益を独占することができ、その利益は張湯と山分けした、と証言し、その商人の証言は）張湯の他の悪事にも及んだ。（商人の）証言はすべて皇帝に報告された。皇帝は（命令の内容を事前に商人に教えた者がいるのではないかと）張湯に尋ねた。張湯は謝罪せず、それどころか、驚いたふりをして、「まことにそのような者がいるのでしょう。」と答えた。減宣（二十年近く御史及び御史中丞の任にあった。『史記』酷吏列伝、『漢書』酷吏伝に伝がある。）もまた魯謁居との関係を上奏した。皇帝は、張湯が詐りの心を抱いて、皇帝を面と向かって欺いたという理由で、八人の使者を遣わして、証人の供述書に従って、一つ一つの罪を取り調べさせた。張湯は遂に自殺した。

【原文】

張湯、武帝時、以善治獄、補侍御史。遷太中大夫。与趙禹定律令、務在深文。及為廷尉、舞知以御人。所治即上意所欲罪、予監吏（『史記』は「吏」を「史」に作る。）深刻者。而深刻吏多為爪牙。其治獄、巧排大臣、自以為功。遷御史大夫。会伐匈奴、山東水旱、県官空虚。湯承上指、排富商大賈、出告緡令、舞文巧（「巧」はもと「功」に作る。『歴代臣鑑』『史記』『漢書』に従って改めた。）詆。百姓不安其生。李文為御史中丞。於是、有傷湯者、不能為地。湯怨之。湯所愛史（「史」はもと「吏」に作る。『歴代臣鑑』『史記』『漢書』に従って改めた。）魯謁居、知湯意、使人告文。湯論殺之。及他姦利（「利」字は『歴代臣鑑』『史記』『漢書』になし。）事。詞頗聞。帝問湯。湯不謝。又陽驚曰、固宜有。減宣亦奏謁居事。帝以湯懐詐面欺、使使八輩簿責。湯遂自殺。（以上、第二十九丁裏第四行から第三十丁表第三行。）

【訓読】

張湯は、武帝の時、善く獄を治むるを以て、侍御史に補せらる。太中大夫に遷る。趙禹とともに律令を定む。務め深文に在り。廷尉と為るに及び、知を舞わして以て人を御す。治むるところ即《も》し上の意、罪せんと欲するところなれば、監吏の深刻なる者に予《あた》う。而して深刻の吏、多く爪牙と為る。其の、獄を治むるや、巧みに大臣を排し、自ら以て功を為す。御史大夫に遷る。会《たまた》ま匈奴を伐ち、山東水旱し、県官空虚す。湯、上指を承け、富商大賈を排し、告緡令を出し、文を舞わし、巧みに詆《あ》つ。百姓、其の生に安んぜず。李文、御史中丞と為る。是に於いて湯を傷る者有り。地を為す能わず。湯、之れを怨む。湯の愛するところの史、魯謁居、湯の意を知り、人をして文を告せしむ。湯、之れを論殺す。他の姦利の事に及ぶ。詞、頗る聞す。帝、湯に問う。湯、謝せず。又た陽《いつわ》り驚きて曰く、固《まこと》に宜しく有るべし、と。減宣も亦た謁居の事を奏す。帝、湯、詐りを懐き面欺するを以て、使八輩をして簿責せしむ。湯、遂に自殺す。

張湯が自殺したのは元鼎二年十一月（前一一六）である（『漢書』巻六）。『祥刑要覧』の「湯論殺之。及他姦利事。（湯、之れを論殺す。他の姦利の事に及ぶ。）」という文は意味がわからないが、『歴代臣鑑』では、「湯論殺之」と「及他姦事」との間に「謁居弟発其事。下減宣。窮竟、未奏。会丞相長史朱買臣等、捕案湯左田信等。曰、湯且欲為請奏、信輒先知之。居物致富、与湯分之。（謁居の弟、其の事を発く。減宣に下す。窮竟するも未だ奏せず。会ま丞相の長史の朱買臣等、湯の左の田信等を捕案す。曰く、湯、且《も》し請奏を為さんと欲せば、信、輒ち先に之れを知る。物に居りて富を致し、湯と之れを分かつ。）」（謁居の弟がその事実を告発した。その案件が減宣に委ねられた。事実を調べ尽くしたが、まだ皇帝に報告しなかった。たまたま、丞相の長史の朱買臣らが、張湯の証人である田信らを捕えて取り調べた。田信は「張湯が皇帝に提案しようとするときは、いつも前もって私に知らせてくれるので、利益を独占して富を得ることができ、その富を張湯と山分けします。」と証言した。）」という文がある。

第三節　王温舒

岩村藩刊本の第三十丁表第四行から同丁裏第二行までを第三節とする。この部分は『歴代臣鑑』巻三十、悪可為戒、漢、王温舒の写しである。出典は『史記』巻一二二、酷吏列伝、及び『漢書』巻九十、酷吏伝である。和訳に当たっては、青木五郎『史記』十三（前掲）、小竹武夫訳『漢書』下巻（筑摩書房、一九七九年）を参考にした。

【和訳】

王温舒は、若い時、人を打ち殺して埋めるという悪事を行った。後、昇進して河内郡（治所は現在の河南省武陟県の西南。）の太守となった。郡内の強暴で悪賢い者を捕え、千餘家が連坐した。大罪の者は一族皆殺しに至り、小罪の者でも死刑とされた。皇帝の許可を得て判決が下され、死刑が執行されると、十餘里に渡って血が流れるに至った。罪人のうち、どうしても捕えることができない者は、隣郡へ行って追求した。春になって、温舒は、足を踏んで、「ああ、冬月がもう一か月長ければ、全員を処刑できるのに。」と言った（死刑は冬月の間に行われる定めであった。）。彼が殺人を好み、威力をふるい、人を愛さないことは、このようであった。

中尉（京師を巡察し、盗賊を禁防することを掌る。）に昇進した。その治め方は、河内太守の時と同じであった。勢力がある者にはうまくへつらい、もし勢力がない者であれば、奴僕のように扱った。勢力がある家に対しては、それが山のように悪事を行っても、何の罰も与えなかった。彼の爪牙となって働く官吏は、虎が衣冠を着けているようなものであって、数年経つと、それらの官吏の多くが、権力者や貴人のおかげで金持ちになった。大宛国を伐つために軍隊を派遣することになった（太初元年（前一〇四）八月）。武帝が詔して、有力な官吏を徴召した。温舒は部下の官吏である華成という者を匿った。ある人が、温舒が員騎（正員である騎士）の銭を受け取ったこと、及び他にも不当な利益を得たことを告発するに及んで、温舒の罪は一族皆殺しに至った。温舒は自殺した。

【原文】

王温舒、少時椎（「椎」はもと「推」に作る。『史記』巻一二二、『漢書』巻九十、『歴代臣鑑』巻三十、『重刊祥刑要覧』巻二に従って改めた。）埋為姦。累遷河内太守。捕郡中豪猾、相連坐千餘家。大者至族、小者乃死。論報、至血流十餘里。其頗不得者、往旁郡追求之。会春、温舒頓足曰、嗟乎、令冬月益展一月、足吾事矣。其好殺行威、不愛（「愛」はもと「憂」に作る。『史記』『漢書』『歴代臣鑑』『重刊祥刑要覧』に従って改めた。）人如此。遷為中尉。其治復放河内。善諂事有勢者。即無勢者、視之如奴。有勢家、雖有姦如山弗犯。爪牙吏、虎而冠。数歳、其吏多以権貴富。会宛軍発。詔徴豪吏。温舒匿其吏華成。及有人告温舒受員騎銭、及他姦利事、罪至族。乃自殺。（以上、第三十丁表第四行から同丁裏第二行。）

【訓読】

王温舒は、少《わか》き時、椎埋して姦を為す。河内太守に累遷す。郡中の豪猾を捕え、相い連坐するもの千餘家。大なる者は族に至り、小なる者は乃ち死とす。論報するに、血十餘里に流るるに至る。其の頗る得ざる者は、旁郡に往き、之れを追求す。春に会い、温舒、頓足して曰く、嗟乎、冬月をして一月を益し展べしめば、吾が事を足らさん、と。其の殺を好み、威を行い、人を愛せざること此くの如し。遷りて中尉と為る。其の治、復た河内に放《なら》う。善く勢有る者に諂事す。即《も》し勢無き者なれば、之れを視ること奴の如し。勢有る家は、姦有ること山の如しと雖も犯さず。爪牙の吏、虎にして冠す。数歳にして、其の吏多く権貴を以て富む。宛軍の発するに会う。詔して豪吏を徴す。温舒、其の吏華成を匿す。人有り、温舒、員騎の銭を受くる、及び他の姦利の事を告するに及び、罪、族に至る。乃ち自殺す。

『漢書』巻十九下、百官公卿表に拠れば、王温舒は、元狩四年（前一一九）に河内太守から中尉となり、元鼎三年（前一一四）に中尉から廷尉となり、翌四年（前一一三）、再び中尉に任じられた。元封六年（前一〇五）、右輔都尉として中尉を兼任した。『史記』酷吏列伝及び『漢書』酷吏伝の文章と『歴代臣鑑』及び『祥刑要覧』の文章とを照らし合わせると、『祥刑要覧』の「其治復放河内。」の文は、王温舒が元狩四年に中尉となった時の記述であり、「善謟事有勢者。」から「其吏多以権貴富。」までの文章は、元鼎四年に再び中尉となった時の記述であり、「会宛軍発。」から終りまでの文章は、元封六年に中尉を兼任した時の記述であることがわかる。

第四節　索元礼

岩村藩刊本の第三十丁裏第三行から第六行までを第四節とする。この部分は『歴代臣鑑』の写しではない。

【和訳】

唐の索元礼は、生まれつき残忍であった。徐敬業が挙兵すると（徐敬業は英国公李勣（本姓は徐氏。）の孫。嗣聖元年（六八四）九月、中宗の復位を求めて、揚州に拠って挙兵した。）、武后は、大獄を起こして、自分を認めない者を排除しようと思い、ただちに元礼を取り調べの使者に抜擢した。元礼は、鉄籠などの拷問器具を作り、一人の囚人を訊問するごとに、徹底的に追究し、呼び出された関係者が数百人に至っても、まだ取り調べを終えることができなかった。故に死刑の判決を下すことが最も多かった。後に、賄賂を受け取ったという理由で捕えられ、獄吏に訊問されたが、罪を認めなかった。獄吏が「あなたの鉄籠を持って来ます。」と言うと、元礼は罪を認めた。獄中で死んだ。

【原文】

唐索元礼、天性残忍。徐敬業兵興。武后欲因大獄去異己者、即擢元礼為推使。作鉄籠等囚具。毎訊一囚、窮根柢（「柢」はもと「抵」に作る。『新唐書』巻二〇九、『重刊祥刑要覧』巻二に従って改めた。）、相牽聯至数百、未能訖。故論殺最多。後以受賕収下吏。不服。吏曰、取公鉄籠来。元礼服罪。死獄中。（以上、第三十丁裏第三行から第六行。）

【訓読】

唐の索元礼は、天性残忍なり。徐敬業の兵興る。武后、大獄に因り、己に異なる者を去らんと欲し、即ち元礼を擢して推使と為す。鉄籠等の囚具を作る。一囚を訊するごとに、根柢を窮め、相い牽聯し、数百に至り、未だ訖う る能わず。故に論殺最も多し。後、賕を受くるを以て、収《とら》えて吏に下す。服せず。吏曰く、公の鉄籠を取り来たらん、と。元礼、罪に服す。獄中に死す。

索元礼は『旧唐書』巻一八六上、酷吏伝上、『新唐書』巻二〇九、酷吏伝に伝がある。『祥刑要覧』のこの文章は『新唐書』酷吏伝、索元礼の項の文章を抜書きしたものである。「鉄籠」については、『新唐書』同伝同項に「鉄籠を作り、囚の首を 䡴《カク》し、加うるに楔を以てす。脳、裂けて、死するに至る。」と記されている。「䡴」は急束の意味である（『漢語大詞典』）。

第五節　来俊臣

岩村藩刊本の第三十丁裏第七行から第三十一丁表第四行までを第五節とする。この部分は『歴代臣鑑』巻三十三、悪可為戒、唐、来俊臣、及び『新唐書』巻二〇九、酷吏伝、来俊臣の項からの抜書きである。

【和訳】

来俊臣は、生まれつき残忍であった。天授年間（六九〇～六九二）に侍御史に抜擢された。詔獄（皇帝の命令で行われる裁判）を裁いて、最も武后の旨にかなった。群臣を脅圧し、前後、千餘族を皆殺しにした。平生、ほんの小さな罪を犯しただけで、皆、死刑にした。左粛政台御史中丞に任じられた。ひそかに不逞の徒をそそのかして、噂話を流して、高位高官を中傷させ、謀反を告発させた。一事が告発されるごとに、そのたびに千里離れた場所で同時に同じ事が告発された。告発の内容を照らし合わせると、違いがなかった。当時の人はこの有り様を羅織（うすぎぬの織物）と呼んだ。

来俊臣は、囚人を取り調べる時は、罪の軽重に関わりなく、皆、醯《す》を鼻に注ぎ、地面を掘って牢を作り、あるいは、大小便の中で寝させ、あるいは、食糧を絶った。囚人は、死ぬのでなければ、終いまで出獄することができなかった。俊臣は、群臣が自分を排斥しようとしないのを知ったので、異図を抱き、常に自分を石勒（後趙の高祖。二七四～三三三）になぞらえた。武氏の族人が共に俊臣の罪を証言した。詔が下され、洛陽の西市で斬刑に処された。人々は皆、祝賀して、争って目をえぐり、肝をかき出し、その肉を塩漬けにし、馬にその骨を踏ませ、原形を無くした。

【原文】

来俊臣、天資残忍。天授中、擢侍御史。按詔獄、最（『新唐書』巻二〇九、『歴代臣鑑』巻三十三は「最」を「数」に作る。）称旨。脅制群臣、前後夷千餘族。生平有纖芥、皆入于死。拝左台御史中丞。陰嘯不逞之徒（『新唐書』『歴代臣鑑』は「之徒」を「百輩」に作る。）、使飛語誣衊公卿、上急変。毎擿一事、千里同時輒発、契験不差。時號為羅織。鞫囚、不問軽重、皆注醯于鼻。掘地為牢、或寝以矢（『新唐書』『歴代臣鑑』は「矢」を「匽（どぶ）」に作る。）溺、或絶其粮。非死終不得出。俊臣知群臣不敢斥己、乃有異図。常自比石勒。諸武共証其罪。有詔、斬西市。人皆相賀、争抉目擿肝、醢其肉、以馬践其骨、無餘。（以上、第三十丁裏第七行から第三十一丁表第四行。）

【訓読】

来俊臣は、天資残忍なり。天授中、侍御史に擢せらる。詔獄を按じ、最も旨に称う。群臣を脅制し、前後、千餘族を夷ぐ。生平、纖芥有らば、皆、死に入る。左台御史中丞に拝せらる。陰かに不逞の徒を嘯し、飛語もて公卿を誣衊し、急変を上げしむ。一事を擿するごとに、千里、時を同じくして輒ち発す。契験するに差《たが》わず。時に号して羅織と為す。囚を鞫するに、軽重を問わず、皆、醯を鼻に注ぐ。地を掘りて牢と為し、或いは寝ねしむるに矢溺を以てし、或いは其の粮を絶つ。死するに非ざれば、終《つい》に出づるを得ず。俊臣、群臣、敢て己を斥けざるを知り、乃ち異図有り。常に自らを石勒に比す。諸武、共に其の罪を証す。詔有り、西市にて斬せらる。人皆相い賀し、争いて目を抉り、肝を擿し、其の肉を醢《ししびしお》にし、馬を以て其の骨を践み、餘り無からしむ。

来俊臣は『旧唐書』巻一八六上、酷吏伝上、『新唐書』巻二〇九、酷吏伝に伝がある。『旧唐書』巻六、則天皇后本紀、萬歳通天二年（六九七）六月条に「司僕少卿来俊臣、罪を以て誅に伏す。」と記されている。

第六節　周興

岩村藩刊本の第三十一丁表第五行から第十行までを第六節とする。この部分は『歴代臣鑑』巻三十三、悪可為戒、唐、周興、及び『新唐書』巻二〇九、酷吏伝、周興の項からの抜書きである。

【和訳】

周興は、尚書省の史（文書整理係）から、昇進を重ねて秋官侍郎（秋官は尚書省刑部。侍郎は次官。）に任じられた。しばしば詔獄を断決し、法律を非常に厳しく適用し、妄りに数千人を死刑に処した。天授年間（六九〇〜六九二）に、ある人が、周興の謀反を告発した。武后は来俊臣に詔して取り調べさせた。当初、周興は自分が告発されたことを知らなかった。俊臣と向かい合って食事をしていた時、俊臣が「囚人は罪を認めない者が多いです。どうしたらよいでしょうか。」と言うと、周興は「簡単です。囚人を大甕に入れ、その周りで炭を盛んに焼けば、どんな罪状でも認めます。」と答えた。俊臣は、「わかりました。」と言って、甕を運んで来させて、盛んに火を起こし、おもむろに周興に言った。「詔が下って、あなたを取り調べることになりました。この甕に入ってみて下さい。」周興は驚いて汗をかき、頭を地面にたたきつけて、罪を認めた。武后は詔して、周興を嶺表（嶺南道。現在の広東省、広西壮族自治区の地。）に流した。道中で、彼をかたきとする人に殺された。

【原文】

周興、自尚書史、積遷秋官侍郎。屢決制獄、文深峭、妄殺数千人。天授中、或告興謀反。詔来俊臣鞠状。初興未知被（「被」はもと「彼」に作る。『新唐書』巻二〇九、『歴代臣鑑』巻三十三、『重刊祥刑要覧』巻二、元和中刊本に従って改めた。）告。方対俊臣食。俊臣曰、囚多不伏、奈何。興曰、易耳。納之大甕、熾炭周之、何事不承。俊臣曰、善。取（『新唐書』『歴代臣鑑』は「取」字の前に「命」字がある。）甕、且熾火、徐謂興曰、有詔、按君。請嘗之。興駭汗、叩頭伏罪。詔竄興嶺表道（「竄興嶺表道」を『新唐書』は「宥興嶺表、在道」に、『歴代臣鑑』は「宥興流嶺表、在道」に作る。）、為人（『新唐書』『歴代臣鑑』は「人」字の前に「讎」字がある。）所殺。（以上、第三十一丁表第五行から第十行。）

【訓読】

周興は、尚書史より、積みて秋官侍郎に遷る。屢しば制獄を決し、文、深峭にして、妄りに数千人を殺す。天授中、或ひと興の謀反を告す。来俊臣に詔して状を鞠せしむ。初め興、未だ告せらるるを知らず。方《まさ》に俊臣に対して食す。俊臣曰く、囚多く伏せず。奈何《いかん》せん。と。興曰く、易きのみ。之れを大甕に納れ、炭を熾《さか》んにして之れに周《めぐ》らさば、何事か承けざらん。と。俊臣曰く、善し、と。甕を取らしめ、且つ火を熾んにし、徐ろに興に謂いて曰く、詔有り、君を按ず。請う、之れを嘗《こころ》みん。と。興、駭き汗し、叩頭して罪に伏す。詔して興を嶺表に竄す。道に（在りて）（讎）人の殺すところと為る。

周興は『旧唐書』巻一八六上、酷吏伝上、『新唐書』巻二〇九、酷吏伝に伝がある。『旧唐書』酷吏伝、周興の項に「（天授）二年（六九一）十一月、（中略）獄に下る。当に誅すべし。則天、特に之れを免じ、嶺表に徙《うつ》す。道に在りて雝人の殺すところと為る。」と記されている。

第七節　吉温

岩村藩刊本の第三十一丁裏第一行から第六行までを第七節とする。この部分は『新唐書』巻二〇九、酷吏伝、吉温の項からの抜書きである。

【和訳】

吉温は、天宝年間（七四二〜七五六）の初め、京兆府萬年県の尉に選任された。李林甫（開元二十二年（七三四）五月から天宝十一載（七五二）十一月に歿するまで宰相の地位にあった。）が、（兵部の）銓史（官人の昇進を判断するための成績書類を作成する令史。令史は文書作成係。）が六十人余りの成績を水増しした、と摘発した。玄宗皇帝は、（京兆府と）御史に命じて、協力して取り調べさせた。何日経っても犯罪事実を得ることができなかった。吉温が助けて訊問すると、その日のうちに犯罪事実を得ることができた。李林甫は吉温を有能と評価した。李林甫は長年に渡って宰相の地位にあった。ひそかに大事件を構成して、自分に従わない者を排除しようとした。吉温を引き入れて門客とし、羅希奭《セキ》（酷吏の一人）と共に詔獄の被告人に対して無理な取り調べを行わせた。二人は勉めて残虐な取り調べを行い、「羅鉗（鉗は首かせ。）吉網」と呼ばれた。高位高官は、二人を見ると、口を閉ざした。吉温は後に、罪を犯したとされて、端渓県（現在の広東省徳慶県）の尉に左遷された。使者が遣わされ、吉温を左遷先で殺した。

【原文】

吉温、天宝初、調萬年尉。李林甫擿銓吏（『新唐書』巻二〇九は「吏」を「史」に作る。）偽選六十餘人。帝命御史（『新唐書』は「命」と「御史」との間に「京兆与」三字がある。）雑治。累日情不得。温佐訊。日中獄具。林甫以為能。林甫久当国。陰搆大獄、除不附己者。引温居門下、与羅希奭、推（『新唐書』は「推」を「椎」に作る。）鍛詔獄、相勉以虐。號羅鉗吉網。公卿見者、莫敢耦語。後以罪貶端溪尉。遣使殺于貶所。（以上、第三十一丁裏第一行から第六行。）

【訓読】

吉温は、天宝の初め、萬年の尉に調せらる。李林甫、銓吏の、六十餘人を偽選するを擿す。帝、（京兆と）御史に命じて雑治せしむ。累日、情、得ず。温、佐訊す。日中に獄、具す。林甫以て能と為す。林甫久しく国に当たる。陰かに大獄を搆え、己に附かざる者を除かんとす。温を引きて門下に居らしめ、羅希奭とともに詔獄を推鍛せしむ。相い勉むるに虐を以てし、羅鉗吉網と号せらる。公卿の見る者、敢えて耦語する莫し。後、罪を以て端溪の尉に貶せらる。使を遣わして貶所にて殺す。

吉温は『旧唐書』巻一八六下、酷吏伝下、『新唐書』巻二〇九、酷吏伝に伝がある。

「李林甫、銓吏の、六十餘人を偽選するを擿す。」とある「銓吏」は、兵部の銓史である。『新唐書』酷吏伝、吉温の項に「林甫と李適之・張垍と隙有り。適之、兵部を領す。而して垍の兄の均、（兵部）侍郎たり。林甫、密かに吏を遣わして、其の銓史の、六十餘人を偽選するを擿す。」と記されている。

「後、罪を以て端溪の尉に貶せらる。使を遣わして貶所にて殺す。」とあり、『祥刑要覧』は、吉温が「貶所」即ち端溪県で殺された、と記すが、『新唐書』酷吏伝、吉温の項には、吉温は、羅希奭が太守である始安郡（治所は現在の広西壮族自治区桂林市。）で殺された、と記されている。『旧唐書』巻九、玄宗本紀、天宝十四載（七五五）十一月戊午朔条に「始寧《ママ》太守羅希奭、張博済を停止するを以て、決杖せられて死す。吉温、獄に自縊す。」と記されている。

第八節　蔡確

岩村藩刊本の第三十一丁裏第七行から第三十二丁表第八行までを第八節とする。この部分は『歴代臣鑑』巻三十五、悪可為戒、宋、蔡確、及び『宋史』巻四七一、姦臣伝、蔡確の項からの抜書きである。

【和訳】

宋の蔡確（一〇三七～一〇九三）は、邠州（治所は現在の陝西省彬県。）の司理参軍（推鞫を掌る。）となり、監察御史裏行（「裏行」は見習いの意味。）に昇進した。（羌族を破って）熙河路（現在の甘粛省に含まれる地域に当たる行政区域）を建てた王韶《ショウ》（一〇三〇～一〇八一。『宋史』巻三二八に伝がある。）の罪を、王安石の意に迎合して、無罪とした。御史知雑事に昇進した。知制誥（詔勅文の起草を掌る。）の熊本（元祐六年（一〇九一）歿。）を弾劾して、熊本に代わって知制誥に任じられた。皇城司の兵卒を無理に取り調べて、犯罪事実が認定された（原文。煆煉皇城卒、獄成。呉訥が『宋史』の文を誤読して作った文であり、「皇城卒」が被告人とされて取り調べられたのではない。）。その結果、御史中丞の鄧潤甫（一〇二七～一〇九四）が罪を得て、蔡確が御史中丞の地位を得た。

太学生（の虞蕃）が学官を訴えた。蔡確は、学官の不正を深く探り、翰林学士の許将（一〇三七～一一一一）以下の官員を連ねて呼び出し、皆、逮捕して、かせをはめ、牢獄に入れた。獄卒に命じて、囚人と一緒に寝させ、あつものや飯、餅や肉をすべて一つのはちの中に入れ、ひしゃくでかき混ぜて、囚人に分け与えて食べさせた。まるで犬やぶたに食べさせるようであった。長い間、牢獄に入れられたままで、尋問されなかった。幸いにして尋問を受けることができると、認めない事が一つもなかった。そして、蔡確は参知政事（副宰相）の元絳（一〇〇八～一〇八三）を弾劾し、元絳は、罷免されて、亳州《ハク》（治所は現在の安徽省亳州市。）の知事に転出した。蔡確は今度も代わって参知政事の地位に就いた。

蔡確は、知制誥、御史中丞、参知政事を歴任したが、それらの地位は皆、人の罪を告発することによって、人の地位を奪って得たものであった。士大夫（官僚、退職官僚、及び科挙の受験生。読書人、有識者。）が口をそろえて非難したけれども、蔡確は自分では、うまく行ったと思っていた。元豊年間（五年。一〇八二）に尚書右僕射（宰相）に任じられた。しばしば、大勢の士大夫を被告人とする裁判を起こしたので、士大夫はびくびくしながら過ごした。ひそかに章惇（一〇三五～一一〇五。姦臣の一人。）、邢恕（姦臣の一人）と相談して邪謀（神宗の後嗣をめぐる陰謀）を立てた。宣仁太皇太后（英宗の皇后、神宗の母、哲宗の祖母）を誣謗し、英州（治所は現在の広東省英徳県。）の別駕（次官）に左遷された。新州（治所は現在の広東省新興県。）に移され、その地で死んだ。史官は蔡確の伝を姦臣伝に入れた。

【原文】

宋蔡確、為邠州司理参軍、遷御史裏行。希王安石意、出熙河王韶罪。遷御史知雜。劾知制誥熊本、代為知制誥。

煅煉皇城卒、獄成。中丞鄧潤甫、由是得罪、而確得中丞。太学生訟学官。確深探其獄、連引学士許将以下、皆逮捕械繋。令獄卒与同寝処。凡羹飯餅胾、置一盆中、以杓混攪、分飼之、如犬豕。久繋不問、幸而得問、無一不承。遂劾参知政事元絳（「絳」はもと「降」に作る。『宋史』巻四七一、『歴代臣鑑』巻三十五、『重刊祥刑要覧』巻二に従って改めた。）、出知亳（「亳《ハク》」はもと誤って「毫《ゴウ》」に作る。）州、復代其位。確歴知制誥中丞参政、皆以起獄、奪（原文。奪。奪は奪の古字。）人位而居之。士大夫交口咄詈（『宋史』『歴代臣鑑』『重刊祥刑要覧』は「詈」を「罵」に作る。）、而確自為得計。元豊中、拝右僕射。屢興羅織之獄。士大夫重足而立。陰与章惇邢恕、会造（『宋史』『重刊祥刑要覧』は「会造」を「合志」に作る。）邪謀。誣謗宣仁后、貶英州別駕、改新州。死于貶所。史入姦臣伝。

（以上、第三十一丁裏第七行から第三十二丁表第八行。）

【訓読】

宋の蔡確、邠州の司理参軍と為り、御史裏行に遷る。王安石の意を希《もと》め、熙河の王韶の罪を出だす。御史知雑に遷る。知制誥の熊本を劾し、代わりて知制誥と為る。皇城の卒を煅煉し、獄成る。中丞の鄧潤甫、是れに由り罪を得て、確、中丞を得たり。太学生、学官を訟う。確、深く其の獄を探り、学士の許将以下を連引す。皆、逮捕械繋せらる。獄卒をして与に寝処を同じくせしむ。凡そ羹飯餅胾を一盆中に置き、杓を以て混攪し、分かちて之れを飼《やしな》うこと犬豕の如し。久しく繋ぎて問わず。幸いにして問わるるを得れば、一つとして承けざる無し。遂に参知政事の元絳を劾して、出だして亳州を知せしめ、復た其の位に代わる。確、知制誥、中丞、参政を歴るは、皆、獄を起こすを以て、人の位を奪いて之れに居る。士大夫、口を交えて咄詈すれども、確は自ら計を得たりと為す。元豊中、右僕射に拝せらる。屢《しばし》ば羅織の獄を興こす。士大夫、足を重ねて立つ。陰かに章惇・邢恕と会し、邪謀を造る。宣仁后を誣謗し、英州の別駕に貶せらる。新州に改められ、貶所に死す。史、姦臣伝に入る。

「王安石の意を希め、熙河の王韶の罪を出だす。」とある。『宋史』巻四七一、姦臣伝、蔡確の項には「王韶、熙河を開き、多く公銭を貸《か》る。秦帥の郭逵、其の罪を劾す。詔して杜純をして鞫治せしめ、実を得たり。（王）安石、其の牘を卻け、更めて確を遣わす。確、意を希めて、韶を直とす。逵・純、譴を獲たり。」と記されている。蔡確が王韶の取り調べに派遣されたのは、熙寧五年（一〇七二）七月である（『続資治通鑑長編』巻二三五、熙寧五年七月戊子条、同書巻二四〇、同年十一月癸亥条注）。

「知制誥の熊本を劾し、代わりて知制誥と為る。」とある。『続資治通鑑長編』巻二八六、熙寧十年（一〇七七）十二月甲午条に「右正言・直集賢院・兼侍御史知雑事の蔡確を知制誥とす。」、同書巻二八七、元豊元年（一〇七八）正月己巳条に「刑部員外郎・知制誥の熊本、知制誥を落として屯田員外郎と為し、西京を分司せしむ。」と記されている。『宋史』姦臣伝、蔡確の項には「范子淵の、浚河の役に、知制誥の熊本、按行して以て是に非ずと為し、子淵の訟うるところと為る。確は、本、文彦博に附す、と劾し、之れを黜せしむ。代わりて知制誥・知諫院兼判司農寺と為る。」と記されている。

「皇城の卒を鍛煉し、獄成る。中丞の鄧潤甫、是れに由り罪を得て、確、中丞を得たり。」とある。『宋史』姦臣伝、蔡確の項には「開封、相州民の訟を鞫す。（中略）遂に御史台に移す。時に獄、皇城の卒より起こる。事、多く讎《あた》らず。中丞の鄧潤甫、御史の上官均、之れを按ずるに、府獄と同じ。（中略）確、鍛錬して獄を為《つく》る。潤甫・均、制する能わず、密かに、確、諸囚を惨掠す、と奏す。確、之れを伺い知り、即ちに、二人、有罪を庇う、と劾す。（中略）是れに由り、潤甫・均、皆、罷せらる。而して確、中丞を得たり。」と記されている。蔡確が鄧潤甫に代わって御史中丞となったのは、元豊元年四月である（『長編』巻二八九、同年同月乙卯条）。

「太学生、学官を訟う。」とある。『宋史』姦臣伝、蔡確の項には「太学生の虞蕃、学官を訟う。」と記されている。虞蕃が上書して太学の講官を訟えたのは、元豊元年十二月である（『長編』巻二九五、同年同月乙巳条）。

「獄卒をして与に寝処を同じくせしむ。云々」とある。『長編』巻二八九、元豊元年四月乙卯条に、「此れ司馬記聞（司馬光『涑水記聞』）に拠る。」と注記して、「凡そ朝士の、獄に繋がるる者は、（蔡）確、獄卒をして之れと室を同じくして処り、蓆を同じくして寝ねしめ、飲食旋溷、共に一室に在らしむ。大盆を前に置き、凡そ饋食する者は、羹飯餅餌、悉く其の中に投じ、杓を以て匀攪し、之れに分飼すること犬豕の如し。置きて問わず。故に繋がるる者、幸いに其の問わるるを得れば、罪の承けざる無し。」と記されている。この文章は、現在伝わっている『涑水記聞』の中には存在しない（鄧広銘・張希清点校『涑水記聞』中華書局、一九八九年。三四六頁）。この文章は、『長編』では、太学生が学官を訴えた事件ではなく、鄧潤甫が罪を得た事件を記す文章に繋げられている。

「遂に参知政事の元絳を劾して、出だして亳州を知せしめ、復た其の位に代わる。」とある。蔡確が元絳に代わって参知政事となったのは、元豊二年（一〇七九）五月である（『長編』巻二九八、同年同月甲申条・戊子条）。

「宣仁后を誣謗し、英州の別駕に貶せらる。新州に改められ、貶所に死す。」とある。『長編』巻四二七、元祐四年（一〇八九）五月丁亥条に「詔して蔡確に英州別駕を責授し、新州に安置せしむ。」と記されている。『祥刑要覧』には「改新州」とあるが、英州から新州に移されたのではない。英州別駕の肩書を与えられて、英州より南の、海に近い新州に流されたのである。『長編』同条に拠れば、宰相の呂大防や副宰相の劉摯らが、蔡確には老母がいるので、嶺外の地に流すべきでない、と意見を述べたところ、宣仁太皇太后は「山を移すことができても、この州を移すことはできない。」と答えた、という。蔡確が新州で亡くなったのは、元祐八年（一〇九三）正月である（『長編』巻四八〇、同年同月甲申条）。

第九節　安惇

岩村藩刊本の第三十二丁表第九行から同丁裏第九行までを第九節とする。この部分は『宋史』巻四七一、姦臣伝、安惇の項からの抜書きである。

【和訳】

安惇（一〇四二～一一〇四）は、成都府学の教授から監察御史に抜擢された。章惇（一〇三五～一一〇五。当時、宰相であった。）と蔡卞（一〇五八～一一一七。当時、尚書左丞であった。）とが同文館の疑獄（原文。同文館獄。同文館は高麗の遣宋使の宿舎。哲宗の元祐年間に活躍した旧法党の元高官に、天子の廃立を謀った罪を着せるために、同文館で究問が行われた。）を起こし、安惇と蔡京（一〇四七～一一二六）とに命じて、協力して取り調べさせた。二人はその害心をほしいままにして、「司馬光（一〇一九～一〇八六）、劉摯《シ》（一〇三〇～一〇九七）、梁燾（一〇三四～一〇九七）らは、陳衍（宦官）とぐるになって、先帝の作った法律を変えた。陛下の親政がはじまれば、陛下を欺いた罪で誅殺されるに違いないと恐れて、密かに陛下を廃する計画を立てた。死刑に処してもまだ足りない。」と上言した。そこで、哲宗は、陳衍を誅殺し、また、劉摯らの子孫の任官を禁止した。

また、鄒浩（一〇六〇～一一一一）の事件（元符二年（一〇九九）九月に右正言の鄒浩が哲宗の立后を諫めて、除名されて新州に追放された事件）を取り調べて、広南東路転運使の鍾正甫に命令文書を送って、自分の代わりに、鄒浩の追放先の新州（治所は現在の広東省新興県。）で、取り調べを行わせた。士大夫（官僚、退職官僚、及び科挙の受験生）の中には、千里も離れた所から呼び出されて、獄に入れられた者がいた。（当時、安惇は御史中丞であった。）

蹇《ケン》序辰の初議（神宗時代に罪を得た旧法党の士大夫の冤罪を晴らすため、元祐元年（一〇八六）に訴理所が設けられ、再審理が行われた結果、多くの冤罪が晴らされたことに対して、もう一度、審理をやり直して、もとの有罪判決に戻すべきである、という提案。最初に蹇序辰がこれを提案し、次に安惇が同じことを提案して採用されたので、「蹇序辰の初議」と記す。）が採用され、安惇が訴理所の公文書を検閲した。（神宗に対して不順であるという理由で）禍いを被った者が七八百人出た。天下の人々は怨み憎み、「二蔡二惇（蔡京・蔡卞・章惇・安惇）」のはやりうたを作った。

徽宗（在位一一〇〇～一一二五）は、安惇を憎み、地方へ転出させ、潭州（治所は現在の湖南省長沙市。）の知事にした。ついで、免職して帰郷させた。蔡京が宰相になると（崇寧元年（一一〇二）七月）、同知枢密院事に復した（崇寧二年四月）。（崇寧三年に）歿した。

長子の郊は、後に、悪意を持って皇帝をひどく非難した罪で死刑に処された。安惇の官が追貶された。次子の邦が涪《フウ》州（治所は現在の重慶市涪陵区。）に追放されて、死んだ。その結果、子孫が絶えた。しばしば忠良の人を陥れた報いであると人々は思った。史官は安惇の伝を蔡京の伝と一緒に姦臣伝に入れた。

【原文】

安惇、由成都府（もと「府」字なし。『宋史』巻四七一及び『重刊祥刑要覧』巻二に従って補った。）教授、擢監察御史。章惇蔡卞（「卞」はもと「下」に誤まる。）造同文館（『宋史』巻四七一及び『重刊祥刑要覧』巻二は「館」を「謗」に作る。）獄。使惇与蔡京雑治。肆其忮心、上言、司馬光劉摯梁燾等、交通陳衍、以変成法。懼一日親政、有欺君之誅、密為傾揺之計。死有餘責。乃誅衍、及禁錮摯等子孫。又鞠鄒（「鄒」はもと「郢」に作る。『宋史』巻四七一及び『重刊祥刑要覧』巻二に従って改めた。）浩事、檄広東使者鍾正甫、摂治于新州。士大夫或千里赴逮。蹇序辰初議、閲訴理書牘。被禍者七八百人。天下怨疾、為二蔡二惇之謡。徽宗悪之、出知潭（「潭」はもと「澤」に作る。『宋史』巻四七一に従って改めた。）州。尋放帰田里。蔡京為相。復同知枢密院。死。長子郊、後坐指斥、被誅。追貶惇官。次子邦、流竄涪州、死。子嗣遂絶。史臣以為数陥忠良之報。与蔡京同入姦臣伝。（以上、第三十二丁表第九行から同丁裏第九行。）

【訓読】

安惇、成都府教授由り、監察御史に擢せらる。章惇・蔡卞、同文館の獄を造る。惇と蔡京とをして雑治せしむ。其の忮心を肆にして上言すらく、司馬光・劉摯・梁燾らは、陳衍に交通して、以て成法を変ず。一日、親政せば、君を欺くの誅有るを懼れ、密かに傾揺の計を為す。死しても餘責有り。と。乃ち衍を誅し、及び摯らの子孫を禁錮す。又た鄒浩の事を鞠し、広東使者の鍾正甫に檄し、新州に摂治せしむ。士大夫、或いは千里、逮に赴く。蹇序辰の初議を踵《つ》ぎ、訴理の書牘を閲す。禍いを被る者七八百人。天下怨疾し、二蔡二惇の謡を為《つく》る。徽宗、之れを悪む。出だして潭州を知せしむ。尋いで田里に放帰す。蔡京、相と為る。復た同知枢密院とす。死す。長子の郊、後に指斥に坐し、誅せらる。惇の官を追貶す。次子の邦は涪州に流竄せられ、死す。子嗣遂に絶ゆ。史臣、以て数しば忠良を陥るるの報いと為す。蔡京と同じく姦臣伝に入る。

安惇と章惇とは『宋史』巻四七一、姦臣伝に伝があり、蔡卞と蔡京とは同書巻四七二、姦臣伝に伝がある。「章惇・蔡卞、同文館の獄を造り、惇と蔡京とをして雑治せしむ。」とある。『続資治通鑑長編』巻四九〇、紹聖四年（一〇九七）八月丁酉条に「詔して翰林学士承旨蔡京をして、権吏部侍郎安惇と同《とも》に、同文館に即《つ》いて究問せしむ。」と記されている。

「（陳）衍を誅す。」とある。『長編』巻四九五、元符元年（一〇九八）三月戊午条に「詔して（陳）衍を特に死に処す。」と記されている。

「蔡京為相、復同知枢密院。」とある。『宋史』姦臣伝、安惇の項には「蔡京為相、復拝工部侍郎、兵部尚書。崇寧初、同知枢密院。」と記されている。『宋史』巻十九、徽宗本紀、崇寧二年（一一〇三）四月戊寅条に「兵部尚書安惇、同知枢密院事。」とある。

「史臣以為数陥忠良之報。」とある。『宋史』姦臣伝、安惇の項には「人以為惇平生数陥忠良之報云。」と記されている。『宋史』に従って和訳した。

第十節　万俟卨

岩村藩刊本の第三十二丁裏第十行から第三十三丁表第八行までを第十節とする。この部分は『宋史』巻四七四、姦臣伝、万俟卨の項からの抜書きである。

【和訳】

万俟卨（ボクキ・セツ）は紹興年間（一一三一～一一六二）の初め、荊湖北路の提点刑獄公事（一路内の裁判を監督する。）に任じられた。宣撫使の岳飛（一一〇三～一一四一）は万俟卨を礼遇しなかった。卨はこれを恨んだ。

都に登って皇帝に会見した時に、秦檜（一〇九〇～一一五五。当時、宰相であった。）の意に迎合して、岳飛を朝廷に讒言した。留められて監察御史に任じられた。（秦檜が）卨に岳飛の罪を弾劾させ、御史中丞の何鋳（一〇八八～一一五二）に命じて岳飛を取り調べさせた。何鋳は岳飛の無罪を明らかにした。秦檜は怒って、卨に命じて代わって取り調べさせた。その結果、卨は、岳飛とその子の雲（一一一九～一一四一）とが張憲（?～一一四二）に命じて、金軍が来攻するという虚偽の警報を上申させ、そして、岳飛を軍に還すよう措置させた、と誣いた。また、岳飛が淮西地域に逗留して、軍を進めなかった、と誣いた。岳飛父子と張憲とは皆、死刑に処された。天下の人々はこれを冤罪であるとした。

宗室の趙士㒟《ジョウ》（一〇八四～一一五三）が、家族全部（原文。百口）の力で岳飛を守りたいと請願した。万俟卨が士㒟を弾劾して、竄死させた。卨はさらに、秦檜のために、李光（一〇七八～一一五九）の（金軍が来攻すると鼓唱した）罪と孫近（紹興二十三年（一一五三）歿）が朋党を結んだ罪とを弾劾した。二人とも流刑に処された。また、張浚（一〇九七～一一六四）が制限を越える大きな自宅を建てた、と嘘をついて弾劾した。（紹興十二年（一一四二）八月に）参知政事（副宰相）に任じられ（金国報謝使に充てられ）た。金国に派遣されて帰国して、秦檜に逆らい、（紹興十四年（一一四四）六月に）帰州（治所は現在の湖北省秭《シ》帰県。）に流された。（その後、召還されて、副宰相、宰相を歴任し、紹興二十七年（一一五七）に七十五歳で）死んだ。史官は万俟卨の伝を秦檜の伝と一緒に姦臣伝に入れた。

【原文】

万（「万《ボク》」はもと「萬《バン》」に作る。『宋史』巻四七四、『重刊祥刑要覧』巻二に従って改めた。）俟卨、紹興初、提点湖北刑獄。宣撫岳飛、遇不以礼。卨憾之。入覲、希秦檜意、譖飛于朝。留為監察御史。令卨劾飛罪。命中丞何鋳治

飛獄、明其無罪。檜怒、以卨代治。遂誣飛与其子雲、令張憲虚申警報、及措置還飛軍中（『宋史』巻四七四は「中」字なし。）。又誣飛淮西逗留。飛父子与憲俱死。天下冤之。宗室士㒟請以百口保飛。卨劾士㒟竄死。又為檜劾李光（『宋史』巻四七四は「李光」の後に「鼓倡」二字がある。）孫近朋比。皆被竄謫。又誣劾張浚卜宅踰制。除参知政事。使金還。与檜忤、謫貶帰州。死。与秦檜同入姦臣伝。（以上、第三十二丁裏第十行から第三十三丁表第八行。）

【訓読】

万俟卨、紹興の初め、提点湖北刑獄たり。宣撫の岳飛、遇するに礼を以てせず。卨、之れを憾む。入覲し、秦檜の意を希《もと》め、飛を朝に譖す。留めて監察御史と為す。卨をして飛の罪を劾せしむ。中丞の何鋳に命じ、飛の獄を治せしむるに、其の、罪無きを明らかにす。檜怒り、卨を以て代えて治せしむ。遂に、飛と其の子の雲と、張憲をして虚しく警報を申せしめ、及び措置せしめて飛を軍中に還さんとす、と誣う。又た、飛、淮西に逗留す、と誣う。飛父子と憲と倶に死す。天下、之れを冤とす。宗室の士㒟、百口を以て飛を保せんと請う。卨、士㒟を劾し、竄死せしむ。又た、檜の為めに李光、孫近の朋比を劾す。皆、竄謫せらる。又た、張浚、宅を卜し、制を踰ゆるを誣劾す。参知政事に除せらる。金に使して還る。檜と忤《さか》らい、帰州に謫貶せらる。死す。秦檜と同《とも》に姦臣伝に入る。

「宣撫岳飛」とある。岳飛は、紹興六年（一一三六）三月に湖北京西宣撫副使に任じられ（『建炎以来繋年要録』巻九十九）、同七年（一一三七）二月に同宣撫使に昇任した（同上書巻一〇九）。宣撫使について、『宋史』巻一六七、職官志は「常置せず。威霊を宣布し、辺境を撫綏し、及び将帥を統護し、軍旅を督視するの事を掌る。」と記す。

「中丞の何鋳に命じて飛の獄を治せしむるに、其の、罪無きを明らかにす。」とある。『建炎以来繋年要録』巻一

四二、紹興十一年（一一四一）十月戊寅条に「少保・醴泉観使岳飛、大理寺に下さる。（中略）左僕射秦檜（中略）、乃ち飛父子を大理獄に送り、御史中丞何鋳・大理卿周三畏に命じて之れを鞫せしむ。」と記されている。何鋳は、字は伯寿、政和五年（一一一五）の進士。『宋史』巻三八〇に伝がある。その伝に「秦檜（中略）、（岳）飛を逮して大理獄に繋ぎ、先ず（何）鋳に命じて之れを鞫せしむ。鋳、飛を引きて庭に至らしめ、其の反状を詰す。飛、袒《はだぬ》ぎて、之れが背を示す。背に旧涅「尽忠報国」四大字有り、深く膚理に入る。既にして閲実するに倶に験無し。鋳、其の冤を察し、之れを檜に白《もう》す。檜、悦ばずして曰く、此れ上意なり、と。鋳曰く、鋳、豈に区区として一岳飛の為めにする者ならんや。強敵未だ滅せず、故無く一大将を戮し、士卒の心を失うは、社稷の長計に非ず。と。檜、語、塞がる。」と記されている。

「飛父子と（張）憲と倶に死す。」とある。『宋史』巻二十九、高宗本紀、紹興十一年（一一四一）十二月癸巳条に「岳飛に大理寺にて死するを賜う。其の子の雲及び張憲を市に斬す。」と記されている。岳雲は岳飛の養子。『宋史』巻三六五に伝がある。張憲は岳飛の愛将。『宋史』巻三六八に伝がある。

「宗室の士㒟、百口を以て飛を保せんと請う。」とある。士㒟は趙氏で、太宗皇帝の六世孫。『宋史』巻二四七、宗室伝に伝がある。「百口を以て保す。」の「百口」は、親属の意味である。『資治通鑑』巻二三五、唐紀、徳宗貞元十六年秋七月条の前にある「用百口保君矣。」の文に附された胡三省の註に「人、其の家の親属を謂いて百口と為す。」とある。

「卨、士㒟を劾し、竄死せしむ。」とある。『宋史』巻三十、高宗本紀、紹興十二年（一一四二）三月辛亥条に「士㒟、嘗て岳飛を営護して朋比を為すを以て、責して建州（治所は現在の福建省建甌県。）に居住せしむ。」、同書巻三十一、同本紀、同二十三年（一一五三）三月丙午条に「斉安郡王の士㒟、建州に薨ず。」と記されている。

「又た檜の為めに李光、孫近の朋比を劾す。皆、竄謫せらる。」とある。『宋史』姦臣伝、万俟卨の項では「又為檜劾李光鼓倡、孫近朋比、二人皆被竄謫。」となっており、「李光」の後に「鼓倡」二字がある。「鼓倡」は首唱すること。『建炎以来繋年要録』巻一四二、紹興十一年十一月己亥条に「資政殿学士・提挙臨安府洞霄宮李光、建寧軍節度副使を責授し、藤州（治所は現在の広西壮族自治区藤県。）に安置す。言者論ずらく、迺者《さきごろ》、二使の還るや、敵、和せんと欲するの意を示す。国体に於いて損する無し。而るに光は乃ち陰かに怨望を懐き、鼓倡すること萬端、会稽の民、扶老携幼して、道路を転徙して、連日止まざるを致し、時に乗じて誹訕す。罪、赦す可からず。と。秦檜進呈す。上（中略）乃ち光を嶺表に謫す。」と記されている。李光は、字は泰発、崇寧五年（一一〇六）の進士。吏部尚書、礼部尚書、参知政事を歴任した。『宋史』巻三六三に伝がある。

孫近は、紹興八年（一一三八）十一月に参知政事、兼権同知枢密院事に任じられ、同十一年四月に罷免された（『宋史』巻二十九）。『要録』巻一四四、紹興十二年正月庚申条に「資政殿学士・提挙臨安府洞霄宮孫近、落職す。御史中丞万俟卨、論ず。（中略）故に是の命有り。」、同癸亥条に「左通議大夫孫近、左朝散郎・秘書少監を責授し、漳州（治所は現在の福建省漳州市。）に居住せしむ。万俟卨、其の謫の軽きを論ずるを以てなり。」と記されている。

「又た、張浚、宅を卜し、制を踰ゆるを誣劾す。」とある。張浚は、字は徳遠。紹興五年（一一三五）二月、宰相となり、七年（一一三七）九月、罷免された。孝宗の隆興元年（一一六三）十二月、再び宰相となった。この『祥刑要覧』の第二章『先哲論議』第四節にその文章が掲げられている南軒張氏、即ち張栻の父である。『宋史』巻三六一に伝がある。『宋史』姦臣伝、万俟卨の項には「張浚、長沙（潭州長沙県。現在の湖南省長沙市）に寓居す。卨、妄りに、浚、宅を卜して制を踰え、五鳳楼（後梁の太祖が洛陽に建てた楼）に擬するに至る、と劾す。会《たまた》ま呉秉信、長沙より朝に還り、浚の宅は衆人の常産もて辦ず可きに過ぎず、と奏す。浚、乃ち免るるを得たり。」と記されている。

万俟卨が張浚の卜宅踰制を弾劾した事件は、『建炎以来繋年要録』巻一四七、紹興十二年十一月己丑朔条に「検校少傅・崇信軍節度使・萬寿観使張浚、赦恩を以て和国公に封ず。是の時、浚、長沙に寓居す。屋六十楹を益し、以て其の母に奉る。万俟卨、中執法（御史中丞の古名）と為り、浚、宅を卜して踰侈し、五鳳に擬して楼を建つるに至る、と論ず。秦檜、白《もう》して、屯田員外郎の呉秉信を遣わし、事を以て京湖（京西南路と荊湖南北路。長沙県は荊湖南路に属する。）に至り、按験するところ有らしむ。庚寅、詔して特に引対す。（その後）秉信、浚に造《いた》り、其の居るところを見るに、中人の常産もて辦ずるところに過ぎず。反りて檜の意を以て密かに之れに告ぐ。帰りて其の実を奏す。事、遂に寝《や》む。」と記されている。呉秉信は、字は信叟、四明（慶元府鄞県。現在の浙江省寧波市）の人。政和五年（一一一五）何㮚榜同進士出身。中書舎人、吏部侍郎を歴任した（『南宋館閣録』巻八）。紹興二十六年（一一五六）九月に歿した（『要録』巻一七四、同年同月乙丑条）。

巻尾

【原文】
已上、善悪法戒、出為善陰隲・歴代臣鑑等（『重刊祥刑要覧』巻二は「等」字の後に「書」字がある。）。（以上、第三十三丁表第九行から第十行。）

【訓読】
已上、善悪法戒は、為善陰隲・歴代臣鑑等に出づ。

【原文】
祥刑要覧、巻終。（寛永元年刊本、寛永四年刊本も同じ。元和中刊本は「祥刑要覧巻上終。」とし、その後に「下巻者即棠陰比事也。（下巻は即ち棠陰比事なり。）」と記している。）（以上、第三十三丁裏第十行。）

岩村藩刊本の『祥刑要覧』を含む、江戸時代の日本で刊行された『祥刑要覧』は、これで終わりである。元和中刊本の末尾に「下巻は即ち棠陰比事なり。」と記されているように、呉訥が編集した本来の『祥刑要覧』では、「善悪法戒」の後に、桂万栄編『棠陰比事』全百四十四話の中から呉訥が選んだ計八十話が附載されていた。呉訥が編集した本来の『祥刑要覧』は、そのままの形では伝わっていないけれども、呉訥編・陳察増補『重刊祥刑要覧』全四巻（東洋文庫所蔵）の巻一から巻三までが呉訥が編集した『祥刑要覧』に当たり、巻三「刪正桂氏棠陰比事」に収められている八十話が、呉訥が選んだ『棠陰比事』の八十話である。『学海類編』所収『棠陰比事原編』、『四庫全書』所収『棠陰比事』は、呉訥が選んだ『棠陰比事』の八十話を、何者かが『祥刑要覧』から抜き出して作ったものである（附録篇第四章を参照。）。

なお、『学海類編』所収『棠陰比事続編』は、何者かが『祥刑要覧』から「善悪法戒」の部分を抜き出して作ったものである（同上）。

附録篇

第一章　呉訥撰『祥刑要覧』所載『棠陰比事』について

第一節　呉訥が再編した『棠陰比事』

江戸時代の日本で刊行された『祥刑要覧』の諸本には欠けているけれども、呉訥が編集したもとの『祥刑要覧』には、呉訥が再編した『棠陰比事』が附載されていた。呉訥が編集したもとの形の『祥刑要覧』は現存しないが、呉訥が再編した『棠陰比事』は、東洋文庫所蔵の呉訥編・陳察増補『重刊祥刑要覧』の巻三に「删正桂氏棠陰比事」と題して収められている。『学海類編』所収『棠陰比事原編』は、呉訥が再編した『棠陰比事』を何者かが『祥刑要覧』から抜き出して作ったものである。また、『四庫全書』所収、桂万栄撰・呉訥删補『棠陰比事』も、呉訥が再編した『棠陰比事』を何者かが『祥刑要覧』から独立させたものである（本篇第四章を参照。）。『学海類編』所収『棠陰比事原編』も『四庫全書』所収『棠陰比事』も、『重刊祥刑要覧』所収の呉訥が再編した『棠陰比事』の字句の校正に用いることができる。

桂万栄の『棠陰比事』は、和凝・和㠓父子の『疑獄集』の全六十七話、及び鄭克の『折獄亀鑑』の全三百八十二話（『疑獄集』の六十七話を全て含む。）の中から、二話ずつ組み合わせながら、百四十四話を選び出し、各話に四字の標題をつけ、組み合わせた二話の標題が対になるようにし、対にした二つの標題を一聯と数え、並んだ奇数聯と偶数聯とが脚韻を踏むようにしたものである。呉訥は『棠陰比事』の百四十四話の中から八十話を選び出し、罪が重い話から軽い話へと並べ変えた。『重刊祥刑要覧』の「目録」に掲げられている、呉訥が選んだ八十話の標題は次の通りである（括弧内は桂万栄編『棠陰比事』での順番。）。

1「漢武明継」(122)、2「李傑買棺」(27)、3「戴諍異罰」(123)、4「曹駁坐妻」(117)、5「宗元守辜」(21)、
6「杜亞疑酒」(120)、7「張昇窺井」(103)、8「歐陽左手」(9)、9「銭推求奴」(2)、10「向相訪賊」(1)、
11「程琳烓竈」(13)、12「強至油幕」(14)、13「程戡仇門」(55)、14「荘遵疑哭」(32)、15「妾吏酖宋」(15)、
16「玉素毒郭」(16)、17「呂婦断腕」(45)、18「従事函首」(127)、19「裴均釋夫」(4)、20「曹攄明婦」(3)、
21「崇亀認刀」(139)、22「魏濤證死」(22)、23「張挙猪灰」(36)、24「王璩故紙」(72)、25「李公験欅」(77)、
26「王臻辨葛」(78)、27「顗知子盗」(79)、28「孫料兄殺」(80)、29「乖崖察額」(128)、30「胡質集鄰」(63)、
31「孔察代盗」(138)、32「朱詰賕民」(137)、33「佐史誣裴」(34)、34「思兢詐客」(33)、35「江分表裏」(61)、
36「章辨朱墨」(62)、37「南公塞鼻」(12)、38「包鞫割舌」(46)、39「蔣常覘嫗」(65)、40「張輅行穴」(48)、
41「薛向執賈」(54)、42「楊牧笞巫」(53)、43「郎簡校券」(90)、44「文成貼書」(89)、45「御史失状」(97)、
46「少師辨印」(111)、47「方偕主名」(93)、48「至遠憶姓」(108)、49「蘇請袝柩」(29)、50「賈廃追服」(30)、
51「程簿旧銭」(71)、52「孫甫春粟」(19)、53「孫登比弾」(113)、54「傅令鞭絲」(51)、55「孫亮験蜜」(119)、
56「司空省書」(132)、57「商原詐服」(83)、58「賓阻免喪」(84)、59「次武各駆」(101)、60「薛絹互争」(85)、
61「季珪鶏豆」(35)、62「宗裔巻紬」(59)、63「彦超虚盗」(17)、64「道譲詐囚」(18)、65「裴命急吐」(40)、
66「柳設榜牒」(135)、67「張鷟捜鞍」(141)、68「済美鈎篋」(142)、69「袁滋鋳金」(69)、70「孫宝秤饊」(70)、

71「崔黯捜帑」(47)、72「楊津獲絹」(26)、73「韋皐劾財」(133)、74「元膺擒輂」(74)、75「劉相鄰証」(67)、76「韓参乳医」(68)、77「柳寃瘖奴」(75)、78「王扣狂嫗」(76)、79「虔効鄧賢」(100)、80「孝肅杖吏」(91)

『重刊祥刑要覧』の「目録」には、呉訥刪正『棠陰比事』の八十話の標題に続いて、次のような呉訥の跋文が掲載されている。

【和訳】

右は『棠陰比事』の標題です。桂氏の『棠陰比事』から選び取った話です。桂氏が集めた話は合計百四十四話あります。私は若い時に『棠陰比事』を手に入れて読みました。それが徒らに、標題が韻をふむことや二話を組み合わせることに拘って、各話の順序に意味がないことを残念に思い、『棠陰比事』を改訂しようと思ったのですが、時間がありませんでした。その後、才能が乏しいにもかかわらず御史台官に任じられました。自分が関わったあらゆる裁判に対して、慎重な心構えで臨みました。けれども、知識が広くないので、つねに自分をはずかしく思っていました。その後、退官して故郷に帰り、時間ができました。たまたま、古い箱から、昔読んだ『棠陰比事』が見つかりました。そこで、子供らに命じて書き写させました。模範にすることができない話、及び内容が似ていて重複する話は悉く削除しました。残した話は八十話となりました。各話の順序を変えて、罪が重い裁判の話から軽い裁判の話の順に並べました。各話の標題と文章とは元のままにしました。話の内容に誤りがあるものは、少し誤りを正しました。読む人が、ここに書かれている事実を知って、知識を増やすことができるようにしました。桂氏の『棠陰比事』は南宋の理宗(在位一二二四～一二六四)に読まれました。桂氏の原序を後ろに載せます。(原注。これは海虞（蘇州府常熟県の古称）の呉公の跋である。）

【原文】

右、棠陰比事標題、以桂氏本刪定者也。桂氏所輯、総一百四十四事。予、蚤歳、得而読之。惜其徒拘声韻対偶而次序無義。欲訂之、未暇也。後承乏烏府、於凡刑獄、雖弗敢弗慎、然智識弗広、毎自愧焉。邇来、謝事帰閑、偶於故櫝、得見其書、因命児輩録出。凡事弗可為法、及相類復出者、悉為刪去。其存者、得題八十、別為序次、以刑獄軽重為先後。標題文仍其旧。紀事舛僻者、稍為更正檃括。使読者得知其事而資智識也。桂氏之書、経宋理廟乙覧。原序載于後云。（原注。此係海虞呉公跋。）

この跋文は、呉訥が編集したもとの『祥刑要覧』の目録に、『棠陰比事』の標題とともに掲載されていたものであろう。

「烏府に承乏す。」とある。「烏府」は御史台、明では都察院を指す。呉訥は南京都察院右僉都御史、南京都察院左副都御史を歴任した。

「紀事の舛僻する者は、やや更正檃括を為す。」とある。第五十一話「程簿旧銭」（桂万栄編『棠陰比事』の第七十一話）の後半部分が、桂万栄編『棠陰比事』の原文とは正反対の内容の文章に書き変えられている。

「桂氏の書、宋の理廟の乙覧を経たり。原序は後に載す。」とある。『棠陰比事』に附された桂万栄の序文は、嘉定四年（一二一一）のものと端平元年（一二三四）のものとの二つがある。江戸時代の日本で刊行された『祥刑要覧』には、端平元年の序文しか掲載されていないが、呉訥が編集したもとの『祥刑要覧』には二つとも掲載されていた（序文篇附二を参照。）。『重刊祥刑要覧』では、巻三「刪正桂氏棠陰比事」の後ろに、「附録」として、桂万栄の二つの序文が掲載されている。端平元年の序文に「朕、嘗て、卿の編するところの棠陰比事を見て、卿の、訟を聴いて決すること、能く審克なるを知る。」という理宗の言葉が記されている。『学海類編』所収『棠陰比事原編』の終わりに呉訥のこの跋文が掲載されている。その跋文では、最後の「桂氏之書、経宋理廟乙覧。原序載于後云。」の箇所が「予補編続編、即附於後云。（予の補編・続編、即ち後に附す、と云う。）」となっている。これは、『祥刑要覧』から、呉訥が再編した『棠陰比事』を抜き出して『棠陰比事原編』を作り、「善悪法戒」の部分を抜き出して『棠陰比事続編』を作り、陳察が増補した『祥刑要覧』から増補部分を抜き出して『棠陰比事補編』を作った者が、『原編』『続編』『補編』が『祥刑要覧』とは無関係の、独立した呉訥の真作であると見せかけるために書き変えたものである（本篇第四章を参照）。

現在伝わっている桂万栄の『棠陰比事』は、桂万栄が編集した原本の形に近いと考えられる宋刊本系統本（『四明叢書』所収本、『四部叢刊続編』所収本）と、元の田沢が、『棠陰比事』の各話に『折獄亀鑑』の鄭克の按語を加え、各話の文章を『折獄亀鑑』の文章に戻して出版した元刊本を継承する刊本（江戸時代の日本で刊行された古活字本、青藜閣刊行本）との二種類がある（波多野太郎「棠陰比事の諸本について」『横浜大学論叢』第二巻第三号掲載、一九五〇年）。呉訥が読んだ『棠陰比事』が宋刊本、もしくは宋刊本を継承した本であることは、『重刊祥刑要覧』所収の呉訥が再編した『棠陰比事』の文章と、宋刊本系統本『棠陰比事』の文章と、田沢が出版した元刊本を継承する青藜閣刊行『棠陰比事』の文章とを比べて見ることによって知られる。

『棠陰比事』全百四十四話の和訳は、田沢本を継承する江戸時代の日本で刊行された『棠陰比事』を和訳した駒田信二訳『棠陰比事』（岩波文庫、一九八五年）が既にあり、宋刊本系統本『棠陰比事』と田沢本を継承する『棠陰比事』とは内容には違いがないので、宋刊本、もしくは宋刊本を継承した『棠陰比事』を呉訥が再編した『棠陰比事』の全八十話を、ここで和訳する必要はない。ただ、第一話「漢武明継」、第二話「李傑買棺」、第三話「戴謽異罰」、第四話「曹駁坐妻」、第五話「宗元守辜」、第七十九話「虔㑦鄧賢」、第八十話「孝肅杖吏」は、呉訥が按語を附しているので、次節以下で、『重刊祥刑要覧』巻三に掲げられているこれらの話を、呉訥の按語と合わせて和訳する。

第二節　第一話「漢武明継」

『重刊祥刑要覧』巻三に収められている呉訥が再編した『棠陰比事』の第一話「漢武明継」は、桂万栄編『棠陰比事』の第一二二話に当たり、桂万栄が鄭克の『折獄亀鑑』から選び出した話であり、鄭克が『通典』巻一六六、刑法四、雑議上から採録した話である。

【和訳】

漢の景帝（在位前一五七～前一四一）の時、廷尉（最高裁判官）が次のような意見を皇帝にたてまつりました。「防年という名の囚人は、継母の陳氏が防年の父を殺したので、陳氏を殺しました。律に依りますと、子が母を殺したときは、大逆罪とみなします。」と。景帝はこの意見を疑いました。武帝は、その時十二歳で、太子として景帝の傍らにいました。景帝がとうとう武帝に意見を求めますと、武帝は次のように答えました。「そもそも「継母は母の如し。」（『儀礼』喪服）とありますから、継母が母に及ばないことは明らかです。父の妻であるという理由で、これを母になぞらえるのです。今、継母は無情にも、自分の手で防年の父を殺しました。継母が手を下した時に、母の恩が絶えたのです。防年が陳氏を殺した行為は、普通の殺人と同じ扱いにするべきであって、母殺しとして大逆罪を当てるべきではありません。」

【原文】

漢景帝時、廷尉上、囚有防年者、因継母陳殺防年之父、防年即（『通典』巻一六六、桂万栄編『棠陰比事』の諸本、『折獄亀鑑』巻四、『棠陰比事原編』、『四庫全書』所収『棠陰比事』は「即」を「因」に作る。）殺陳。依律、以子殺母、大逆不孝論。帝疑之。武帝、時年十二、為太子、在帝之側。帝遂問之。武帝対曰、夫継母如母。明不及母。縁父之故、比之於母。今、継母無状、手殺其父。方其下手之日、母恩絶矣。宜与殺人同。不宜以大逆不孝論。

「依律、以子殺母、大逆不孝論。」「不宜以大逆不孝論。」とあるが、『通典』巻一六六、『折獄亀鑑』巻四、桂万栄編『棠陰比事』の諸本、『棠陰比事原編』、『四庫全書』所収『棠陰比事』には全て、「不孝」の二字がない。「不孝」の語を抜いて訳した。

この話に呉訥は次のような按語を附している。

【和訳】

謹んで考えますと、『大明律』に「継母が自分の父を殺したときは、継母を告訴することをゆるす。「干名犯義」の罪に入れない。」と定められています。今、漢の史書が記すところを読みますと、「防年は、継母が自分の父を殺したので、継母を殺した。この行為は、普通の殺人と同じ扱いにするべきであって、大逆罪を当てるべきではない。」とあります。私が思いますに、これは実に倫理の例外です。もし、普通の殺人になぞらえるのであれば、故らに人を殺す者は斬刑に処します（明律、刑律、人命、闘殴及故殺人条）。もし、父母が人に殺されて、子孫が勝手に犯人を殺す行為になぞらえるのであれば、それを行った者は杖六十を科され、即時に殺したときは無罪となります（明律、刑律、闘殴、父祖被殴条）。現在のすばらしい時代では、倫理がしっかりしていますから、もとよりこのような事件は起こらないでしょうが、万一、このような事件に出会いましたら、裁判官は、事実を的確に究明し、適用するべき条文を考えて奏請しなければなりません。

【原文】

謹按、大明律云、凡継母殺其父、聴告。不在干名犯義之限。今観漢史所云、防年有継母殺其父、因而殺其継母。宜与殺人者同。不宜以大逆不孝論。窃詳、此実倫理之変。若比殺常人、則故殺者、処斬。若比父母為人殺而子孫擅自殺行兇人者、杖六十。其即殺死者、勿論。盛世倫理脩明、固無此事。万一遇此、所司当体究的確、比擬奏請。

「大明律云う、凡《すべ》て継母、其の父を殺さば、告するを聴《ゆる》す。干名犯義の限りに在らず。」とある。洪武三十年（一三九七）に刊布された明律の刑律、訴訟、干名犯義条に、「凡て子孫、祖父母父母を告する（中略）者は杖一百・徒三年。」「嫡母・継母・慈母・所生母、其の父を殺さば、（中略）告するを聴す。干名犯義の限りに在らず。」と定められている。

「宜しく大逆不孝を以て論ずべからず。」とあるが、『棠陰比事原編』及び『四庫全書』所収『棠陰比事』には「不孝」の二字がない。ここでも「不孝」の語を抜いて訳した。

第三節　第二話「李傑買棺」

第二話「李傑買棺」は、桂万栄編『棠陰比事』の第二十七話に当たり、桂万栄が和凝・和㠓父子の『疑獄集』及び鄭克の『折獄亀鑑』から選び出した話であり、『疑獄集』の編者が『大唐新語』巻四あるいは『太平広記』巻一七一から採録し、鄭克が『新唐書』巻一二八、李傑伝から採録した話である。

【和訳】

唐の李傑が河南府（治所は現在の河南省洛陽市）の尹（長官）であった時のことです。ある寡婦が子を不孝の罪で告訴しました。李傑が事情を調べたところ、子は不孝を行う者ではありませんでした。そこで、李傑が寡婦に「あなたは夫を亡くして、ただ一子がいるだけです。今、あなたが告訴した不孝の罪は死刑に至ります。後悔することにならないでしょうか。」と言いました。寡婦は「私に従順ではない子です。どうして後悔するでしょうか。」と答えました。李傑は、「審理したところ、このような結果になりました。棺を買って来て、屍を持って帰って下さい。」と言って、部下に命じて様子を窺わせました。すると、寡婦は、一人の道士に「事が終わりました。」と言いました。ほどなく棺を運んで来ました。李傑はなお寡婦が後悔するのを期待しましたが、寡婦は堅く気持ちを変えませんでした。その時、道士は府庁の門外にいました。李傑が密かに捕えさせ、一度尋問しますと、道士は罪を認めて言いました。「私は寡婦と姦通関係にあります。いつも寡婦の子に制止されていますので、彼を除こうと思ったのです。」そこで、道士を杖殺し、寡婦が運んで来た棺に入れました。

【原文】

唐李傑、為河南尹。有寡婦、告子不孝。傑察其状、非不孝者。乃謂曰、汝寡居、唯一子。今、罪至死。得無悔乎。婦曰、不順之子、寧復惜之。傑曰、審如是。可買棺来取屍。因使人覘之。乃謂一道士曰、事了矣。俄将棺至。傑尚冀其悔、而寡婦堅執如初。時道士在門外。密令擒之。一問承伏、曰、某与寡婦有私。常為児制。故欲除之。乃杖殺道士（『四明叢書』本、『四部叢刊続編』本『棠陰比事』は「道士」の後に「及婦卻」三字がある。）、以棺盛之。

李傑は、開元年間（七一三〜七四一）の初め、河南尹となった。開元六年（七一八）に歿した。『旧唐書』巻一〇〇、『新唐書』巻一二八に伝がある。

「寡婦有り、子の不孝を告す。」「罪、死に至る。」とある。唐開元二十五年律の名例律、十悪条「七曰、不孝。」の本注に「祖父母父母を告言・詛詈する（中略）を謂う。」とあり、闘訟律、告祖父母父母条に「祖父母父母を告する者は絞。」、殴詈祖父母父母条に「祖父母父母を詈る者は絞。」と定められている。

「杖殺道士」とあるが、宋刊本系統本『棠陰比事』では「杖殺道士及婦」、青藜閣本『棠陰比事』、『太平広記』巻一七一、『大唐新語』巻四では「杖殺道士及寡婦」となっており、寡婦も杖殺されたことになっている。唐開元二十五年律の闘訟律、告緦麻卑幼条に「子孫（中略）を誣告する者は各々論ずる勿し。」と定められており、李傑が河南尹であった当時の律文も同じであったとすれば、子を不孝の罪で誣告した寡婦は無罪である。また、雑律、姦条に「姦する者は徒一年半。」と定められており、道士と姦通した寡婦の罪は徒一年半である。よって、寡婦が杖殺されるのはおかしい。呉訥は、そう考えて、「及婦」の文字を省いたのであろうか。『新唐書』巻一二八、李傑伝には「傑殺道士、内于棺。」、『折獄亀鑑』巻五の李傑の項には「杖殺道士、納於棺。」とあり、寡婦を杖殺したとは記されていない。

唐開元二十五年律の闘訟律、誣告反坐条に「人を誣告する者は各々反坐す。（中略）（本注。反坐して罪を致すは、前人、罪に入るの法に準《よ》る。死に至りて、前人未だ決せざる者は、一等を減ずるを聴《ゆる》す。）」、教令人告事虚条に「人を教令して告せしめ、事、虚にして応に反坐すべきは、（中略）皆、告者を以て首と為し、教令は従と為す。」、名例律、共犯罪本罪別条に「共に罪を犯して、本罪、別なる者は、相い因りて首従と為ると雖も、其の罪は各々本律の首従に依りて論ず。」と定められており、李傑が河南尹であった当時の律文も同じであったとすれば、道士が寡婦を教令して子の死罪を誣告させた罪は、徒三年に当たる。すると、李傑が道士を杖殺した行為は過酷であると言わなければならない。

この話に呉訥は次のような按語を附している。

【和訳】

謹んで考えますと、『大明律』（刑律、訴訟、干名犯義条）に「父母が子孫を誣告したときは法律を適用しない。」と定められています。今、この話を見ますと、母と姦通相手の道士とが、その子を誣告することを計画し、死刑にしてもらおうと思いました。この場合、母が無罪ですので、教唆した道士に教唆の罪を科することができません。万一、このような事件に出会いましたら、「人を殺そうと計画して、すでに実行し、人を傷けなかった者は、杖一百・徒三年。」（明律、刑律、人命、謀殺人条）の条文を適用することを奏請すべきです。

【原文】

謹按、大明律云、父母誣告子孫、勿論。今観所載、母与所私道士、謀誣告其子、欲致於死。母勿論、則道士難科教唆之罪。万一遇此、当比依謀殺人、已行、未曽傷人者、杖一百徒三年、比擬奏請。

「母、論ずる勿ければ、則ち道士、教唆の罪を科し難し。」とある。明律、刑律、訴訟、教唆詞訟条に「詞訟を教唆し、（中略）情罪を増減して人を誣告せしむる者は、犯人と同罪。」と定められているから、寡婦を教唆して子を不孝の死罪で誣告させた道士は、明律の下では、寡婦が無罪であるので、誣告を教唆した罪については無罪なのである。そこで、呉訥は、道士の行為を、裁判を利用した計画殺人であるとみなして、謀殺人条を適用するべきであると考えたのである。

第四節　第三話「戴諍異罰」

第三話「戴諍異罰」は、桂万栄編『棠陰比事』の第一二三話に当たり、桂万栄が鄭克の『折獄亀鑑』から選び出した話であり、鄭克が『新唐書』巻九十九、戴冑伝から採録した話である。

【和訳】

唐の戴冑が大理少卿（大理寺の次官。死刑案件の審査を行う。）であった時のことです。太宗の皇后の兄で吏部尚書の長孫無忌が、太宗に召され、腰に刀を帯びたままで、東上閤門（太極殿の東門）に入りました。尚書右僕射

（尚書六部を統理する。）の封徳彝が、監門校尉は覚察できなかったので死罪に当たり、無忌は刑を贖うことを許すべきである、という意見を述べました。戴冑が言いました。「校尉と無忌とは罪が等しいです。臣子は君父に対して、誤ってしたことだという言い訳をすることができません。法律では、御薬、御膳、御幸の舟船を誤って正しい方法で作らなかったときは、どれも死罪です。陛下が無忌の功績を考慮して、無忌の罪をお許しになるのはかまいません。しかし、もし無忌に贖刑を許して、校尉を死刑に処するならば、正しい刑と言うことはできません。」太宗は「法は天下の公です。朕はどうして親戚におもねることができましょうか。」と言って、もう一度議論するよう詔を下しました。徳彝は自分の意見を変えませんでした。戴冑が反論して言いました。「校尉は無忌の犯行が原因で罪を招きました。法律では、無忌の刑を軽くするのであれば、校尉の刑も軽くしなければいけません。もし、二人とも皇帝に対して過誤を犯したと判断するのであれば、二人とも死罪であって、校尉だけに死刑を科するべきではありません。」その結果、無忌と校尉とは二人とも死刑を免れました。

【原文】

唐戴冑、為大理少卿。時、長孫無忌、被召、不解佩刀、入東上閤《ママ》（「閤」は「閣」の誤り。）。右僕射封徳彝論、監門校尉不覚察、罪死。無忌当贖。冑曰、校尉与無忌、罪均。臣子於君父、不得称誤。御湯薬、飲食、舟船、誤不如法、皆死。陛下、録無忌功、原之可也。若罰無忌、殺校尉、不可謂刑。帝曰、法為天下公。朕安得阿親戚。詔復議。徳彝固執。冑駁之曰、校尉縁無忌以致罪。法当従軽。若皆過誤、不当独死。由是、無忌与校尉、皆免死。

戴冑は『旧唐書』巻七十、『新唐書』巻九十九に伝がある。貞観元年（六二七）に大理少卿に任じられ、その年のうちに尚書右丞に転じた。同七年（六三三）に歿した。

長孫無忌は唐の太宗の功臣。『旧唐書』巻六十五、『新唐書』巻一〇五に伝がある。『唐会要』巻三十九、議刑軽重に拠れば、長孫無忌が佩刀を解かずに東上閤門に入ったのは、武徳九年（六二六）九月八日である。唐開元二十五年律の衛禁律、闌入宮殿門及上閤条に「宮門に闌入すれば徒二年。（中略）上閤内に入る者は絞。若し仗（兵器の意味。佐立注）を持ち、及び御在所に至る者は斬。即《も》し応に上閤内に入るべくして、但《およ》そ仗（警備兵を指す。佐立注）入らずして、寸刃を持って入る者も、亦た闌入を以て論ず。仗、入ると雖も、応に横刀を帯ぶべからずして、帯びて入る者は、二等を減ず（徒三年。佐立注）。」と定められている。

封徳彝は、名は倫。徳彝は字である。武徳九年七月に尚書右僕射に任じられ、貞観元年六月に六十歳で歿した。『旧唐書』巻六十三、『新唐書』巻一〇〇に伝がある。

「御湯薬、飲食、舟船、誤ちて法の如くせざれば、皆、死。」とある。唐開元二十五年律の職制律、合和御薬有誤条に「御薬を合和して、誤ちて本方の如くせず、及び封題誤る者は、医は絞。」、造御膳有誤条に「御膳を造り、誤ちて食禁を犯す者は、主食は絞。」、御幸舟船有誤条に「御幸の舟船、誤りて牢固ならざる者は、工匠は絞。」と定められている。

「校尉は無忌に縁りて以て罪を致す。法、当に軽きに従うべし。」とある。唐開元二十五年律の名例律、犯罪共亡捕首条に「罪人に因りて以て罪を致し、（中略）若し罪人、自首し、及び恩に遇いて原減せらるる者も、亦た罪人原減せらるる法に準《よ》る。其れ応に加杖し、及び贖すべき者は、各々杖・贖の例に依る。」と定められている。

この話に呉訥は次のような按語を附している。

【和訳】

謹んで考えますと、『大明律』（名例律、犯罪共逃条）に「罪人に連累して罪を招いた者は、もし、その罪人が自首し、及び赦に遇って原免され、あるいは特恩を蒙って減罪され、収贖を許されたときは、その者もまた、罪人と同じように原免減等され、贖罪を許される。」と定められ、この条文の注に「罪人に連累して罪を招いたときは、皆、罪人と同じように全免減等され、収贖が許される、という意味である。」と記されています。今、唐の戴冑が長孫無忌と校尉とに対する処分について論争した記事を読みますと、我が明朝の律文は、戴冑の意見と同じ内容を備載しております。ああ、最高ですね。

【原文】

謹按、大明律云、若罪人自首告、及遇赦原免、或蒙特恩減罪収贖者、亦准罪人原免減等贖罪法。注云、謂因人連累、皆依罪人全免減等収贖。今観唐戴冑所諍長孫無忌事、則我朝律文、已備載之矣。嗚呼、至哉。

第五節　第四話「曹駁坐妻」

第四話「曹駁坐妻」は、桂万栄編『棠陰比事』の第一一七話に当たり、桂万栄が鄭克の『折獄亀鑑』から選び出した話であり、鄭克が沈括の『夢渓筆談』の巻十一、官政から採録した話である。

【和訳】

内翰（翰林学士）の沈存中が次のように記しています。寿州（淮南西路に属する。治所は現在の安徽省鳳台県。）

で、ある人が妻の父母兄弟数人を殺しました。州の官司は、「不道」の罪を当て、妻と子とを縁坐させました。刑曹（刑部を指すとする説もあるが、提点刑獄公事を指すか。提点刑獄公事は一路の州県の裁判を監督する官。）が否定して言いました。「妻の父母を毆れば、ただちに妻と義絶になります（『宋刑統』戸婚律、妻無七出而出之条疏）。ましてや、妻の父母を謀殺したのですから、当然、妻と義絶になります。ですから、犯人の妻をそのまま縁坐させるべきではありません。」（呉訥の注。存中は宋の人。宋の人については、以後も、名前の上に「宋」字を書きません。）

【原文】

沈存中内翰云、寿州有人、殺妻之父母兄弟数口。州司以為不道、縁坐妻子。刑曹駁曰、毆妻之父母、即是義絶。況於謀殺。不当復坐其妻。（原注。存中、宋人。不書世代。後同。）

沈存中は、名は括、存中は字である。『宋史』巻三三一に伝がある。嘉祐八年（一〇六三）の進士。紹聖二年（一〇九五）に六十五歳で歿した（胡道静『夢溪筆談校証』下「沈括事蹟年表」世界書局、中華民国七十八年）。

「人有り、妻の父母兄弟数口を殺す。州司、以て不道と為し、妻子を縁坐せしむ。」とある。『宋刑統』名例律、十悪条「五に曰く、不道。」に附された本注に「一家の、死罪に非ざる三人を殺す（中略）を謂う。」とあり、賊盗律、殺一家三人及支解人条に「一家の、死罪に非ざる三人を殺し、及び人を支解する者は、皆斬。妻子は流二千里。」と定められている。

「妻の父母を毆るは、即ち是れ義絶なり。況んや謀殺に於てをや。当に復た其の妻を坐すべからず。」とある。『宋刑統』戸婚律、義絶離之条に「義絶を犯す者は之れを離す。違う者は徒一年。」と定められている。夫が義絶を犯したので、夫妻は離婚しなければならず、離婚した元の妻が元の夫に縁坐するのは不当である、と刑曹が駁したのである。

この話に呉訥は次のような按語を附している。

【和訳】

謹んで考えますと、『大明律』（刑律、人命、殺一家三人条）に「一家の、死罪に非ざる三人を殺す者は凌遅処死。妻子は流二千里。」と定められており、この罪は「十悪」の「不道」の条（名例律）に含まれています。今、この、寿州の人が妻の父母兄弟数口を殺した話を読みますと、刑曹が、犯人とその妻とは義絶したのであるから、犯人の妻を縁坐させるべきではない、と駁しています。私が思いますに、本犯は自ら不道の罪を犯し、妻の父母兄弟を殺しましたので、その妻とは実に義絶したのであって、法理では妻を縁坐させることはできません。しかし、律には、義絶した妻を縁坐させることはできない、という明文がありませんので、裁判官は、このような事件に出会ったときもまた、義絶の法を適用することを奏請するべきです。

【原文】

謹按、大明律云、殺一家非死罪三人者、凌遅処死。妻子流二千里。入十悪不道之条。今観所載、寿州人殺妻之父母兄弟数口、刑曹駁以義絶不当縁坐其妻。窃詳、本犯身為不道、殺妻父母兄弟。与其妻実已義絶、法難縁坐。然律無明文。所司遇此、亦当比擬奏請。

第六節　第五話「宗元守辜」

第五話「宗元守辜」は、桂万栄編『棠陰比事』の第二十一話に当たり、桂万栄が鄭克の『折獄亀鑑』から選び出した話であり、鄭克が『宋朝国史』の馬宗元伝から採録した話である。

【和訳】

龍図閣待制の馬宗元が若い時、父の麟が人を殴り、捕えられて、保辜の期限（期限内に被害者が死ぬと、闘殴殺人罪を科される。）を待ちました。被傷者が死んだので、県の裁判官は闘殴殺人罪の死刑を科しました。馬宗元は、父が人を殴った時点から計算すると、被害者が死んだのは、保辜の期限を四刻（一日が百刻。一刻は約十四分。）過ぎた時点でしたので、州に訴えました。父の死罪がゆるされることができました。

鄭克が『折獄亀鑑』の中で、この話について次のように述べています。「思うに、保辜の期限は日で算えます。そして、百刻を一日と算えます。被害者が死んだのが保辜の期限を過ぎてからであれば、殴殺の罪には当たらず、殴傷の罪に当たります。四刻しか過ぎていなくても、保辜の期限を過ぎていることに変わりはありません。」

【原文】

待制馬宗元、少時、父麟、殴人、被繋、守辜。而傷者死。将抵法。宗元、推所殴時、在限外四刻。因訴于郡、得原父死（桂万栄編『棠陰比事』の諸本、『折獄亀鑑』巻四は皆「死」を「罪」に作る。）。鄭克云、按、辜限計日、而日以百刻計之。死在限外、則不坐殴殺之罪、而坐殴傷之罪。雖止四刻、亦在限外。

「待制の馬宗元」とある。『続資治通鑑長編』巻一〇二、天聖二年（一〇二四）三月辛丑条に「皇太后、宰臣に諭して曰く、このごろ儒臣を択び、上に侍して講読せしむ。深く開益有り。と。宰臣、因りて言う、工部郎中馬宗元、経に通じ、行義有り。入りて経筵に奉ぜしむ可し。と。辛丑、宗元に命じて龍図閣に直せしむ。宗元は単父（単州単父県。現在の山東省単県。）の人なり。」と記されている。また、『宋会要輯稿』食貨六一之五八、天聖五年（一〇二七）四月詔に「工部郎中・龍図閣待制馬宗元」の名が見える。

「人を殴り、繫せられ、守辜す。」とある。『宋刑統』闘訟律、保辜条に「保辜する者は、手足もて人を殴傷するは十日を限り、他物を以て人を殴傷する者は二十日、刃を以て、及び湯火もて人を傷つくる者は三十日。支体を折跌し、及び骨を破る者は五十日。限内に死する者は、各々殺人に依りて論ず。其の、限外に在り、及び限内に在りと雖も、他故を以て死する者は、各々本殴傷法に依る。」と定められている。

「日は百刻を以て之れを計う。」とある。『宋刑統』名例律、称日年及衆謀条に「日と称する者は、百刻を以てす。」と定められている。

この話に呉訥は次のような按語を附している。

【和訳】

謹んで考えますと、『大明律』（刑律、闘殴、保辜限期条）に「保辜するときは、犯人にもとめて被害者を医治させる。辜限内に、被害者が傷が原因で死んだ場合は皆、闘殴殺人の法を適用する。辜限を過ぎて死んだ場合は、それぞれ本の殴傷の法を適用する。もし、折傷以上の害を加えて、辜限内に医治して平復したときは、それぞれ本の折傷の罪から二等を減ずる。辜限に至っても平復しなかったときは、それぞれ本の折傷の律をそのまま適用する。」

と定められています。

また、唐律（闘訟律、保辜条）を見ますと、「保辜は、限内に被害者が死んだときは、殺人の法を適用し、限外に死んだときは、本の殴傷の法を適用する。」と定められています。また、『元史』（巻一〇五）刑法志（闘殴の項）を見ますと、「保辜は、限内に被害者が死んだときは、殺人の法を適用する。辜限外に死んだときは、杖一百。」と記されています。これは、つまり、元朝では律を制定していなかったので、また我が聖朝でも律を制定する前は、どちらに於いても唐律を代用していたのです。故に我が朝の律文は、唐律をもとにして作られたものが多いのです。そして、この『大明律』の条文もまた、唐律をもとにして作られたものです。

私が以前、南京で、（都察院左副都御史として）刑部の罪囚を共同審理しました時、人を殴って、殴られた人が辜限を過ぎてから死んだ案件がありました。私が「もとの殴傷の法を適用すべきです。」と言いますと、ある人が「律の条文に、辜限に至っても平復しなかったときは全科する、と定められている。この罪囚は死刑に当たる。」と反論しました。私は言いました。「律が定めている、辜限に至っても平復しなかったときは全科する、という文言は、その前にある、折傷以上の害を加えて、辜限内に平復したときは、もとの折傷の罪から二等を減ずる、という規定を受けて立てられた文言です。つまり、辜限内に平復しても、残疾・廃疾・篤疾（身体障碍の三等級）になり、及び辜限に至っても平復しなかったときは、折傷の罪を全科する、という意味です。もし、辜限を過ぎてから死んだときは死罪を全科する、という意味であれば、律条はどうして、傷が平復しないで死んだときは絞、と定めないで、むだにこの辜限を定めるでしょうか。」

後にこの罪囚は赦に会って罪を免れることができました。けれども、その、ある人は終いまで私の意見に納得しませんでした。近頃、「宗元守辜」の話を読んで、思うところがありましたので、「宗元守辜」の話とともに私の経験をも記載しました。読んで下さる方もお考え下さい。

【原文】

謹按、大明律云、凡保辜者、責令犯人医治。辜限内皆須因傷死者、以闘殴殺人論。其在辜限外死者、各従本殴傷法。若折傷以上、辜内医治平復者、各減二等。辜限満日、不平復者、各依律全科。又按、唐律云、保辜、限内死者、依殺人論。限外死者、依本殴傷法。又按、元史刑法志云、保辜、限内死者、依殺人論。辜限外死者、杖一百。此蓋元氏未嘗定律、及聖朝未定律之先、皆以唐律比擬。故我朝律文、多宗唐律、而此条亦本之也。

訥、曩在南京、会審刑部罪囚。有殴人辜限外死者。訥曰、当依本殴傷法。或曰、律云、辜限満、不平復者、全科。此当死。訥曰、所云限満不平復全科者、因上文折傷以上、限内平復減二等立文。蓋謂、辜内雖平復、而成残廃篤疾、及限満不平復者、則全科折傷之罪。若曰辜限外死者、全科死罪、則律文（『学海類編』所収『棠陰比事原編』及び『四庫全書』所収呉訥刪補『棠陰比事』は「文」を「又」に作る。）何不云傷不平復而死者絞、乃虚立此辜限乎。後此囚会赦得免。然或人終不以愚言為然也。近読宗元守辜事有感、因備載之。読者詳焉。

明律、刑律、闘殴、保辜限期条の全文（本注は除く。）は次の通りである。

「凡保辜者、責令犯人医治。辜限内皆須因傷死者、以闘殴殺人論。其在辜限外、及雖在辜限内、傷已平復、官司文案明白、別因他故死者、各従本殴傷法。若折傷以上、辜内医治平復者、各減二等。辜内雖平復、而成残廃篤疾、及辜限満日、不平復者、各依律全科。手足及以他物殴傷人者、限二十日。以刃及湯火傷人者、限三十日。折跌肢体及破骨堕胎者、無問手足他物、皆限五十日。」

『元史』巻一〇五、刑法志、闘殴の項を引いて、「保辜、限内死者、依殺人論。辜限外死者、杖一百。」と記している。この箇所は、『元史』刑法志の原文では、「諸保辜者、（中略）限内死者、各依殺人論。其在限外、（中略）死者、各依本殴傷法。（中略）諸殴傷人、辜限外死者、杖七十七。」となっている。「杖一百」の語は見られない。

第七節　第七十九話「虔㑨鄧賢」

第七十九話「虔㑨鄧賢」は、桂万栄編『棠陰比事』の第一〇〇話に当たり、桂万栄が鄭克の『折獄亀鑑』から選び出した話であり、鄭克が沈括の『夢溪筆談』の巻二十五、雑誌、及び尹洙撰『河南集』所収「韓公墓誌銘」から採録した話である。

【和訳】

沈括（本章第五節を参照。）の『夢溪筆談』に次のように記されています。「江南の人は訴訟を好む。「鄧思賢」と名づけられた一書があって、虚偽の訴状を作成する方法を記したものである。始めに侮文（自分勝手な法律解釈）を教え、侮文がうまく行かないときは、欺き誣いて勝ちを取ることを教え、欺き誣いてもうまく行かないときは、相手の罪を探り出して、相手を脅すことを教える。鄧思賢は人名である。始めてこの術を伝えたので、その書にその名がつけられたのである。村の学校で、しばしばこの術を生徒に教えている。」

韓琚（九八九～一〇四〇）が虔州（江南西路に属する。治所は現在の江西省贛州市。）の通判（州の次官）であった時、被害を偽る訴状を提出する民がいました。悲憤して泣き叫び、信じることができるように見えました。韓琚は知州の代理を命じられ、虔州の風習を研究し、訴えの真偽を考察したので、韓琚を欺くことができる者はいませんでした。民は皆、韓琚の判決は不当ではないと思いました。韓琚は魏公（韓琦。仁宗の時の宰相。英宗の時に魏国公に封じられた。）の兄です。転運使（路の監督官の一つ）で終わりました。

【原文】

沈括筆談云、江南人好訟。有一書、名鄧思賢者。作偽詞状（桂万栄編『棠陰比事』の諸本、『折獄亀鑑』巻八、『夢溪筆談』巻二十五は皆、「作偽詞状」を「訟牒」に作る。）法也。始教以侮文。侮文不可得、則欺誣以取之。欺誣不可得、則求其罪以劫之。鄧思賢、人名也。始伝此術、遂名其書。村校中、往往授生徒。韓琚通判虔州。民有偽作寃状、悲憤叫呼、似若可信。琚摂郡、究其風俗、考其枉直、莫之能欺。民皆以為不寃。琚、魏公之兄、終于転運使。（『学海類編』所収『棠陰比事原編』はこの後に「今、吉筠等府書肆、有刊行公理雑詞。民童時市而誦之。」の二十一字がある。）

「沈括の筆談云う、江南の人、訟を好む。」とある。『夢溪筆談』巻二十五、『折獄亀鑑』巻八は、「江南」ではなく「江西」となっている。「江西」は江南西路（現在の江西省と重なる区域）を指す。桂万栄編『棠陰比事』の諸本はすべて「江南」になっている。

韓琚は、字は子温。大中祥符八年（一〇一五）の進士。康定元年（一〇四〇）、両浙転運使に任じられ、任地に赴く途中、五十一歳で歿した（尹洙撰『河南集』巻十六、故両浙転運使韓公墓誌銘）。

『学海類編』所収『棠陰比事原編』では、「終於転運使」の後に「今、吉・筠等の府の書肆、公理雑詞を刊行する有り。民童、時に市《か》いて之れを誦《とな》う。」という文がある。呉訥が編集したもとの『祥刑要覧』に存在した、呉訥自身の文なのか、『棠陰比事原編』を偽作した者が附け加えた文なのか、わからない。宮崎市定「宋元時代の法制と裁判機構」（『全集』11所収、岩波書店、一九九二年。二〇九頁。初出は一九五四年。）は、この文について、「筠州は宋以来瑞州であるが、これが府と称せられるのは元以後のことであるから、右の文（この文を指す。佐立注。）は、明の呉訥が何か元代の書から引用して添加したものと思われる。」と述べている。「吉・筠等の府」の「吉」は、宋の江南西路吉州（治所は現在の江西省吉安市。）、明の江西省吉安府（治所は宋の吉州と同じ。）であり、「筠」は宋の江南西路筠州（南宋の宝慶元年（一二二五）、瑞州に改められた。治所は現在の江西省高安県。）、明の江西省瑞州府（治所は宋の筠州と同じ。）である。「公理雑詞」は、訴状で用いる効果的な文言を列挙した書であろう。

この話に呉訥は次のような按語を附している。

【和訳】

考えますに、虔州は今の贛州府です。沈括は熙寧年間（一〇六八〜一〇七七）に知制誥に任じられました。今を去ること四百年です。人々の道徳心が日々薄くなり、悪がしこい民が虚偽の訴状を作って、人を陥れることがあちこちで生じています。貧しく弱い者が権利を侵害されても告訴することができないこともどこでもあります。人から金銭を受け取って、不当に権利が侵害されているという虚偽の訴え内容を人のために捏造する、鄧思賢のような者もいます。『易経』の訟卦の彖辞に「大人に見《まみ》ゆるに利《よ》し。」とあります。訟える者が曲直を判断してもらうことを求めるときは、剛明中正の大人に会って、その訴えの正しさを判断してもらうのがよい、という意味です（程頤『易伝』訟）。『書経』康誥に「赤子を保するがごとくせよ。」とあります。赤子はまだ話すことができないが、父母たる者が誠心、求めるならば、赤子の心が欲するところを得ることができる、という意味です。今の、牧民を任されている者（地方長官を指す。）を、民は父母と呼びます。顕要の地位に居る者を、人は大人と呼びます。これらの者達は、その心を尽して、その名にふさわしくふるまって、上は聖天子の委任にそむかず、下は人民の仰望にそむかないことを思わないでよいでしょうか。

【原文】

按、虔州、今之贛州府也。沈括、熙寧中、任知制誥。去今四百年矣。世道日漓、刁民偽為冤状、以陥人者、在在有焉。貧弱有冤、無処訴告者、亦無地無焉。受人財、為人捏造冤苦詞情、若鄧思賢者、亦有之焉。易訟卦彖曰、利見大人。言訟者求辨曲直、利見剛明中正之大人、以決其所訟也。康誥曰、如（『書経』康誥は「如」を「若」に作る。）保赤子。言赤子未能言、為父母者、誠心求之、則能得其心之所欲矣。今之任牧民者、民呼為父母。居顕要者、人呼為大人。其可不思尽其心、称其名、以上無負聖天子之委任、下無負斯民之仰望乎。

第八節　第八十話「孝肅杖吏」

第八十話「孝肅杖吏」は、桂万栄編『棠陰比事』の第九十一話に当たり、桂万栄が鄭克の『折獄亀鑑』から選び出した話であり、鄭克が沈括の『夢溪筆談』の巻二十二、謬誤から採録した話である。

【和訳】

包拯が開封府（北宋の首都。治所は現在の河南省開封市。）の知事であった時、脊杖刑に読み替えて執行される徒罪（徒三年は脊杖二十、徒二年半は脊杖十八、徒二年は脊杖十七、徒一年半は脊杖十五、徒一年は脊杖十三にそれぞれ読み替えて執行される。）を犯した者がいました。吏人が賄賂を受け取って、この者と約束して言いました。

「今、知事の様子を見ますと、必ず私に命じてあなたを取り調べさせます。あなたはただ大声で叫んで弁解して下さい。私はあなたと罪を分けあって、それぞれ杖刑を受けることになるでしょう。」まもなく囚人を引き出して、取り調べがはじまりました。囚人は、吏人が言った通りにして、弁解して止みませんでした。吏人は大声で囚人をしかって、「ただ脊杖を受けて出て行け。」と言いました。包拯は、吏人が権勢を振るっていると思い、吏人を引っぱって臀杖十七（杖八十の読み替え）を加えました。そして、特別に囚人の罪を軽くして、吏人と同じ杖罪に当てました。包公は、このような方法で吏人の権勢をくじくことを知っていましたが、本当は吏人にだまされていることを知らなかったのです。

【原文】

包拯、知開封。有犯杖脊徒罪者（「犯杖脊徒罪者」を『夢溪筆談』巻二十二は「犯法当杖脊」に、『折獄亀鑑』巻五、及び青藜閣刊本『棠陰比事』は「犯法罪当杖脊」に、宋刊本系統本『棠陰比事』は「犯徒者」に作る。）。吏受財与之約曰、今見尹、須使我責状。汝但號呼自辯。我当与汝分罪、各受杖決。既而引責、囚如吏言、分辨不已。吏人（『夢溪筆談』『折獄亀鑑』、桂万栄編『棠陰比事』諸本、皆「人」字なし。『学海類編』所収『棠陰比事原編』及び『四庫全書』所収『棠陰比事』は「人」を「入」に作る。）大声訶之曰、但受脊杖出去。拯謂其招権、捽吏杖之（『折獄亀鑑』及び青藜閣刊本『棠陰比事』は「杖之」の後に「十七」二字がある。『夢溪筆談』は「杖之」の後に「七十」二字があるが、「七十」は「十七」の誤り。）。特寛囚罪、亦令従杖。公知以此折吏勢、不知乃為所売也。

「包拯、開封に知たり。」とある。包拯は、字は希仁。嘉祐元年（一〇五六）十二月に権知開封府に任じられ、同三年（一〇五八）六月に権御史中丞に転任した（『続資治通鑑長編』巻一八四・一八七）。嘉祐七年（一〇六二）に六十四歳で歿した。孝粛と謚された。『宋史』巻三一六に伝がある。

この話に呉訥は次のような按語を附している。

【和訳】

考えますに、元朝の魯斎許文正公（許衡）が世祖に奏呈した「防欺」という文が、この話を記載し、かつ、「包拯は剛直で厳正であったのに、それでも吏人にだまされた。思うに、上にいる者は、下を知ることが難しく、だまされないことを欲しても、それは難しいのである。」と述べています。

今、調べますと、包拯は、進士に合格して、大理評事に除され、建昌・天長の二県の知事となり（建昌県は現在の江西省永修県の北西、天長県は現在の安徽省天長県。）、監察御史を授けられ、三司判官を歴て、工部員外郎・直集賢院に転じ、端・瀛《エイ》・揚・廬・池の五州の知事を歴任し（端州の治所は現在の広東省肇慶市、瀛州の治所は現在の河北省河間県、揚州の治所は現在の江蘇省揚州市、廬州の治所は現在の安徽省合肥市、池州の治所は現在の安徽省貴池県。）、四たび京東・陝西・河北の転運使となり（河北転運使と河北都転運使とに任じられた。）、三司副使に転任し、天章閣待制・知諫院に除され、龍図閣直学士に昇り、江寧府の知事となり（江寧府の治所は現在の江蘇省南京市。）、江寧から召されて京尹（開封府の知事）を授けられました。経験が深くなかったわけではありません。声望が重くなかったわけではありません。才能が高くなかったわけではありません。にもかかわらず、吏人にだまされたこと、このような有り様でした。ましてや、古の道徳を学んで、初めて官僚となった読書人はもっとだまされやすいです。桂氏はこの話を篇の途中に載せました。それに対して、私がこの話を特に選び取って、篇の締め括りとしましたのは、つまり、読者に戒めを知らせたいからなのです。ああ。

【原文】

按、元魯斎許文正公告世祖防欺之要、備載是事、且曰、孝粛剛厳峭直、而卒為吏所売。蓋在上者、難於知下。欲其不見欺也難矣。今考、孝粛繇進士除大理評事、出知建昌天長二県、拜監察御史、歴三司判官、改工部員外直集賢院、出知端瀛揚廬池五州、四為京東陝西河北転運使、遷三司副使、天章閣待制知諫院、陞龍図閣直学士、知江寧府、繇江寧召拜京尹。歴練不為不深、声望不為不重、資稟不為不高。然為吏人所売如此。況初学古入官之士乎。桂氏載於篇中。而愚特取以終編者、蓋欲読（「讀」はもと「賣」に作る。『学海類編』所収『棠陰比事原編』及び『四庫全書』所収『棠陰比事』に従って改めた。）者知所警也。噫。

「元の魯斎許文正公の、世祖に告ぐる防欺の要、是の事を備載し、且つ曰く、孝粛は剛厳峭直なれども、卒に吏の売るところと為る。蓋し上に在る者は下を知るに難く、其の欺かれざらんことを欲するも難きなり。と。」とある。「元の魯斎許文正公」は許衡（一二〇九～一二八一）である。許衡は、字は仲平。魯斎と号し、文正と諡された。『元史』巻一五八に伝がある。至元二年（一二六五）、世祖が許衡を京師に召し、中書省で事を議らせた。翌年、許衡は「時務五事」を世祖に奏呈した。「世祖に告ぐる防欺の要」は、この「時務五事」の「為君難、三」の「防欺」を指す。「時務五事」は『元文類』巻十三、『魯斎遺書』巻七に収められている。『元文類』巻十三、奏議、許衡「時務五事（原注。至元三年）」為君難三、防欺に「上に在るの人、下を知るに難し。しかれども下に在るの人は上を知るに易し。其の勢、然らしむるなり。知り難きの地に処《お》りて、知り難きの人を御す。其の欺かれざらんことを欲するも、蓋し難きなり。昔、包孝粛、剛厳峭直にして、号して明察と為す。編民有り、法を犯して杖脊に当たる。（中略）乃ち売る所と為るを知らず。卒に素約の如し。」と記されている。「号して明察と為す」から「卒に素約の如し」までは『夢溪筆談』からの引用である。

「今、考うるに、孝肅は、進士繇《よ》り大理評事に除せられ、（中略）江寧繇り召されて京尹を拜す。」とある。ここに記されている、包拯が京尹（権知開封府）に任じられるまでの官歴は、『宋史』包拯伝に拠ったものである。

第二章　『祥刑要覧』の撰者呉訥の履歴と逸話

第一節　呉訥の伝記資料

『祥刑要覧』の撰者である呉訥の基本的な伝記資料として、『明史』巻一五八、呉訥伝、『明英宗実録』巻二七六、天順元年三月己卯「呉訥卒」条、『献徴録』（『四庫全書存目叢書』所収）巻六十四所収、銭溥撰「南京都察院左副都御史謚文恪呉公訥神道碑」（序文篇附一を参照。）、明の銭穀編『呉都文粋続集』巻四十四所収、徐有貞撰「明故通議大夫都察院左副都御史思菴呉公神道碑」が挙げられる。これらの資料の内容に沿って、他の資料にも拠りながら、次節以下で、呉訥の履歴を記し、逸話を紹介する。

第二節　青年期（神廟での肝試し）

呉訥は、明の洪武五年（一三七二）、南直隷蘇州府常熟県で生まれ、その地で育った。呉訥の父、遵道は、字は敬叔。『（弘治）常熟県志』（『四庫全書存目叢書』所収）巻四、薦挙、国朝、呉遵道の項に「洪武の間、賢良を以て薦められ、沿山県（鉛山県。江西省広信府に属する。現在の江西省鉛山県の東南。）の主簿を授けらる。」と記されている。湖広省辰州府沅陵県（現在の湖南省沅陵県）の主簿に転任し、誣告されて、京師の獄に繋がれた。呉訥は、当時、「弱冠」（二十歳前後）の年齢であった。この知らせを聞いて、朝廷に上書して、父の冤を訴え、自分が父の身代わりになることを願い出た。事実が明白にならないうちに呉遵道は歿し、呉訥は父の柩を守って帰郷した。洪武五年（一三七二）生まれの呉訥が「弱冠」の年齢であったのは、洪武二十四年（一三九一）前後である。

明の徐復祚が著した逸話集である『花当閣叢談』（『続修四庫全書』所収。『花当閣叢談』については、拙稿「『花当閣叢談』の裁判逸話」（『関西大学法学論集』第六十九巻第六号掲載、二〇二〇年）を参照。）の巻二、呉都憲に、青年期の呉訥の次のような逸話が記されている。

【和訳】

呉訥が若く、処士であった時、負けず嫌いで気が強い性格でした。後に監察御史となった章珪は、呉訥より少し後輩でしたが、彼もまた負けず嫌いで、大胆で、策士でした。互いに、自分の方がより英雄であるとして譲りませんでした。釜山（常熟県の山）に東嶽神（泰山神である東嶽大帝）の廟があり、酆都（冥界の王都の名。澤田瑞穂『（修訂）地獄変』平河出版社、一九九一年。九頁）の諸地獄を粘土で造っており、その有り様は大変残虐でした。また、起動板を作って地下に埋設しており、人が知らずにこれを踏めば、大勢の幽鬼の人形が集まって突き出てきます。社殿は閑寂としていて、たとえ白昼であっても、仲間を伴うのでなければ、一人で入ろうとする者はいませんでした。呉訥と章珪との二人は、夜、月が雲に隠れ、真暗な時に、一人で東嶽神の廟に行って、餅を配ることを証拠として、幽鬼一人ごとに、その前に必ず一つの餅を置く、という約束をしました。約束が決まりますと、章珪はひそかに先に神廟に行って、神像の幕の中に匿れました。呉訥は餅を持って幽鬼の前に詣り、一人の幽鬼の前に立つごとに、「あなたに一箇あげます。」と言いました。配りながら章珪が匿れている場所の前に立ちますと、章珪が手を伸ばして、呉訥の手をつかみました。呉訥は「あわててはいけません。あなたにも一箇あげます。」と言って、全く驚きませんでした。

章珪は、字は孟端。『(弘治)常熟県志』(前掲)巻四、名臣、国朝、章珪の項に「宣徳(元年は一四二六年。)の初め、求賢に応じ、詔して広東按察司知事を授く。薦められて監察御史に擢せらる。」と記されている。「釜山に東嶽神の祠有り。」とある。「釜山」は「覆釜山」であろう。『(弘治)常熟県志』巻一、山川、福山の項に「県北三十六里に在り。高さ九十五丈(約二九五メートル)。(中略)もと覆釜と名づく。」と記されている。「東嶽神祠」は、同書巻二、祠廟、東嶽廟の項に「本邑、凡《すべ》て四処あり。(中略)一は県の西北四十里、福山に在り。(中略)殿宇、宏広にして、人心、趨奉する者衆し。」と記されている。

第三節 永楽年間(寡婦から逃げる)

『明史』呉訥伝に「永楽中(一四〇三〜一四二四)、医を以て薦められ、京に至る。仁宗、監国す。其の名を聞き、命じて功臣の子弟を教えしむ。成祖、召対して旨に称う。日ごとに禁廷に侍して、顧問に備えしむ。」と記されている。同じ事実が、銭溥撰「呉公訥神道碑」には「崑山の馬令、名を以て礼部に達す。召されて南京に至る。時に仁廟、監国す。翰林に命じて之れを試せしむ。将に官を授けんとするに、太医院、素、医を善くするを以て、其の子弟を教えしめん、と奏す。之れを辞す。改めて諸大臣の子弟を礼部に於いて教えしむ。属《たまたま》、近臣、復た薦む。召して行朝（北京）に至らしむ。文皇（成祖）に斎宮に於いて見ゆ。奏対、旨に称う。日ごとに闕庭に侍し、顧問に備えしむ。」と記されている。

「崑山の馬令」は、南直隷蘇州府崑山県（現在の江蘇省崑山県）の知県、馬文炯である。万暦四年刊『重修崑山県志』（『中国方志叢書』所収、成文出版社）巻五、名宦、馬文炯の項に「永楽十五年（一四一七）、改めて崑山に知たり。（中略）いくばくも無く、官に卒す。」と記されている。すると、呉訥が南京に召されて諸大臣の子弟を教えたのは、永楽十五年以降であったことになる。呉訥は自作の「有恒堂記」（『明文衡』巻三十七所掲）で、「永楽の初め、訥、命を祗《つつし》み、文臣の子弟を礼部にて訓う。部の貳卿（礼部侍郎）、高密の儀公（儀智。高密は現在の山東省高密県。）、徳を以て景陵（宣宗。当時、皇太孫であった。）を孫宮にて輔導す。休沐の暇、予を迎えて其の有恒斎に至らしむ。（中略）未だ幾くならず、予、病を以て免帰す。」と述べているが、「永楽初」というのは呉訥の記憶違いであろう。「高密儀公」即ち儀智が、皇太孫を輔導することを命じられたのは、永楽十四年（一四一六）である。儀智は永楽十九年（一四二一）に退官した（『明史』巻一五二、儀智伝）。

明の王兆雲撰『皇明詞林人物考』（『続修四庫全書』所収）巻二、呉文恪に、呉訥が召されて南京に至った時の次のような逸話が記されている。

【和訳】

永楽の末、医生として推薦されて、南京にやって来ました。住居の隣に寡婦が住んでいて、若くて美人でした。その寡婦が、夜、壁に穴をあけて、呉訥に迫って来ました。呉訥は急いで戸を開けて、大雨の中へ出て行きました。翌朝、すぐに他所に引っ越しました。

第四節　監察御史の時（却金の詩）（虎に出くわす）

仁宗の洪熙元年（一四二五）、呉訥は、「経明行修」であると推薦され、監察御史を授けられた。五十四歳であった。『明仁宗実録』巻九上、洪熙元年四月戊申条に「儒士呉納《ママ》を擢して監察御史と為す。」と記されている。『明史』呉訥伝に「宣徳の初め、出でて浙江（浙江省。治所は杭州府。）を按ず。」とある。『明宣宗実録』巻二十八、宣徳二年（一四二七）五月丙寅条及び癸未条に「巡按浙江監察御史呉訥」の名が見える。同癸未条には「浙江布政司理問所の副理問一員を増置す。是れより先、巡按浙江監察御史の呉訥奏すらく、浙江は、地大にして人衆く、詞訟繁多なり。人民、訟を好むに因ると雖も、亦た是れ官司、分理する能わず、以て刑獄、清まらざるを致す。副理問一員を増置することを乞う。と。之れに従う。」と記されている。

『明史』呉訥伝に「継いで貴州（貴州省。治所は現在の貴州省貴陽市。）を按ず。」とある。『（万暦）貴州通志』（『日本蔵中国罕見地方志叢刊』所収）巻二、名宦、巡按、呉訥の項に「宣徳三年（一四二八）任。」と記されている。『明宣宗実録』巻五十七、宣徳四年（一四二九）八月壬寅条に「巡按貴州監察御史呉訥」の名が見える。

明の王錡撰『寓圃雑記』（『四庫全書存目叢書』所収）巻二、呉文恪公郤金詩に、呉訥が巡按貴州の任務を終えて帰る時の次のような逸話が記されている。

【和訳】

呉文恪公訥が御史であった時、貴州省を巡按し終えて帰途に就きました。貴州省の三司（都指揮使司、承宣布政使司、提刑按察使司）が人を遣わして、黄金百両を贈ろうとして、それを運んで呉訥を追わせ、夔《キ》州府（四川省に属する。治所は現在の重慶市奉節県。）に至って追いつきました。呉公は封を開けず、封の上に詩を書きつけて返しました。次のような詩です。

蕭蕭行李向東還（蕭蕭として行李、東に向かいて還る。）（旅の荷物が寂しく東に向かって帰ります。）
要過前途最険灘（前途の最も険なる灘を過ぐるを要す。）（前途の最も危険な早瀬を通過しなければいけません。）
若有贓私并土物（若し贓私并びに土物有らば、）（もし賄賂の金品や土産品が荷物の中に有れば、）
任教沈在碧波間（沈みて碧波の間に在るに任《ま》教《か》す。）（青々とした波の間に沈むのにまかせます。）

呉公はこのように廉潔で、激しない人でした。

『花当閣叢談』巻三、呉都憲に、呉訥が巡按監察御史であった時の次のような逸話が記されている。「雲南を巡按する時」とあるが、雲南省は貴州省の西隣である。「雲南」は「貴州」の誤りであろう。

【和訳】

雲南を巡按していた時、従卒の人数を切り詰めて、遠出をするときでも、肩輿（かご）を侍衛する従卒は十数人に過ぎませんでした。ある日、山の尾根に至りますと、虎が林の中から跳び出して来ました。侍衛の従卒は呉訥を見捨てて逃げ去りました。その時、虎は、肩輿の幕のまわりをめぐりながら、咆哮しました。呉訥は、手を伸ばして幕を下ろして、坐ったまま動きませんでした。虎は、幕のまわりを数回めぐって立ち去りました。そこで、従卒は、遠くからこれを見て、おそるおそる戻って来て、再び侍衛して進みました。呉訥は無言でした。翌日、行き先の官が、この事件を調べて、従卒を逮捕して、法廷で呉訥の判決を待たせました。呉訥は笑って、「人は皆、命が大切です。この人達は罪を得るべきではありません。」と言って、全員釈放しました。

第五節　副都御史の時（肝試しの結末）

宣宗の宣徳五年（一四三〇）七月、呉訥は南京都察院右僉都御史に任じられた（『明宣宗実録』巻六十八、同年同月丁未条）。都察院は、刑部、大理寺と並んで、三法司の一つ。僉都御史は、都察院の中で、都御史、副都御史に次いで、第三位の官である。『明宣宗実録』巻八十九、宣徳七年（一四三二）四月辛亥条、同書巻九十一、同年六月癸卯条、同書巻一〇九、宣徳九年（一四三四）三月壬辰条に「右僉都御史呉訥」の名が見える。

英宗の宣徳十年（一四三五）七月、呉訥は南京都察院左副都御史に昇任した（『明英宗実録』巻七、同年同月戊戌条）。『明英宗実録』巻十五、正統元年（一四三六）三月甲午条、同書巻十七、同年五月庚寅条、同書巻二十四、同年十一月丙午条、同書巻二十七、正統二年（一四三七）二月庚寅条、同書巻二十八、同年三月癸丑条、同書巻三十七、同年十二月丙辰朔条に「左副都御史呉訥」の名が見える。このうち、『明英宗実録』巻三十七、正統二年十二月丙辰朔条に次のように記されている。

「詔して、都察院左副都御史呉訥・行在右通政李畛を逮《とら》えて獄に下さしむ。初め、畛、按ずらく、訥、即ちに詔を奉じて有罪を収捕せず、と。訥、未だ嘗て稽延せず、と具陳す。行在刑科（刑科は六科の一つ。諸司の稽察を掌る。）、畛の誣奏を劾す。且つ言う、訥、嘗て、畛に、買頭（不明）牙行（仲買人）を立て、以て小利を規《はか》るを得ず、と諭《さと》す。故に畛、之れを憾《うら》む。と。是に至り、十三道（十三道監察御史）復た言う、畛は材、忠直に非ず、性、実に憸邪（口がうまく、よこしま）たり。公道を仮りて、私讐を復す。訥は職、台副（副都御史）に居り、畛の貪墨を知るも、乃ち情に徇《したが》いて挙げず、反りて畛、相い仇《あだ》するを致す。倶に法に置き、以て其の挾詐・容姦の罪を正すことを請う。と。遂に獄に下し、之れを鞫す。」

呉訥の優しさが裏目に出たのである。李畛は、正統二年十月に、南直隷の蘇州府・松江府・常州府に派遣されて、倉糧を売って銀に換え、軍官の俸糧に当てる仕事をした（『明英宗実録』巻三十五、同年同月壬午条）。この時に不正を行ったのである。呉訥はほどなく釈放された（『明史』呉訥伝、『明常熟先賢事略』（『江蘇人物伝記叢刊』所収）巻一）。

正統四年（一四三九）三月、呉訥は自ら願って退官した。『明英宗実録』巻五十三、同年同月己巳条に「都察院左副都御史呉訥、年、七十を踰え、疾有るを以て、上疏して致仕を乞う。之れに従う。」と記されている。「年踰七十」とあるが、呉訥は、天順元年（一四五七）に八十六歳で歿するから、この時はまだ六十八歳である。呉訥はなぜ年齢をごまかしてまで退官を願い出たのであろうか。徐有貞撰「呉公神道碑」は、「与に合わざる者有り、之れを朝に愬《うった》う。公、遂に疾を以て去るを求む。」と記して、李畛との争いが理由であるとするが、呉訥が李畛と争ってから一年以上経っており、それが直接の理由であると考えることはできない。実は、呉訥が退官を願い出たのは、若い頃、一緒に肝試しをした親友の章珪が原因であったのである。章珪は、正統三年（一四三八）七月に監察御史に任じられたが（『明英宗実録』巻四十四、同年同月癸未朔条）、同四年三月丙寅に都察院の獄に下された。『明英宗実録』巻五十三、同年同月同日条に次のように記されている。

「監察御史章珪を獄に下す。初め工部主事孫雷、守制（服喪）せんとして帰り、人の園地を奪い、人を杖して死に致らしむ。事、覚《あらわ》れて、絞に論ぜらる。後、赦に遇う。珪、其の当に職に復すべきを言う。既にして又た、其の先に贓罪を犯し、宜しく罷黜すべきを言う。右都御史陳智ら、珪は奏詞、先後一ならず、と劾し、其の罪を治むることを請う。上、命じて、雷を罷して民と為し、而して珪を都察院の獄に下して之れを鞫せしむ。」

正統四年三月丙寅（十八日）は、呉訥が退官を願い出た三月己巳（二十一日）のわずか三日前である。呉訥は親友の章珪の処分に関わることに忍びなかったのであろう。章珪は、この時は罷免されずに済んだが、正統六年（一四四一）七月に罷免された（『明英宗実録』巻八十一、同年同月乙未朔条）。

呉訥は、退官して、故郷の常熟県に帰り、天順元年（一四五七）三月十六日、八十六歳で歿した。弘治元年（一四八八）、文恪の謚を賜わった（『（弘治）常熟県志』巻四、名臣、呉訥）。

第三章　訳注補遺

第一節　『祥刑要覧』の我が国への伝来

江戸時代の日本で刊行された『祥刑要覧』の底本となった『祥刑要覧』は、豊臣秀吉の朝鮮侵略の際に、朝鮮から持ち帰られたものであるらしい。大田南畝が質問し、木村蒹葭堂が答えた問答が記録されている『遡遊従之』（『大阪資料叢刊』第一所収、大阪府立図書館、一九七一年。五十六頁から七頁）に次のように記されている。

朝鮮の書は此方に渡すことを禁ず、と云。今、此方に伝へて存するもの、東国通鑑、懲毖録、東医宝鑑、東人詩話、遊松都録、金鰲新話等の外、幾くかある。

朝鮮の役後、齎来のものなし。彼国撰述のもの、類苑叢宝、郷薬集成方、村家救急方、攷事撮要、兵将説、祥刑要覧、農事直説、新増類合、牛馬羊猪療、三韓詩等、見及ところなり。其外、東涯三韓紀略に載するもの多し。

（片仮名を平仮名に変え、句読点を補った。）

『遡遊従之』に記録された問答が行われたのは享和元年（一八〇一）である（同上『遡遊従之』解題）。木村蒹葭堂は『祥刑要覧』が朝鮮で「撰述」されたものであると誤解している。「東涯三韓紀略」は伊藤東涯の『三韓紀略』である。『三韓紀略』の「文籍略」には『祥刑要覧』の名は挙げられていない。『三韓紀略』は『羅氏雪堂蔵書遺珍（五）』（全国図書館文献縮微複製中心）所収本を見た。

大田南畝は「朝鮮の書は此方に渡すことを禁ずと云。」と述べている。中村栄孝『日鮮関係史の研究』下（吉川弘文館、一九六九年。三四五頁から六頁注12）に拠れば、「柳成竜の『懲毖録』は、元禄八年（一六九五）に京都の書肆から出版され、文禄・慶長の役に関する基礎文献として尊重されたが、正徳度（正徳元年（一七一一）。佐立注。）通信使が、その流布を見て、壬辰・丁酉乱前後の国情が日本に流伝することをおそれ、帰国後、その報告が契機となり、朝鮮典籍の日本輸出が禁じられた」という。『粛宗実録』（学習院東洋文化研究所刊『李朝実録』第四十一冊）巻五十一、三十八年（一七一二）五月壬寅条に「上、命じて、中国の書冊の外、我国の文籍（の日本への輸出は、佐立注。）、一並に厳禁せしむ。」と記されている。『祥刑要覧』は「中国書冊」であるから、朝鮮刊本であっても、日本への輸出禁止の対象ではない。

豊臣秀吉の朝鮮侵略によって、それ以前の古い書籍及びその冊板（版木）の多くが失われた。末松保和「攷事撮要とその冊板目録」（『青丘史草』第二所収、一九六六年）に拠れば、朝鮮の明宗九年（一五五四）に魚叔権が著した『攷事撮要』の巻末の「八道程途」に「冊板」の目録が注記されていたのであるが、豊臣秀吉の侵略によって、八道の冊板が、ほとんど戦火に全滅したので、冊板の目録を旧のままに記載しても無意味と考えられて、光海君五年（一六一三）の新版では、冊板の目録が省略されて、「土産」に変えられた、という。

その『攷事撮要』の宣祖十八年（一五八五）版の「八道程途」慶尚道、尚州の「冊板」の項に『祥刑要覧』の名が掲げられている（同上、末松論文、一九一頁）。豊臣秀吉の侵略まで、『祥刑要覧』の版木が確かに朝鮮に存在したのである。

第二節　林羅山に『祥刑要覧』を見せた人

『羅山林先生文集』（京都史蹟会編『羅山先生文集』巻一、一九一八年。五十一頁）巻五、示菅玄東に、林羅山が菅玄東に送った書簡の次のような文章が載せられている。書き下し文にして掲げる（括弧内は佐立注。）。

開歳の吉慶、彼れ此れ珍重珍重。一乖別より已来、瞻望多多、三秋の如し。余の足下を思うを以て、足下の余に眷眷たるか。旧冬、新渡の異書、来たりて足下の手裏に堕つるか、奈何。念うところ茲に在り。且つ又た然諾するところの賈氏家流の大学新本（不明）、并びに経史質疑（不明）、写して之《これ》れを賜わらば、何の幸いか旃《これ》に加えん。翅《ただ》熊掌と魚とのみならず（ぜひ欲しい物のたとえ。『孟子』告子上）。足下の鴻庇を仰ぐ者、此の事に在り。又た祥刑要覧、捜り索め出だすや否や、奈何。足下の此の書に於けるは、登徒（登徒子。戦国楚の人。色を好んだ。）の色に於けるが如く、酷吏の有罪を逮捕するが如く、明君の幽人（隠者）に側席するが如くなるか。此の書到らば、必ず告報を待つ。事事、孠（嗣の古字）信に附す。

原念斎『先哲叢談』（源了圓・前田勉訳注、平凡社、東洋文庫、一九九四年）巻一、菅得庵、『羅山林先生文集』巻四十三、菅玄同碑銘、前掲「示菅玄東」の注、『藤樹先生全集』（第一冊、藤樹神社創立協賛会、一九二八年）巻三、安昌弑玄同論に拠れば、菅玄東は、士師玄同とも称し、字は子徳、得庵と号し、生白室、虚白とも号した。播磨の人。京都に移って、藤原惺窩に入門し、高第弟子五人の一人となり、諸生を教授した。好んで群書を集め、万巻の書を所蔵していた。寛永五年（一六二八）、弟子の安田安昌に殺された。四十八歳であった。

林羅山がこの書簡を菅玄東に送った年は不明である。この書簡に拠れば、菅玄東は、酷吏が有罪者を逮捕するような熱意で『祥刑要覧』を捜し求めていた、という。菅玄東は、その後、『祥刑要覧』を獲て、「此の書到らば、必ず告報を待つ。」という要請に応じて、林羅山に見せたのであろう。内閣文庫に属する『祥刑要覧』写本（国立公文書館所蔵、請求番号二五四八、三〇〇函五十五号）は、林羅山が菅玄東から『祥刑要覧』を借りて筆写したものではなかろうか。この写本には、林羅山の蔵書印である「江雲渭樹」の印が押されている。また、国立国会図書館及び東洋文庫に収蔵されている、元和中刊本とされる、古活字版の『祥刑要覧』は、菅玄東が入手した『祥刑要覧』を底本として印刷されたものではなかろうか。木村蒹葭堂が見て、朝鮮で「撰述」されたものと誤解した『祥刑要覧』は、菅玄東が入手した『祥刑要覧』であったかもしれない。

第三節　『祥刑要覧』写本と元和中刊本

寛永元年刊『祥刑要覧』で訂正されている元和中刊『祥刑要覧』の誤字脱字のほとんどは、国立公文書館所蔵の『祥刑要覧』写本（前掲）の誤字脱字と一致している。それでは、『祥刑要覧』写本は元和中刊本を写したものであるかと言うと、そうではない。両者に共通の原本（おそらくは菅玄東が入手した『祥刑要覧』）を底本として、一方は筆写し、一方は印刷したものである。どうしてそれがわかるかと言うと、『祥刑要覧』の江戸時代のすべての刊本（元和中刊本、寛永元年刊本、寛永四年刊本、岩村藩刊本）が誤っているのに、写本だけが正しく写している箇所が二箇所存在するからである。原本を見ないと正しく写すことができないのである。

その二箇所の一つは、巻頭の呉訥の序文の「嘉其有可益人智慮」である。東洋文庫所蔵の『重刊祥刑要覧』も同じであるから、「人」があるのが正しいのであるが、写本以外、江戸時代のすべての刊本では「人」字がない。元和中刊本を印刷した時に落としたまま、訂正されなかったのである。もう一つは、「先哲論議」の中の「国朝翰林院学士宋濂撰進大明律表有曰」である。『重刊祥刑要覧』も同じであり、「大明律を進《たてまつ》る表を撰して」と読むべきであるから、「撰進」が正しいのであるが、写本以外、江戸時代のすべての刊本では「進撰」になっている。元和中刊本を印刷した時に転倒したまま、訂正されなかったのである。

念のために言えば、元和中刊本は『祥刑要覧』写本を底本として印刷されたものではない。『祥刑要覧』写本は誤字が多いので、それをもとにして元和中刊本を作ることはできない。元和中刊本は、写本のもとになったのと同じ原本を底本として印刷されたものなのである。

第四節　林羅山が見た『祥刑要覧』

『棠陰比事加鈔』は、『棠陰比事』の訳注書であり、林羅山の講義を聞いた門人の著作と考えられている（長島弘明「常磐松文庫蔵『棠陰比事』（朝鮮版）三巻一冊」『実践女子大学文芸資料研究所年報』第二号掲載、一九八三年。五十四頁）。その『棠陰比事加鈔』（京都大学法学部図書室所蔵本を見た。）の巻上之下、包牛割舌に「呉訥が棠陰決事には、此時に牛は大廟の牲になり、農人の耕作をたすくるものなればとて、我牛なれども何のやうもなきに殺すこと禁制なりとあり。」（片仮名を平仮名に変え、句読点を区別した。）と記されている。

「呉訥が棠陰決事」とは、呉訥が桂万栄の『棠陰比事』から八十話を選んで『祥刑要覧』に収録した『棠陰比事』を指すに違いない。呉訥が八十話を選んで再編した『棠陰比事』は、何者かが『祥刑要覧』から抜き出して、『棠陰比事原編』、呉訥刪補『棠陰比事』と名づけて、独立した書籍を作った。しかし、林羅山が見て筆写した『棠陰比事』は「朝鮮板本」であり(『羅山林先生文集』巻五十四、棠陰比事跋)、朝鮮版の『棠陰比事』は全百四十四話が揃ったものである(前掲、長島論文)。林羅山が『棠陰比事原編』や呉訥刪補『棠陰比事』を見たり入手したりした形跡はないから、「呉訥が棠陰決事」は、呉訥の『祥刑要覧』に含まれていた、呉訥が再編した『棠陰比事』を指している、と考えられる。

すると、林羅山が見た『祥刑要覧』は、呉訥が八十話を選んで再編した『棠陰比事』を収録していたことになる。元和中刊『祥刑要覧』の巻尾に「祥刑要覧巻上終」、「下巻者即棠陰比事也」と印刷されている。これは、林羅山自身が、『祥刑要覧』の下巻が呉訥再編の『棠陰比事』であるのを実際に見て、記したのであろう。

なお、陳察増補『重刊祥刑要覧』(東洋文庫所蔵)巻三「刪正桂氏棠陰比事」の「包鞫割舌」、『棠陰比事原編』(『学海類編』所収)の「包牛割舌」、呉訥刪補『棠陰比事』(『影印四庫全書』所収)の「包牛割舌」には、自分の牛であっても用もなく殺すことは禁制である、という文は伝えられていない。

第五節　寛永四年刊本の訓点をつけた人

寛永四年刊『祥刑要覧』には、返り点、送り仮名がつけられているが、誰がつけたのであろうか。内閣文庫の『祥刑要覧』写本の「経典大訓」のはじめから「朱子曰」の前まで、返り点、送り仮名がつけられている。これは林羅山がつけたものであろう。寛永四年刊本の訓点と写本の訓点とを比べると、同じ所もあり、異なる所もある。異なる所は、寛永四年刊本の訓点の方が当たっている。寛永四年刊本の訓点は林羅山がつけたものであり、写本の訓点と異なる所があるのは、林羅山が後で考え直したからである、と考える。

第六節　『無刑録』と『祥刑要覧』

蘆野徳林（一六九六〜一七七六）が著した『無刑録』十八巻は、刑法や刑罰、裁判に関する中国古来の記述を集め、それぞれの記述に自らの意見を加え、刑本・刑官・刑法・刑具・流贖・赦宥・聴断・詳讞・議刑・和難・伸理・感召・欽恤・濫縦の十四篇に分類して収録したものである。その「序解」で蘆野徳林は「此書、初は明の呉訥が祥刑要覧の名を用て、祥刑要覧と号す。後に改て無刑録と云ふ。（中略）呉氏が祥刑要覧は、そのあみやう粗略なること多し。この無刑録は、経伝史集の内、刑政のことに係る精要の格言事実を取集て、十四篇となし、祥刑要覧と別段なるあみ様なり。」（明治十年（一八七七）刊、元老院蔵版『無刑録』の「序解」を見た。句読点を区別し、読点を補い、片仮名を平仮名に変え、濁点を加えた。）と述べている。蘆野徳林が、寛永四年刊本までのどの刊本の『祥刑要覧』を読んだのか不明である。

『無刑録』も、『祥刑要覧』と同様、『書経大全』「舜典」の「象以典刑」の項の引用から始まっている（『無刑録』の本文は佐伯復堂訳註『無刑録』上中下巻（信山社、一九九八年復刊）を見た。）。『祥刑要覧』を模倣したのであろう。

第七節　松本清張と『祥刑要覧』

松本清張『乱灯江戸影絵』（上巻。角川文庫、二〇〇八年。三〇六頁から八頁）で、『祥刑要覧』の「先哲論議」に掲げられている「工獄」の話を登場人物が語っている。『乱灯江戸影絵』は、昭和三十八年（一九六三）三月から昭和三十九年（一九六四）四月まで朝日新聞夕刊に連載された『大岡政談』に加筆修正をほどこして、昭和六十年（一九八五）に今の題名に改めて刊行されたものである（権田萬治「解説」『乱灯江戸影絵』下巻所収、角川文庫、二〇〇八年。四五八頁）。松本清張がいつどこで『祥刑要覧』と出会ったのか不明である。

第八節　若山拯の伝記資料の補遺

序文篇第一節「岩村藩儒の序文」に掲げた若山拯の伝記資料、及びその伝記資料の中で紹介されている伝記資料の他に、目に触れた若山拯の伝記資料を掲げる。

竹治貞夫『近世阿波漢学史の研究』（風間書房、一九八九年。四七六頁注1）に拠れば、昌平黌の入学者名簿で、林大学頭に入門した者のみの名簿である『升堂記』（東京大学史料編纂所所蔵。写本十巻八冊）に若山壮吉（文政十一年（一八二八）入門）の名が見える。

『新撰東京名所図会』第三十五編（『風俗画報』第二四八号臨時増刊、一九〇二年）麻布区之部、麻布六本木町、有名なる諸家の墳墓（横瀬貞輯）に「若山勿堂」の項がある。「殊に吟声に妙にして」等と記されている。

大日本水産会編『村田水産翁伝』（一九一九年）は、明治期の法典編纂に尽力し、元老院議官、貴族院議員を歴任した村田保の伝記である。その第二篇「翁の略歴」に、天保十三年（一八四二）大阪生まれの村田保が、十歳の頃、父と共に江戸に出て、若山荘《ママ》吉に学んだ、と記されている（九頁）。

若山拯の刊行された文章は、「刻祥刑要覧序」、「惟一佐藤先生墓碣銘」（五弓豊太郎編『事実文編』第三、五十八所収、国書刊行会、一九一一年）の他、文久二年（一八六二）正月に書かれた「医事啓源序」がある。『医事啓源』（『皇漢医学叢書』所収）は、漢方医学の大家、今村亮が、西洋医学の治療法のうち、漢方医学に前から存在するものを二十種挙げて説明したものである。呉訥もそうであったが、若山拯も医学に通じていた。

若山拯は兵学にも通じていた。山鹿流の兵学者で『教戦略記』を著した窪田清音（慶応二年（一八六六）歿）に学んだ。序文篇第一節に若山拯の門人として挙げた勝海舟・板垣退助・土方久元は、若山拯に山鹿流の兵学を学んだ人である（石岡久夫『山鹿素行兵法学の史的研究』玉川大学出版部、一九八〇年。一七三頁から四頁、二二四頁から五頁）。

『日本教育史資料』八（文部省蔵版、冨山房、一九〇四年再版）巻二十三、私塾寺子屋表、東京府に拠れば、若山拯が大名小路岩村藩邸内に開いていた漢学塾は、「千之塾」という名であって、嘉永元年（一八四八）時点で百数十人の男子生徒がいた。「千之」は、『中庸』の「人一能之、己百之。人十能之、己千之。（人、一たびにて之れを能くすれば、己は之れを百たびす。人、十たびにて之れを能くすれば、己は之れを千たびす。）」から採ったもので、人の百倍努力する、という意味である。

第四章　『棠陰比事原編』『棠陰比事続編』『棠陰比事補編』と呼ばれる裁判逸話集について

第一節　『学海類編』所収『棠陰比事原編』『続編』『補編』

『学海類編』は、清の曹溶（明の崇禎十年（一六三七）の進士。『清史稿』巻四八四に伝がある。）が輯め、その門人の陶越が増刪した叢書である。合計四百三十種の書籍が収録されている。道光十一年（一八三一）になってはじめて刊行された（『叢書集成初編目録』（中華書局、一九八三年）二十二頁）。その『学海類編』の中に、『棠陰比事原編』『棠陰比事続編』『棠陰比事補編』という名の三篇の書籍が収録されている。

『棠陰比事原編』は、内題の左に「宋の四明の桂万栄輯。明の海虞の呉訥刪正。」と記されている。南宋の桂万栄（慶元二年（一一九六）の進士）が編集した『棠陰比事』全百四十四話の中から八十話を選んで編集した裁判逸話集である。明の呉訥（一三七二～一四五七。『明史』巻一五八に伝がある。）の按語と跋文が附されている。

『四庫全書』に収められている『棠陰比事』は、内題の下に「宋の桂万栄撰。明の呉訥刪補。」と記されており、『学海類編』所収『棠陰比事原編』の八十話とほぼ同じ文章の八十話から成っている。両者の違いは、『棠陰比事原編』では「袁滋鋳金」「孫宝秤饊」「崔黯捜帑」「楊津獲絹」の話の順序になっている箇所が、『四庫全書』所収『棠陰比事』では「崔黯捜帑」「楊津獲絹」「袁滋鋳金」「孫宝秤饊」の話の順序になっていること、『棠陰比事原編』の「程簿旧銭」の話に附されている呉訥の按語が、『四庫全書』所収『棠陰比事』の同話には見られないこと、『棠陰比事原編』の「虔校鄧賢」の話に附されている「今、吉筠等の府の書肆、公理雑詞を刊行する有り。民童、時にこれを市いて誦す。」という一文が、『四庫全書』所収『棠陰比事』の同じ話（題は「虔効思賢」となっている。）には附いていないことである。

『棠陰比事続編』は、漢代から宋代までの十三人の良い裁判官の逸話と、漢代から宋代までの十人の悪い裁判官の逸話とから成っている。内題の左に「明の海虞の呉訥輯」と記されている。序も跋もない。

『棠陰比事補編』は、漢代から明代までの名裁判の話を集めたものである。内題の左に「明の海虞の呉訥輯」と記され、冒頭に呉訥の序文が置かれている。『補編』の文章は、『四庫全書』に収められている『棠陰比事附録』の文章とほぼ同じである。

第二節　『棠陰比事原編』の跋文

『学海類編』所収『棠陰比事原編』の末尾に、次のような呉訥の跋文が附されている。

棠陰比事は、宋の桂氏の輯するところ、総て一百四十四事なり。予、蚤歳、得て之れを読む。その徒らに声韻対偶に拘わりて、叙次に義無きを惜しみ、之れを詳訂せんと欲するも、未だ暇あらざるなり。後、烏府に承乏し、凡刑獄に於いて、敢て慎しまざるにはあらずと雖も、然れども、智識、広からず、毎に自ら悔ゆ。邇来、謝事し、帰問す。偶ま故櫝に於いて、その書を見るを得て、因りて児輩に命じて録出せしむ。凡そ事、法と為す可からず、及び相類し復出する者は、悉く刪去を為す。其の存する者は、題八十を得。別に序次を為し、刑獄の軽重を以て先後と為し、標題の文は、その旧に仍る。紀事の乖僻する者は、稍や更正隱括を為す。読む者、その事を知りて智識に資するを得るを庶うなり。予の補編・続編、即ち後に附す、と云う。海虞の呉訥。

跋文の最後に「予補編続編、即附於後」とある。この文言は、『棠陰比事続編』及び『棠陰比事補編』は呉訥自身が編集したものであり、『棠陰比事原編』の後に『続編』『補編』を附したのも呉訥自身であることを示している。ところが、東洋文庫所蔵の『祥刑要覧』の目録を見ると、「巻之三、附刪正桂氏棠陰比事」と記して、八十の標題を並べた後に、「右、棠陰比事標題。以桂氏本刪定者也。桂氏所輯、総一百四十四事。」という文で始まり、「使読者、得知其事、而資智識也。桂氏之書、経宋理廟乙覧。原序載于後云。（原注。此係海虞呉公跋。）」という文で終わる呉訥の跋文を掲げている。この跋文の「桂氏所輯、総一百四十四事。」から「使読者、得知其事、而資智識也。」までの文章が、『棠陰比事原編』の跋文の文章とほとんど同じなのである。そして、『原編』の跋文では「予補編続編、即附於後云。」となっている箇所が、『祥刑要覧』目録が掲げる跋文では、「桂氏之書、経宋理廟乙覧。原序載于後云。」となっており、桂万栄の『棠陰比事』に関することしか記されていないのである。

東洋文庫所蔵の『祥刑要覧』は、呉訥が編集した『祥刑要覧』を、明の陳察が増補した『重刊祥刑要覧』を、清の祁墳（『清史稿』巻三七一に伝がある。）が覆刊したものである。巻頭に、道光十五年（一八三五）の祁墳の序、正徳十五年（一五二〇）の陳察の序、正統七年（一四四二）の呉訥の序が掲げられている。巻一、経典大訓・先哲論議、巻二、善者可法・悪者可戒、巻三、附刪正桂氏棠陰比事、巻四、続編の全四巻から成る。巻三に収載されている計八十の裁判逸話の最後の話「孝粛杖吏」に附された按語に、「桂万栄は、この「孝粛杖吏」の話を『棠陰比事』の篇中に載せています。一方、愚《わたくし》（呉訥自身を指す。）が、特に「孝粛杖吏」の話を取り上げて編を終えましたのは、警戒すべき点を読者に知ってほしいと思ったからです。」（原文。桂氏載於篇中、而愚特取以終編者、蓋欲売《ママ》者知所警也。）と記されているから、巻三までが呉訥が編集した『祥刑要覧』で、巻四が陳察が増補した部分であると考えることができる。東洋文庫所蔵の陳察が増補した『祥刑要覧』を、以下では『重刊祥刑要覧』と呼ぶ。

『重刊祥刑要覧』の巻三、刪正桂氏棠陰比事の文章は、『棠陰比事原編』の文章とほぼ同じである。それでは、『重刊祥刑要覧』巻三と『棠陰比事原編』との関係はどのように受け取るべきであろうか。徐有貞撰「呉公神道碑」（『呉都文粋続集』巻四十四所収）及び銭溥撰「呉公訥神道碑」（『献徴録』巻六十四所収）には、呉訥の著作として、「祥刑要覧」（銭溥撰「神道碑」は「詳刑要覧」と記す。）の名が挙げられているが、『棠陰比事原編』の名は見えない。徐有貞は宣徳八年（一四三三）の進士。呉訥の門人である。『明史』巻一七一に伝がある。一方、明の蔡清（一四五三～一五〇八）の『易経蒙引』巻八下に、「祥刑要覧桂氏後序曰云々」と記されており、陳察が増補した『祥刑要覧』が刊行されたのは蔡清の歿後であるから、呉訥の『祥刑要覧』に『棠陰比事』の桂万栄の自序が掲載されていたことが知られる。このことから、呉訥の『祥刑要覧』は、もともと『棠陰比事』の内容を含んでいたと考えることができる。

そこで、『棠陰比事原編』は、呉訥が再編して『祥刑要覧』に収めた『棠陰比事』を何者かが抜き出して、「原編」の名を与えたものとみなすべきである。すると、『棠陰比事原編』の呉訥の跋文は、『祥刑要覧』の呉訥の跋文を移して、しかも、「桂氏之書、経宋理廟乙覽。原序載于後云。」という文を「予補編続編、即附於後云。」という文に書き換えたものであることになる。

第三節　『棠陰比事続編』について

『重刊祥刑要覧』の巻二、善悪法戒は、途中に原闕部分があるが、江戸時代の日本で刊行された『祥刑要覧』の「善悪法戒」に拠って補うことができる。『重刊祥刑要覧』巻二の文章は、『祥刑要覧』の元和中刊本（国立国会図書館所蔵）・寛永元年刊本（蓬左文庫所蔵）・寛永四年刊本（尊経閣文庫所蔵）・天保五年刊本（京都大学法学部図書室所蔵）の「善悪法戒」の文章それぞれと比べて、ほぼ同じである。

『棠陰比事続編』の文章は、これらの「善悪法戒」の文章とほぼ同じである。ただし、『重刊祥刑要覧』及び日本で刊行された『祥刑要覧』の「善悪法戒」には、「善者為法」と「悪者為戒」（『重刊祥刑要覧』はこの文字があるべき箇所が欠落している。）との二つの大見出ししか附けられていないが、『棠陰比事続編』では、掲載されている各話それぞれに標題が与えられている。この標題は、『棠陰比事原編』及び『補編』の各話の標題と同様、すべて、主人公の名を表す二文字と話の内容を示す二文字とを組み合わせた四文字で作られている。

『棠陰比事続編』も、『祥刑要覧』の一部分を抜き出して作られた書物であろう。『祥刑要覧』の呉訥の跋文を書き換えたとみなすべき、「予補編続編、即附於後云。」という『棠陰比事原編』の跋文の中に、「続編」の名が出てくるからである。『棠陰比事続編』は、呉訥の『祥刑要覧』から「善悪法戒」の部分を抜き出して、「棠陰比事続編」と名づけ、「棠陰比事」の名が似合うように、各話に四字の標題を附け加えたものとみなすべきである。『祥刑要覧』の「善悪法戒」では、末尾に「已上、善悪法戒は、『為善陰隲』『歴代臣鑑』等に出づ。」（『重刊祥刑要覧』では「等」字の次に「書」字がある。）と記され、掲載されている話の出所が明らかにされているのに対して、『棠陰比事続編』にはこの文がないことも、『続編』が『祥刑要覧』の「善悪法戒」のコピーに過ぎない事実の現れであろう。

第四節　『棠陰比事補編』の序文

『学海類編』所収『棠陰比事補編』の冒頭に、次のような呉訥の序文が掲げられている。

むかし虞周の聖君、刑を制し教を弼く。其の欽恤の意、具さに経にあらわる。両漢よりこのかた、治を願うの主、基本を培植する所以の者も、亦た未だ謹しみを刑獄に致すを以て先と為さざる有らざるなり。ここにおもうに、天朝は仁義を以て国を立つ。刑を明らかにし律を定むること、もっぱら欽恤を以て本と為す。万世の臣民、いかに其れ幸いなるか。訥、さきに詔命をうけて、六察に備員す。因りて律文を取り、夙夜研討す。復た経伝の訓言および古今の法戒を録し、左右におき、もって官に服し国に報ずるの志をはげます。継いで陞を蒙り留台をつかさどる。黽勉として職をつつしむ。始終十載、帰老するを遂ぐるを獲たり。皇恩、天の如し。歯を没し報いる無し。このごろ桂氏の棠陰比事を閲し、其の、人の智慮を益す可き有るを嘉す。因りて緒正を為して、これを補続す。仍りて之れを名づけて棠陰比事と曰う。その旧を改めざるなり。あるひと之れを問いて曰わく、桂氏、嘗て、名に近づくを嫌う。これ似るなきか、と。訥曰わく、万栄は宋の寧宗の時に在りて、余干県尉に筮仕す。秩、満ち、次を待ちて、其の書を刊す。故に干進の嫌いあり。今、愚、耄老の年を以て、門をとざし、尽くるを待つ。復た何をのぞまんや。況んや今は聖明、上にまします。庶獄を哀矜し、天の永命を祈り、隆を成周に比す。是の編の成る、万分に一ありて、祥刑を司る者、由獄を式敬するの助けと為るを得ば、訥、死すと雖も（「雖」はもと「難」字に作るが、『祥刑要覧』の呉訥の序文に従って改めた。）、栄幸あるにあずかる、と。問う者、唯して退く。因りて書して序と為す。正統壬戌（七年。一四四二）秋八月朔、嘉議大夫・都察院左副都御史致仕、海虞の呉訥、謹んで序す。

この『棠陰比事補編』の序文は、一部分を除いて、『重刊祥刑要覧』及び江戸時代の日本で刊行された『祥刑要覧』の呉訥の序文と同文である。「因為緒正」と「或問之曰」との間が、『祥刑要覧』の序文では、「附所録訓戒之後、揔題曰祥刑要覧。」（「録するところの訓戒の後に附し、すべて題して祥刑要覧と曰う。」）となっているのに対して、『補編』の序文では、「而補続之。仍名之曰棠陰比事。不改其旧也。」となっている点だけが両者の違いである。『棠陰比事』を「補続」して、元通りに「棠陰比事」と名づけた、という『補編』の序文は、「棠陰比事続編」「棠陰比事補編」という書名の由来を説明しているが、徐有貞撰「呉公神道碑」及び銭溥撰「呉公訥神道碑」には、呉訥の著作として、『祥刑要覧』が挙げられているが、「棠陰比事続編」「棠陰比事補編」の名は出てこない。『棠陰比事補編』の序文は、『祥刑要覧』の呉訥の序文を移して、「附所録訓戒之後、揔題曰祥刑要覧。」という文を、「而補続之。仍名之曰棠陰比事。不改其旧也。」という文に書き換えたものとみなすべきである。このことは、『棠陰比事補編』の本文を検討することによって、確信することができる。

第五節　『棠陰比事補編』について

『学海類編』所収『棠陰比事補編』は、次に掲げる見出しを持つ二十七の裁判話から成っている。「袁安別繫」（『後漢書』袁安伝。括弧内は出典。以下同じ。）、「高柔察色」（『三国志』魏書、高柔伝）、「崔公仁恕」（『新唐書』崔仁師伝）、「李嶠列枉」（『新唐書』李嶠伝）、「唐臨不冤」（『新唐書』唐臨伝）、「真卿感雨」（『新唐書』顔真卿伝）、「崔碣霽潦」（『新唐書』崔碣伝）、「陳襄摺鐘」（『宋史』陳襄伝）、「劉敞察冤」（『宋史』劉敞伝）、「呂陶服罪」（『宋史』呂陶伝）、「濂溪悟酷」（『宋史』周敦頤伝）、「張洽服盗」（『宋史』張洽伝）、「海牙釈孝」（『元史』布魯海牙伝）、「徳輝察冤」（『元史』李徳輝伝）、「田滋得藁」（『元史』良吏伝）、「沢民訊僧」（『元史』汪沢民伝）、「清献原情」（『宋史』趙抃伝）、「承議持平」（出典不明）、「提挙辯明」（出典不明）、「陳睦酷報」（出典不明）、「安礼神明」（『宋史』王安礼伝）、「文原雨旱」（『元史』鄧文原伝）、「師泰折獄」（『元史』貢師泰伝）、「易貴辨紙」（出典不明）、「彭祥還貲」（出典不明）、「笱守釈誣」（出典不明）、「梅妻逆天」（出典不明）である。

『棠陰比事補編』と『重刊祥刑要覧』巻四、続編とを比べてみると、「清献原情」の話が『重刊祥刑要覧』にはなく、「易貴辨紙」「彭祥還貲」「笱守釈誣」「梅妻逆天」の見出しが、『重刊祥刑要覧』ではそれぞれ「辰州杖石」「眉州指扳」「江郡停鞫」「南沙速報」の見出しになっている。また、『重刊祥刑要覧』では、「南沙速報」の話の後に、「江淮腹妖」「湖梟冤白」「叛夷獲安」「瘠辺罷鎮」の見出しを持つ四話が掲載されている。これらの点を除けば、『補編』に掲載されている話と『重刊祥刑要覧』巻四に掲載されている話とは、見出しも内容も同じである。文章も、『重刊祥刑要覧』の方は字句が多数省略されているが、基本的には同じである。

第二節で説明したように、『重刊祥刑要覧』巻四、続編は、呉訥の『祥刑要覧』を陳察が増補した部分であると考えることができる。『棠陰比事補編』の「筠守釈誣」に、「宏治の末、察、江郡の篰蔵を稽し、筠に及ぶ。」「察曰わく、死地は人の苦にする所なり。」という文が見られるが、この文は『重刊祥刑要覧』の「江郡停鞫」の文と全く同じであり、ここに出てくる「察」は陳察の自称である。『補編』は、「察」が何者であるかを説明することもなく、陳察が書いた「江郡停鞫」の文章をそのまま移し入れたのである。また、『補編』の「易貴辨紙」及び『重刊祥刑要覧』の「辰州杖石」に出てくる「成化」、『補編』の「彭祥還貲」「筠守釈誣」及び『重刊祥刑要覧』の「江郡停鞫」に出てくる「宏治」は、呉訥の歿後の年号である（『補編』の「彭祥還貲」に対応する『重刊祥刑要覧』の「眉州指扳」では、「宏治間」の文字が省略されている。）。『補編』の「易貴辨紙」「彭祥還貲」「筠守釈誣」の文章が、呉訥のものでないことは明白である。

『棠陰比事補編』の本文が、呉訥の『祥刑要覧』を陳察が増補した部分そのものに他ならないこと、『補編』の序文が、『祥刑要覧』の呉訥の序文の一節を書き換えたものであることは疑いない。ただし、東洋文庫所蔵『重刊祥刑要覧』の巻四の、『補編』と共通する話の文章は、先に触れたように、『補編』の文章に比べて字数が随分少なく、むしろ『補編』の文章の方が、呉訥の『祥刑要覧』を陳察が増補した部分の文章の本来の姿に近いと考える。

第六節　『四庫全書』所収『棠陰比事』『棠陰比事附録』

『学海類編』に収められている『棠陰比事原編』は、呉訥の『祥刑要覧』のうち、桂万栄の『棠陰比事』を再編した章を抜き出して「原編」の名をつけたものであり、同じく『棠陰比事続編』は、呉訥の『祥刑要覧』の「善悪法戒」の章を抜き出して「続編」の名をつけたものであり、同じく『棠陰比事補編』は、呉訥の『祥刑要覧』を陳察が増補した章を抜き出して「補編」の名をつけたものである、とみなすべきである。

『四庫全書総目』巻一三四、子部雑家類存目は、『学海類編』について、「真本は僅かに十の一、偽本は乃ち十の九たり。或いは頭を改め面を換え、別に書名を立つ。或いは甲を移して乙と為し、作者を偽題す。顚倒し、謬妄なること、殫述す可からず。」と述べている。『棠陰比事原編』『同続編』『同補編』は、まさしくこの「頭を改め面を換え、別に書名を立て、甲を移して乙と為し、作者を偽題」したものに当たるであろう。

第一節に記したように、『四庫全書』に収められている『棠陰比事』は『棠陰比事原編』とほぼ同文であり、同じく『棠陰比事附録』は『棠陰比事補編』とほぼ同文である。ということは、『四庫全書』所収『棠陰比事』は、呉訥の『祥刑要覧』から、桂万栄編『棠陰比事』を呉訥が再編した章を抜き出して「棠陰比事」と称したものであり、同じく『棠陰比事附録』は、呉訥の『祥刑要覧』を陳察が増補した章を抜き出して「棠陰比事附録」という名をつけたものである、とみなすべきことになる。

ところが、『四庫全書総目』巻一〇一、子部法家類は、『四庫全書』所収『棠陰比事』と呉訥の『祥刑要覧』との関係について、全く触れていない。また、『棠陰比事附録』についても、「呉訥（中略）又た補遺二十三事・附録四事をつくり、別に一巻と為す。」「訥、続くる所の二十七条は、条ごとに各々評語あり、題下に附す。」と述べ、『棠陰比事附録』が呉訥の作品であることを疑っておらず、呉訥の『祥刑要覧』を陳察が増補した部分と『棠陰比事附録』との関係に注意していない。

『四庫全書総目』巻一〇一は、『四庫全書』所収『棠陰比事』について、「明の景泰（一四五〇～一四五六）の間、呉訥、その（桂万栄編『棠陰比事』を指す）徒らに声韻対偶に拘わりて、叙次、義無きを以て、乃ち其の、法と為すに足らず、及び相い類し複出する者を刪り、八十条を存す。事の大小を以て先後と為し、復た叶韻を以て相い従わず。」と述べているが、この中の「其徒拘声韻対偶而叙次無義」「為法及相類複出者」の字句が、『重刊祥刑要覧』目録に掲げられている呉訥の跋文及び『棠陰比事原編』の呉訥の跋文の字句と同じ、もしくはほぼ同じであるから、『棠陰比事』を担当した『四庫全書総目』の筆者は、呉訥の跋文を見たに違いないのであるが、『四庫全書』所収『棠陰比事』には、そして同じく『棠陰比事附録』にも、呉訥の跋文は附いていない。

また、『四庫全書総目』巻一〇一は、『棠陰比事附録』について、「呉訥（中略）又た補遺二十三事・附録四事をつくり、別に一巻と為す。」と述べるが、『四庫全書』所収『棠陰比事附録』を見ると、最後から四番目の「易貴辨紙」の話の冒頭に「国朝」（明朝を指す）と記されているだけで、「補遺」の話と「附録」の話との区別はない。『学海類編』所収『棠陰比事補編』でも、「易貴辨紙」の見出しの下に「以下の四条は倶に皇朝（明朝を指す）の事。」と注記され、「易貴辨紙」の話の冒頭に「国朝」と記されているだけで、「補遺」の話と「附録」の話との区別は見られない。一方、『重刊祥刑要覧』巻四を見ると、『棠陰比事補編』及び『棠陰比事附録』の「易貴辨紙」の話に当たる「辰州杖石」の話の見出しの前に、「国朝附録」という大見出しが掲げられている。

第七節　結び

胡玉縉撰・王欣夫輯『四庫全書総目提要補正』（中華書局、一九六四年）巻二十九、法家類（七八七頁）は、『棠陰比事続編』の中身が『祥刑要覧』の「善悪法戒」と同じであることを指摘しているが、「あるいは『四庫全書』編纂当時、『棠陰比事続編』と『祥刑要覧』との両書に、同じ文章が載っていたのであろうか。」（原文。豈当時互見於両書歟。）と言うだけで、『棠陰比事続編』と『祥刑要覧』との関係については考察していない。本稿で説明したように、『棠陰比事続編』の文章は『祥刑要覧』の文章を移したものとみなすべきである。

楊一凡・徐立志主編『歴代判例判牘』第一冊（中国社会科学出版社、二〇〇五年）は、『棠陰比事原編』『同続編』『同補編』を無批判に収録しているが、これは、呉訥の『祥刑要覧』及び陳察が増補した『祥刑要覧』を参照しなかったためである。私自身も、拙稿「和氏父子撰『疑獄集』の整理」（『関西大学法学論集』第五十一巻第六号掲載、二〇〇二年）では、『棠陰比事原編』を呉訥の真作として使っていた。訂正したい。

感謝の辞

巻頭に掲げた西平等教授及び中川清晴教授の「推薦の辞」は、二〇二二年七月に、本書の出版を関西大学出版部に申し込んだ際、推薦文として書いていただいたものです。申し込みの締め切り寸前で、急いで書いていただきました。ありがとうございました。『関西大学法学論集』の印刷を担当する冨山房インターナショナルの北沢様、初出拙稿の転載を許可して下さった関西大学法学会、法史学研究会、本書を作成して下さった尼崎印刷株式会社、宮下澄人様をはじめとする関西大学出版部の皆様、初出拙稿及び本書の校正に尽力して下さった平野（旧姓上北）佳代子様、表紙写真の使用を許可して下さった関西大学図書館、原文の覆刻を許可して下さった京都大学法学部図書室に感謝申し上げます。そして、六十一歳になるまで元気に過ごすことができた健康な体に生んでくれた父母に感謝しながら、本書を自分で自分の還暦記念とすることをお許し下さい。

二〇二三年十一月

佐立治人

索引

訳注者紹介

佐立治人（さだて・はるひと）

1963年、岡山県岡山市で生まれ、その地で育った。本籍地は香川県塩江町。1987年、京都大学法学部卒業。1992年、京都大学大学院法学研究科博士課程単位認定退学。法学修士（京都大学）。2001年、関西大学法学部助教授。2012年、同教授。東洋法制史を担当。法制史学会に所属。

呉訥撰・若山拯訓読『祥刑要覧』の訳注
—旧中国の裁判の教訓と逸話—

2024年1月26日　発行

訳注者　佐立 治人

発行所　関西大学出版部
〒564-8680 大阪府吹田市山手町3-3-35
TEL 06-6368-1121 ／ FAX 06-6389-5162

印刷所　尼崎印刷株式会社
〒661-0975 尼崎市下坂部3-9-20

ISBN 978-4-87354-775-6　C3032　　落丁・乱丁はお取り替えいたします